KB210447

도서출판 대장간은
쇠를 달구어 연장을 만들듯이
생각을 다듬어 기독교 가치관을
바르게 세우는 곳입니다.

대장간이란 이름에는
사라져가는 복음의 능력을 되살리고,
낡은 것을 새롭게 풀무질하며, 잘못된 것을
바로 세우겠다는 의지가 담겨져 있습니다.

www.daejanggan.org

13인의 기독교 지성,
아나뱁티즘을 말하다

리처드 헤이스 외

존 D 로스 편집

Originally published in English under the title ;
 Engaging Anabaptism : Conversation with a Radical Tradition
    Edited by John D. Roth
       Published by Herald Press, Scottdale PA 15683, USA

Uesd and translated by the permissions of Herald Press.
Korea Edition Copyright © 2015, Daejanggan Publisher. in Daejeon, South Korea

13인의 기독교 지성,
아나뱁티즘을 말하다

지은이	리처드 B. 헤이스 외
엮은이	존 D. 로스
옮긴이	문선주 전남식 이재화
초판발행	2015년 10월 20일

펴낸이	배용하
책임편집	배용하
등록	제364~2008~000013호
펴낸곳	도서출판 대장간
	www.daejanggan.org
등록한곳	대전광역시 동구 우암로 75~21
편집부	전화 (042) 673~7424
영업부	전화 (042) 673~7424전송 (042) 623~1424
분류	아나뱁티즘	기독교 사상

ISBN	978-89-7071-360-1 03230

이 책의 한국어판 저작권은 Herald Press와 독점 계약한 대장간에 있습니다.
기록된 형태의 허락 없이는 무단 전재와 복제를 금합니다.

 값 12,000원

Engaging Anabaptism

Conversation with a Radical Tradition

옮긴이 서문

2007년 여름 Anabaptist Mennonite Biblical Seminary에 입학한 나는 영어를 포함한 문화충격으로 받는 스트레스뿐 아니라 내가 기존에 가지고 있었던 신앙의 근간이 흔들리는 느낌 때문에 많은 혼란을 겪었다.

유년시절부터 착실한 신앙생활을 해 온 나는 20대에는 선교단체 IVF와의 인연 덕분에 80-90년대 대학캠퍼스의 찬란했던 복음주의 학생운동의 진수를 모두 경험하는 특혜를 누릴 수 있었다. 그 이후에는 장로교 목사의 아내가 되어서 복음주의에 기초한 경건한 신앙생활의 올곧은 노선을 반듯하게 걸어왔다. 신학교 입학 당시의 나는, 신학적으로나 신앙적으로나 건전한 기초 위에 서 있다는 자부심 때문에, 무엇을 새롭게 배우거나 도전받을 것이라는 생각보다는 선교사로서 신학과 외국문화 경험 차원으로서의 Mennonite 신학교 생활을 기대했었다. 하지만, 내 생각과 달리, 내가 지금까지 확신하며 달려왔던 신앙의 또 다른 이면에 큰 충격을 받았던 것을 잊을 수 없다.

나는 이책을 책을 번역하는 과정에 합류하면서, 내로라하는 유명신학자들이 "아나뱁티스트들과의 대화"를 통해 신선한 도전을 받는 모습이 내가 메노나이트 신학교에서 경험했던 것과 비슷하다는 것을 발견하고 내심 반가웠다. 내가 그곳에서 경험했던 도전과 충격을 나눔으로 역자 서문을 대신하고자 한다.

목사의 아내로 살면서 가장 부담이 되었던 것은 목회 성공의 척도가 교회 교인 수와 교회의 크기에 달렸다는 점이었다. 세상의 부귀, 명예와 성공을 다 포기하고 목회의 길을 가고자 결심했는데, 이 목회세계에도 그와 유사한 성공과 명예의 척도가 있다는 점이 석연치 않았다. 그러나 메노나이트 신학교에서 공부하면서 사람들이 말하는 주류에 소속되려고 몸부림치며 달려온 삶과 목회 현장에서조차 사람들의 평가와 반응에 자유롭지 않은 성공지향주의가 얼마나 성경의 진리와 거리가 먼 것인가를 발견하였다.

아나뱁티스트들과의 교제를 통해서 그들 마음속에서는 목회의 성공에 대한 미국 번영신학이 심어놓은 오염이 전혀 없다는 것을 발견하고 충격을 받았다. 교회를 크게 짓는다든가, 더 많은 교인을 전도하기 위해서 애를 쓴다든가 하는 모습을 찾을 수 없었다. 처음에는 그들이 복음과 구령에 대한 열정이 없는 사람들인가 오해를 한 적도 있었다. 하지만, 아나뱁티스트들이 믿는바, 마음의 진심은 교회가 교회 자체를 위해 존재하지 않는다는 생각의 발로에서 출발했다. 교회는 세상을 위해 존재한다. 그런 연유로 외부사람들로부터 가장 믿을 수 있는 '그리스도인'이라는 명성을 얻고 있었다.

다음으로, 도전받은 것은 아나뱁티스트들이 성경을 읽고 해석하고 적용하는 방식이었다. 한국 교인들의 마음속에는 성경을 읽기 전에 이미 사랑과 전도라는 대전제 안에서 성경을 연역적으로 이해하는 경향이 있다는 것을 미국 메노나이트 신학교에서 발견했다.

그들에게 성경은 수많은 본문 속에 녹아있는 평화shalom와 정의justice에 대한 도전이 이었다. 다른 말로 하면, 한국에서 성경을 읽을 때, 대부분 적용의 범위가 개인적인 삶과 자신의 교회공동체적인 삶에 국한된 적용을 할 때가 잦았다. 하지만, 아나뱁티스트들은 성경의 적용을 타인과의 관계, 그리고 그 타인의 확대를 통한 사회적이며 국가적인 적용에까지 이어지고 있었다.

실은 우리나라가 남과 북으로 나뉜 분단의 현실 속에서 국가의 통제 안에 국민단결과 화합이라는 대과제가 중요했던 것은 사실이다. 그러나 성경의 진리를 이해하고 적용하는 과정에서도 우리는 국가주의의 한계를 벗어나지 못하고 국가가 하는 일에 맹목적인 신뢰를 보내면서 성경이 말하는 평화와 정의의 커다란 주제에 대해 귀를 막고 있었다는 것을 발견했다. 우리나라 성경은 평화라는 말보다는 평강이나, 평안이라는 말로 번역되었기에 평화는 종교혼합주의적인 성격의 단어 같은 편견이 이미 내게도 있었다. 그러나 실제로 성경에서 번역된 shalom이나 peace는 개인적인 내면의 평강과 평안을 의미하는 정적인 뜻이 아니라, 관계에 초점을 맞추며 공동체와 국가 간의 관계에까지 범위가 확장된 동적인 개념을 포함한다.

셋째, 이런 아나뱁티즘의 성경에 대한 색다른 해석과 적용은 그들의 삶의 방향도 보통 그리스도인들과는 다른 면을 보이고 있다는 점이다. 그것은 교회를 목회자 한두 명의 치리에 의해 성패가 갈리는 수동적인 공동체로 보지 않고 모든 신자가 함께 자신의 은사를 따라 교회의 모든 사역에 능동적으로 참여하는 '신자들의 교회' 형식으로 나아가게 되었으며 목회자에게 요구되는 경건의 삶이 모든 신자에게 기대되고 있다는 점을 발견하였다.

그러므로 모든 신자는 성경에 기록된 제자의 삶에 주력하게 되고 아나뱁티즘 나름의 독특한 제자도가 형성되었다는 것을 발견한다. 그들은 자신의 재산을 멀리 있는 난민과 구제민들에게 보내는 것을 당연시하고, 자신의 집과 물건을 다른 사람들을 위해 공개하고 함께 공유하는 것에 대해 아무런 불편함을 느끼지 않는다. 그런 호의적인 마음은 멀리서 온 생면부지의 유학생들에게도, 혹은 잠시 관광을 온 외국인들에게도, 혹은 인격이 없는 동물과 식물과 같은 자연에 이르기까지 베풀어진다. 그뿐만 아니라, 미국 신제국주의가 유발한 전쟁의 고통을 겪는 사람들에게 끊임없이 그들의 자비와 사랑을 나누고 있으며, 오래전 자신의 조상이 짓밟아 놓은 미국 원주민들에 대한 회개와 용서를 비는 섬김의 모습으로 이어진다. 그들의 삶이 보여주는 강도 높은 제자도 때문에 내가 아는 범위에서 아나뱁티스트들에 대한 이웃들의 신뢰도는 우리 한국교회가 이웃들로부터 가진 신뢰도와는 사뭇 다르다.

내가 번역에 참여한 동기는 이 책이 한국교회가 잃어버린 것이 무엇이며, 회복되는 길은 무엇인가를 진지하게 고민하고 배우는 길이 된다면 더 바랄 것이 없겠다는 단순한 마음이었다. 이 책이 나오기까지 수고하신 모든 분의 노력에 숟가락만 얹은 정도이지만, 이 책이 한국교회에 줄 수 있는 아름다운 도전의 풍성한 열매를 누리는 일만큼은 뜨거운 마음으로 함께 하고 싶다.

문 선 주

편집자 서문

10년 전 일반적으로 분파주의나 평화주의 전통에 대해 별로 관심이 없는 복음주의 저널인 「크리스챠니티 투데이」Christianity Today가 찰스 스크리븐Charles Scriven의 시선을 사로잡는 제목인 "급진 종교개혁자들이 다시 떠오르다"라는 에세이를 특종으로 다루었다. 대중의 무관심이든 혹은 와전된 것이든 아니면 비웃음 때문이든, 거의 450년이 지난 후에 아나뱁티스트 신학은 학자들 사이에서 발언권을 얻고 있을 뿐만 아니라, 실제로 많은 주류 복음주의자들에게 존경과 칭찬을 얻고 있다고 주장했다. 그 후 10년이란 시간이 흐른 시점에서, 스크리븐의 주장은 거의 사실로 드러나는 것 같다. 오늘날 아나뱁티스트-메노나이트 신학 주제들은, 올드 오더 아미쉬Old Order Amish처럼, 거의 매력이 넘치는 수준이다. 수많은 책들, 학문적 컨퍼런스와 수준 높은 토론들이 제공해 주는 영감 때문이다.

아나뱁티스트-메노나이트 전통에 대한 대중의 태도의 이러한 극적인 변화는 하루아침에 일어난 것이 아니다. 많은 재난 구호 자원봉사자들의 실질적인 증언과 기독교의 사회적 책임과 평화주의에 대한 대화에 참여하려는 개신교도들, 특히 전쟁의 상처로 얼룩진 유럽에서 나타난 개방성 등이 2차 세계 대전의 여파로 기초를 놓았다. 동시에 명망있는 대학에서 가르치고 있는 영향력 있는 미국 학자들, 즉 프랭클린 리텔, 롤랜드 베인튼, 그리고 조지 헌스톤 윌리암

· 13

스 같은 사람들이 "급진 종교개혁"을 훌륭한 학문적 연구 분야로 만드는데 일조를 했다. 보다 광범위한 문화에서는 냉전과 뒤이은 핵무기 경쟁은 평화 사역 peacemaking과 화해 사역에 아나뱁티스트들의 깊은 관심을 새롭게 바라보게 되었을 뿐만 아니라, 긴급하게 필요한 사역임을 깨닫게 되었다. 후기 기독교 및 포스트모던 서구 문화의 급격한 세속화로 인해 실질적으로 모든 개신교 교단들은 자신들을 자발적 교회 혹은 신자들의 교회로 새롭게 인식하게 되었다.

이러한 더욱 광범위한 변화의 배경에서 존 하워드 요더라는 지적으로 대단한 인물이 떠오르기 시작했다. 그는 메노나이트 신학자로서, 1972년 그가 저술한 「예수의 정치학」은 아나뱁티스트 윤리학과 교회론에 대한 중요한 변증서가 되었다. 1997년 그가 세상을 떠날 때까지 요더는 메노나이트 공동체의 문화적, 민족적 경계 밖의 청중들에게 평화 및 화해 사역과 상호관계성에 관한 신자들의 교회 신학을 가르치기 위해 부단히 연구에 매진했다. 20세기 후반, 영국의 알렌과 엘리노 크라이더 부부와 아일랜드의 조 레이티와 함께, 아나뱁티스트 성서 해석학, 윤리학, 교회학의 주제들을 둘러싸고 에큐메니칼 진영의 교회 지도자들과 학자들을 만나 끈기 있게 대화의 분위기를 조성해 나갔다.

이 책의 에세이들은 진행 과정에 있는 대화를 찬찬히 살펴보기 위한 한 가지 시도를 제안한 것이다. 「메노나이트 쿼털리 리뷰」The Mennonite Quarterly Review의 편집자로서 내가 맡은 역할은, 다양한 교단의 관점을 가진 16명의 학자들을 초청해 그들의 신학적 혹은 윤리적 이해가 아나뱁티스트 전통과의 만남을 통해 어떻게 형성되었는지를 성찰해 보는 것이었다. 매우 일반적인 초청형식을 띠었지만, 나는 기고자들에게 자서전적인 용어뿐만 아니라 분석적인 용어로 대답해 달라고 당부했다. 또한 각 학자들에게 아나뱁티스트 신학을 비판하고 그 약점을 꼬집는데 있어서도 주저하지 말라고 부탁했다. 그 초청의 결과로 2000

년 10월 「메노나이트 쿼털리 리뷰」와 현재 이 책에서 결론으로 나온 이야기들과 성찰들, 그리고 비판적 격려의 글들이 모아졌던 것이다.

이 책의 에세이들은 독특하고 더러는 매우 개인적인 상황에서 형성되었지만, 드러나는 모자이크는 확실한 패턴을 가지고 있다. 놀라울 것도 없지만, 거의 모든 기고자들은 대체적으로 아나뱁티스트 신학에 처음 노출되었을 때 존 하워드 요더의 상당한 영향을 받았던 것에 감사하고 있다. 거의 모두가 신약성서 해석학, 윤리학에 대한 그리스도 중심적 접근, 평화 증언, 상호 협력의 실천, 자발적인 인식론 그리고 가시적인 대안사회적 공동체로서의 교회에 대한 관점과 같은 아나뱁티스트-메노나이트 전통의 독특한 강조점들을 감사한 마음으로 인용하고 있다. 그리고 거의 모든 기고자들은 아나뱁티스트 신학과 윤리적 전통 안에서 나타나는 율법적인 경향에 대한 우려를 표명하였다. 많은 사람들, 특히 더 예전적인 전통에서 온 사람들은 아나뱁티즘의 성례전 신학의 부재가 아나뱁티즘의 추종자들이 하나님의 주도권을 인간의 노력으로 가려 버린 행위를 통한 의로움works-righteousness 때문에 취약하다고 느낄 수 있다.

이러한 관심들에도 불구하고 독자들은 아나뱁티스트-메노나이트 증언을 칭찬하는 목소리를 기꺼이 듣기 원하는 독자들은 이 책에서 많은 맛을 느낄 것이다. 그러나 그러한 칭찬은 양날의 검으로 다가올 것이 분명하다. 한 편으로는 한 때 아나뱁티즘을 신학 역사의 폐기장으로 몰아냈던 각 방면의 사람들이 보내오는 칭찬은 꽤 흥분되는 경험으로, 조용한 감사에서부터 어깨를 으쓱하게 하는 자기만족에 이르기까지의 감정을 자아내고 있다. 그러나 동시에 찬사 앞에서 의식적으로 개탄해 하는 분파주의적 충동은 표면으로 드러나고 있다. 정말로 그러한 찬사를 받을 자격이 있는가? 이 에세이 저자들은 아나뱁티스트 교회론과 현대의 수많은 메노나이트 회중들이 살고 있는 현실 사이의 커다란 격차를 인식하고 있을까? 아니면 약간 다른 맥락에서, 아나뱁티스트 전통에 대한 갈수록 늘어가는 대중들의 지지는 어쩔 수 없이 급진적인 칼날을 무디게 만들지는 않을까? 평화주의라는 아나뱁티스트-메노나이트의 테마를 공동체가 겪은 고난의 기억 없이 포용할 수 있을까? 아나뱁티스트-메노나이트 신학을 체계적이고 고도로 자의식적인 학문적 언어의 틀에 가둬 놓으려는 점증하는 충동은 일상에서의 제자도와 공동체의 현재적 경험에서 최상으로 표현할 수 있는 믿음을 희석시키는가? 열 두 개 이상의 그러한 질문들은 앞으로도 대화가 계속될 것임을 보장해 준다.

존 로스 John D. Roth

1장. 어느 침례교 신학자가 걸어 온 급진주의 노정

제임스 맥클랜던

나는 1924년 루이지애나 시리브포트에서 감리교인인 아버지와 침례교인인 어머니 사이에서 태어났다. 나의 부모님은 신실하게 그들 각자의 교회에 참석했으나, 모성애가 뭔지, 나는 어머니를 따라 주로 침례교회와 그 곳 주일학교에 다녔다. 교회 건물은 아름다웠고 비잔틴 양식을 반영했으며, 내가 지금 기억하기로는 그 교회의 예배는 진지하고 장엄하기까지 했다. 내 청소년 시절의 목사님은 예배의 기술이 매우 뛰어난 분이셨으며, 아주 유명한 교단의 지도자였을 뿐만 아니라, 시리브포트와 그 너머까지 영향력을 발휘하는 세계적인 침례교 지도자였다. 그는 세계 일주를 하며 설교하고 지구상의 모든 대륙의 사람들에게 침례를 베풀었다. 나는 그를 존경했다. 내가 열 살이나 열한 살쯤 되었을 때 예수를 믿는 것이 내가 선택해야 할 길이라고 은연중에 설득되었다. 습관적으로 교회에 참석하였고, "비잔틴" 양식의 교회 침례탕에서 침례를 받았다. 그것은 내 기억에서 아직까지도 생생한 사건이다. 성경 읽기, 주일 아침저

제임스 맥클랜던(James Wm. McClendon Jr., 1924-2000)은 캘리포니아 파사데나에 있는 풀러신학대학원에서 최근에 특훈교수(Distinguished Scholar-in-Residence)로 재직하였다. *Ethics: Systemic Theology* (Abingdon, 1988)와 *Doctrine* (Abingdon 1994), *Biography As Theology : How Life Stories Can Remake Today's Theology*(Wipf & Stock Publishers, 2012) 등 다수의 영향력 있는 저서를 남겼다.

녁으로 예배 참석하기, 최소한 매 식사 전에 하는 식기도는 내가 학창 시절 동안 성장하면서 받았던 훈련의 일환이 되었다. 따라서 고등학교 ROTC에 등록했는데, 솔직히 뚜렷한 군사적 재능도 없으면서도 으레 이 과정을 선택한 것이었다.

전쟁 경험

2차 세계 대전에 미국이 가담한 것은 내가 대학 1학년 때였다. 나와 같은 미국의 그리스도인 청년들에게 진주만 공격은 미국의 무장 군대에 지원할것인가 말것인가에 대한 문제가 아니라 어디에 지원하여 복무할 것인가의 문제를 던져주었다. 전쟁에 대한 교회와 나의 부모님의 태도는 악한 세상에서 어쩔 수 없는 필요악이라는 것이었다. 이것이 바로 대학시절 내내, 그리고 심지어 신학대학원에서 조차 내 주변에 있던 대다수 사람들이 보여준 공통적인 관점이었다. 내가 알기로 남부에서는 평화주의가 논의의 대상이 아니었다. 내가 속한 어떠한 침례교회도 전쟁에 반대하는 입장을 표명하지도 않았고 그것은 침례교회 주일학교 교사들이나 내가 다녔던 장로교 소속 학교에서도 마찬가지였다. 나는 대학을 다니는 동안 해군 보충 병력으로 지원을 했으나, 해군은 1943년 여름, 나에게 임무를 한 차례 준 이후로 학교로 돌려보냈다. 독일의 히틀러가 일으킨 전쟁이 끝 날 즈음, 나는 미 해군의 소위로 임관하였고, 하버드와 MIT의 해군 전자 기술 학부를 졸업했다. 곧 나는 전자 기술 장교로서 진주만에서 타기로 되어 있던 "공격수송함"인 헤럴드 오브 더 모닝The Herald of the Morning, AP 173 호에서 각종 보고 업무를 전달하는 임무를 받았다. 1945년 그 날 나는 그 배에 승선했고, 도쿄만에서 2차 대전을 종식시키는 평화 조약이 조인되었다. 맥클랜던 일가는 일본 정보요원들이 내가 그 때 배에 탄 것을 알고 지레 겁을 먹고

항복한 것이라는 농담을 주고받았다. 비록 우리 배가 적의 해안을 공격할 정도의 병력을 수송할 작은 배들을 갖추었을지라도, 전투 후, 그 배의 임무는 승선 후 출발하여 하와이나 필리핀 및 일본에 주둔한 군인들까지 포함해 태평양에 주둔하던 미군 병사들을 집으로 데려오는 것이었다.

내가 아직 호놀룰루의 해안에 있을 때, 일본에서 전직 침례교 선교사로 있었던 사람이 나에게 도쿄 YMCA의 사무국장 또는 실행위원으로 오랫동안 근무했던 소이치 사이토라는 사람의 이름을 알려 주었다. 이 남자는 영어를 구사하고 아마 전쟁 시작 전에 만난 자신의 미국인 친구들과 친분이 있는 사람을 환영할 것이라고 했다. 그래서 우리가 탄 배가 도쿄만으로 들어가서 요코하마에 정박했을 때, 도쿄행 통근열차를 타고 키 작은 일본인들 사이에서 견장과 줄무늬가 있는 회색빛 해군복을 입고 약간 남의 시선을 의식한 채 통로에 서 있었다.

나는 도쿄에서 유서 깊은 긴자Ginza 거리에 있는 YMCA를 찾았고, 거기서 사이토가 나를 맞이해 주었다. 그는 비록 서툴기는 했지만 제법 영어를 잘 구사했다. 그는 즉시 나에게 환영 선물로 커다란 일본 감을 대접했고, 그것을 자를 수 있는 과도를 건네주었다. YMCA 직원들은 주로 기모노를 입은 젊은 아가씨들이었는데 내 주위로 빙 둘러서서 공손히 인사를 한 후 내가 감을 자르기만을 기다렸다. 그런데 그 다음에 한 행동이 문제였다. 50년이 지난 지금, 이것을 여기에 써야하는지 망설여진다. 낯선 땅에서 생과일을 먹는 것은 위험하다는 말을 배의 군의관으로부터 들은 바가 있어서, 나는 그 감을 배로 가져가서 먹겠다고 어색하게 더듬거리며 말했다. 일본에서는 전쟁이 끝난 직후라 초대한 사람들이 그 날 혹은 최근에 본 유일한 과일이었을지도 모른다는 생각을 그 당시에는 하지 못했다. 생각건대 그들 중 몇은 그 날 아침 배가 고팠을 수도 있다.

그 감을 잘라 지켜보고 있었던 직원들과 나누어 먹었다면 한 사람당 한 입씩은 먹을 수 있지 않았을까. 아마도 조촐하지만 상징적 의미가 있는 평화로운 식사가 될 수도 있었을 것이다. 어쨌든 그 때 나는 그들이 준, 그들의 유일한 감이었을 수도 있는 감을 호주머니 속에 집어넣고는 그곳을 떠났다.

그러나 아직 그날의 주요 사건은 벌어지지 않았다. 사이토씨는 최근까지도 적군이었던 나를 그것도 제복까지 입고 있는 해군 장교를 데리고 나가서 도쿄 시내 관광을 시켜주었다. 곧 우리는 그 전 해에 소이탄 융단폭격을 당한 후, 아무것도 남지 않은 광막한 지역으로 향했다. 원자폭탄을 무색하게 만들었던 전술인 소이탄 융단폭격은 도심을 파괴하는데 가장 효과적인 방법으로 유럽에서 개발된 것이었다. 소이탄 융단폭격은 투하지점에 강한 열을 생성시켜 강풍이 도시 전체를 진화가 어려운 홀로코스트로 만들었다. 전쟁의 마지막 단계에서 미국은 이 기술을 도쿄의 주거 밀집 지역에 시도하였고, 소이탄 융단 폭격은 또 하나의 "성공"을 기록하는 기염을 토했다. 사이토 사무국장과 나는, 많은 블록들 때문에 어느 방향으로든 오로지 포장도로와 텅 빈 부지만 보일 뿐인 곳에 서 있었다. 도쿄의 주거 지역 중심부에 아직까지 건축이 이루어지지 않은 도시의 새로운 부지처럼 말이다. 이곳의 주택이나 아파트들은 서로 가까이 붙어 있었다. 소이탄 융단폭격이 있기 몇 개월 전만해도 이곳에서는 아낙들이 빨랫줄에 빨래를 널었을 것이다. 여기 아이들은 최근까지만 해도 숙제를 마치고, 세발 자전거를 타고, 숨바꼭질을 하며 놀았을 것이다. 그러나 소이탄 폭격이 있던 그 날 밤 토쿄에는 숨을 곳이 없었다. 사이토는 텅 빈 거리의 아스팔트 위에 작은 X표가 새겨진 장소를 찾아냈다. 그가 말했다. "여기가 바로 소이탄 하나가 떨어져 열 폭풍을 일으킨 곳입니다."

나는 젊었고 게다가 풋내기여서, 여전히 청년의 무감각한 표정을 지어보였다. 나는 왜 그런지는 몰라도 그가 준 감을 받으면서 어색함을 느꼈었다. 물론 그것이 꼭 YMCA에 있던 배가 고팠을 직원들 때문은 아니었다. 그렇게 감 하나에 불편한 마음을 가지던 내가 나의 조국이 전쟁에서 이루어놓은 폐허를 보면서도 아무런 불편한 마음을 느낄 줄을 몰랐다. 그래서 내 자신에게 이렇게 중얼거렸다. '이건 전쟁이잖아.' 나는 확실히 우리 편이 이긴 것에 기뻐하고 있었다. 속으로는 으쓱했다. 겉으로는 사이토에게 재미있는 시내 구경을 시켜준 것에 감사를 표한 후 나의 회색 제복 호주머니 속의 아무 죄 없는 감을 가지고 길을 떠났지만 말이다.

이 부분의 이야기는 금방 마무리 지을 수 있을 것 같다. 1950년대와 그리고 또 다시 1960년대, 미국은 다시 전쟁을 일으켰는데 이번에는 동남아시아였다. 그곳은 바로 베트남, 라오스, 캄보디아였다. 나는 평화주의자는 아니었지만, 이즈음 샌프란시스코 예수회 대학교의 정치에 꽤나 관심이 많은 교수가 되어 있었다. 내가 재직했던 학교 교직원은, 운이 없게도 잘못된 전쟁에 휘말린 것이라는 니버리안의 사고방식을 반대하기 위해 몇 가지를 정리할 필요가 있다고 생각했다. 그 후 곧 나는 반전 교수들 모임의 리더가 되어 있었다. 우리는 린든 존슨Lyndon Johnson 대통령에게 베트남전에서 철수할 것을 촉구하는 공동서한을 공표하였다. 그 대학당국은 격동의 1960년대에 자신들의 애국심을 의심받기를 원치 않았기에 곧 나에게 사직할 것을 권했다. 비록 학생들로부터 받은 교수 평가 점수가 가장 높았는데도 말이다. 나는 끈질기게 사직을 종용받았고 결국 그 학교를 떠났다.

나는 몇 개의 교직 자리를 알아본 후, 어느 동부 지역의 한 대학에서 전쟁과 평화에 관한 윤리학 강의를 1월 계절학기에 했다. 내 생각에 그때부터 아시아에서 벌어진 전쟁과 불의한 전쟁unjust war뿐만 아니라, 모든 전쟁을 반대하기에 이르게 된 것 같다. 아마도 나는 사이토씨와 소이탄 융단폭격으로 폐허가 된 도쿄를 떠올렸을 것이다. 최소한 나는 폭력은 절대 그리스도인의 선택사항이 아니라 믿게 되었던 것이다. 나도 감지하지 못할 정도로 미세하게 또 휘황찬란한 회심 과정도 없이 평화주의자 비스무리한 사람이 되었던 것이다! 아직 나는 비폭력에 대한 어떠한 거창한 이론도 정립하지 않았고 물론 지금도 없지만, "평화 교회" 나는 그런 분류를 하는 것 자체가 좀 이상하다고 생각한다에 소속되는 과정도 거치지 않았으면서, 더 폭넓은 평화운동 비록 내가 볼티모어의 퀘이커 모임에 참석한 적은 있었지만에 대해 배운 것도 별로 없으면서, 그렇게 되었던 것이다. 나는 1970년 1월 학기 즈음에, 우리 시대의 전쟁은 옳지 않다고 단순하게 믿게 되었다. 나에게도 옳지 않고, 따라서 누구에게도 옳지 않으며, 그리고 모든 사람들이 예수를 따름에 있어 나와 같다고 생각했으므로, 최소한 잠재적으로 세상 모든 이들에게 옳지 않다고 생각했다. 확실히 전쟁은 나의 맏아들에게도 옳은 일이 아니었다. 따라서 그 시기에 내 아들은 지역의 징병위원회에 양심적 병역거부를 선언했고, 그것이 소송에서 기각되자 오직 침례교회와만 연관되어 있던 청년이 감당하기에는 쉽지 않았던 대체 복무제라는 권리를 얻기 위한 투쟁에 참가하게 되었다. 나는 내 아들 윌Will을 지지하면서 동시에 내 자신의 신념도 더욱 강해지는 것을 발견했다.

나는 어떤 부류의 평화주의자로도 분류되기 어려운 사람임을 보여주기 위해 이와 같은 사실을 이야기했다. 내 경우에는, 평화주의에 대한 확신이 커갔지만, 그것은 고결한 평화주의 이론에 근간을 둔 것이 아니고, "평화교회" 전통에서 훈련을 받아서도 그리 된 것도 아니었다. 그러나 비록 다른 이들은 그렇게 느끼지 않을 수 있겠지만, 나는 이 부분에서 기독교 윤리와 기독교 교리 간의 필수 연결 고리가 무엇이냐고 거리낌 없이 질문할 수 있다. 뚜렷하지는 않지만 윤리학과 교리학의 선생인 나에게 그동안 기대하지 않았던 신념과 찾지도 않았던 노선으로 이끌도록 일했던 기독교 신앙의 구조가 존재하는 것인가? 지금의 나는 그것이 존재한다고 믿는다.

신학적 중요성

신학에서의 나의 학문적 훈련은 포트워스의 사우스웨스턴 침례신학대학원에서 처음 시작되었다. 그 학교는 높은 학문적 수준이 아니더라도 최소한 규모 면에서는 자랑할 만하다. 그리고 나서 학문적으로 좀 더 철저했던 프린스턴 신학대학원을 거쳐, 최종적으로 다시 사우스웨스턴으로 돌아왔다. 거기에서 탁월한 조직신학자 월터 토마스 코너Walter Thomas Conner 밑에서 박사학위를 끝내고 싶었기 때문이다. 불행히도 그는 도중에 세상을 떠났고, 나는 내 박사학위를 거의 지도 교수도 없이 끝내야만 했다. 그러나 결과적으로는, 나의 학문적 시각을 약간 더 향상시킬 수 있게 되었다. 나 홀로 성서신학에 집중했고, "요한일서에 나타난 있는 완전주의의 교리와 현대 기독교에 대한 성찰"이라는 제목의 논문을 썼다.[1] 성서신학 연구를 하면서, 동시에 독학으로 에큐메니칼 기독교, 동방정교와 가톨릭 신학, 그리고 특히 그 당시 미국의 주요 신학자였던 니버 형제와 폴 틸리히와 같은 보다 폭넓은 개신교 유산에 관심을 기울이기 시작했다. 놀랍게도 그들은 요한일서의 "완전주의"perfectionism와 그 유산에 대해 거의 아무 말도 하지 않았음을 알게 되었다. 그들의 연구 성과를 잘 관찰해보면 확실히 그들은 완전주의에 대해 오해하고 있었던 것이 분명하다.

몇 년간 루이지애나 침례교 목사로 재직한 후 1954년 나는 샌프란시스코에

---

1) 1장 어느 침례교 신학자가 걸어 온 급진주의 노정 (사우스웨스턴 침례신학대학원 Th.D. 논문, 1953년).

있는 골든게이트 남침례교 신학교의 교수 자리 제의를 받아들여 그곳으로 가게 되었다. 특히 그 기간 나는 에큐메니칼 단체들과의 관계를 확장시켜 나가려고 노력했다. 그래서 동남아 전쟁에 대한 반대 입장 때문에 생긴 긴장관계로 1966년 골든게이트신학대학원GGBTS를 떠나게 되었을 때, 침례교인이 아닌 친구들이 나에게 새 일자리를 알선해 주었다. 스탠포드 대학의 방문교수로, 샌프란시스코 대학나중에 내가 알게 된 사실이지만, 거기서는 애국주의가 아직 위협적이지 않았다, 그리고 짧은 기간이지만 미국 동부의 템플 대학과, 볼티모어의 가우처 칼리지거기에서 전쟁과 평화에 대한 강의를 했다, 그리고 펜실베니아 대학에 방문 교수로 재직하는 축복을 누렸다. 그러던 도중 드디어 나는 나의 가족이 살고 있었던 샌프란시스코 지역에서 종신직 교수 자리를 얻었는데, 그곳은 미국 성공회 퍼시픽 처치 신학대학원Church Divinity School of the Pacific으로서, 캘리포니아 버클리 연합신학대학원GTU의 협력학교였다. 그러는 동안 나는 미국의 어느 신학자보다도 더 다양한 교수경력을 가지게 되었다. 내가 재직한 학교는 남침례교단, 로마 가톨릭샌프란시스코대학에서의 근무는 미국에서 처음이었다, 일반대학secular, 성공회, 그리고 G.T.U의 경우에는 에큐메니칼 진영 기독교에 속한 곳들이었다.

처치 신학대학원에서 재직1971-90년하면서 두 가지 상황이 나의 신학적 사상을 형성해 나갔다. 첫 번째 상황은 미국 성공회교인들이 자신들은 개신교이자 가톨릭이라고 말하기를 좋아하지만, 그러나 그 배경이 신학적으로 불편함을 발견했다. 왜 그럴까? 옛 침례교인이 우리는 개신교도 가톨릭도 아니라고 말하는 것은 옳은 주장일까? 급진종교개혁을 부정하는 아나뱁티즘이란 과연 존재하는 것일까? 나의 신학교 선생들은 그러한 관련성에 대해 비웃을 뿐이었다. 나에게 확신을 심어주었던 침례교인들은 다양한 종교개혁 전통의 개신교인들이었다. 그렇다면 왜 나는 그곳 졸업생으로서, 종교개혁과 가톨릭의 유산이 가득한 환경에 편안하게 어울리지 못했을까?

두 번째 상황은 단순히 우연히 일어난 사건이었다. 1967년 나는 일정 부분 에큐메니칼 운동에 참여하려던 나의 결심 때문에 잠시 켄터키 루이빌에서 개최된 "신자들의 교회"Believers Church 컨퍼런스에 참석했다. 거기에서 그 컨퍼런스 진행자 중 한 사람이었던 젊은 존 하워드 요더를 만났다. 1972년 요더는 「예수의 정치학」을 발간했고, 1~2년 후 나는 그 책을 읽었고 그 책이 내 인생을 바꾸어 놓았다. 그 책에서 그토록 열심히 배우고 가르쳤던 일반적인 기독교와는 뭔가 사뭇 다른 기독교, 그러나 장성한 침례교 청년이 되면서 알게 된 기독교를 발견하게 되었다. 밤낮으로 나는 그 「예수의 정치학」을 읽었고, 다 읽은 후 제2의 회심을 경험했다. 단순히 침례식 현장에서만 예수를 따르는 삶이 아니라, 현재의 삶의 자리에서 예수를 따르는 것으로 이해하게 되었다. 존 요더가 일반적인 사고방식을 극복하고자 시도했던 비판적 열정으로 해석한 예수는, 다른 것들 사이에서 열심당의 선택을 거부한 예수였고, 명분이 아무리 좋다 할지라도, 자신의 방식으로 해를 가하지 않으려 했던 예수였다. 그 때에 이르러, 내가 위에서 말한 것처럼, 나는 일종의 반전anti-war 기독교인이 되어 있었다. 나의 친구 스탠리 하우어워스가 통화 중에 내게 했던 말을 가슴에 되새겼다. 그는 사우스벤드South Bend에서 그리고 나는 버클리에 있을 때였다. 폭력은 그리스도인에게 있어서 선택사항이 아니라는 존 요더의 말이 그를 설득했다고 말했다. "지당한 말이 아니던가?"라고 생각했다. 나는 전쟁을 반대하다가 직장을 잃어버렸다. 어린 시절부터 형성된 나의 외골수적인 태도와 요더의 집요한 논리가 수렴되자 나에게 회심이 일어났던 것이다. 나는 지금도 그 용어를 좋아하지 않지만, 나는 어느 덧 "아나뱁티스트" 침례교인이 되었다.

이 이야기의 나머지 부분은 어렵지 않게 말할 수 있는 내용이다. 곧 나는

GTU에서 신약성서를 전공한 메노나이트 출신 대학원생인 대럴 슈미트Daryl Schmidt와 급진종교개혁의 유산이라는 세미나를 공동으로 지도하기로 합의했다. 우리는 대럴의 학문적 탁월함이 빛을 발했던 영역인 산상수훈으로 시작했다. 그 후 우리는 16세기부터 현재까지의 아나뱁티스트 유산을 추적하였다. 세미나는 대성공이었다. 그것은 학생들을 매료시켰고, 그들 중 몇 사람예를들어,체드마이어스,낸시머피은 그 후 이 방면의 기독교 사상에 있어서 명성을 얻게 되었다. 나는 그 후 몇 년 동안 똑같은 세미나를 개설했고, 가장 최근에는 낸시지금은내아내다에 이어 10년 전에 가르치게 되었던 풀러Fuller에서 다시 한 번 가르쳤다. 그 급진적 변화1980년경 후 몇 년을 더 가르친 뒤에 나는 아무도 하지 않았던 일을 해야겠다고 생각했다. 즉 조직신학의 주요 공동체인 가톨릭이나 개신교가 아니라 급진 종교개혁 후계자들의 조직 신학을 만들기로 한 것이다.

이것은 말은 쉽지만 실제로는 상당히 어려운 작업이었다. 내가 구상했던 책은 총 3권으로 완성되었다. 제1권은 윤리학 부분교회가 교회답기 위해 어떻게 살아야 하는가?이고, 제2권은 교리부분교회가 교회다우려면 무엇을 가르쳐야 하는가?이며, 제3권은 어떤 의미에서도 일반적인 조직신학에 대한 평범한 "서론prolegomena"을 대신할 만한 것이었다. 제3권이자 마지막은 「증언」Witness이란 제목의 책으로, 2,000년도에 출간되었는데, 이것으로 나의 20년 과업이 마무리되었다. 그런데 이것이 왜 그리도 어렵고도 오랜 시간이 걸리는 일이었을까? 왜냐하면 나는 모든 문장 하나하나를 내가 새로 얻은 급진적 신념의 관점에서 쓰면서도 요더를 알지 못하는 일반인들이 이해할 수 있는 방식으로 쓰기로 결정했기 때문이었다. 독자들이 설득되지 않을지라도하나님이 언제 회심의 역사를 일으키실지 알수있는 사람이 누가 있겠는가?, 최소한 이것은 다른 종류의 것들에는 포함될 수 없는 분명하고 책임감 있는 기독교 유산이라는 점을 깨달을 수는 있을 것이다. 「윤리학」Ethics은 전혀 교리적인 냄새를 풍기지 않으면서도 왜 그리스도인의 행동이 평화로 귀결되는지를 보여주어야 했다. 「교리」Doctrine는 어떻게 부활하신 예수께서 모든 것을 변화시키셨는지, 어떻게 세상을 새롭게 창조하셨는지를 보여주어야 했고, 그것을 위해서는 반드시 그리스도와 그로 말미암은 평화의 하나님이 중심이 되어야 함을 보여주려고 하였다. 「증언」Witness은 우리가 분파주의자경멸적 의미에서가 아니라, 세상이 진정한 중심으로 돌아갈 길을 찾도록 초청하면서도 세상을 이해할 수 있는 문화의 신학을 가져야 한다는 점을 보여주고자 했다. 이 3부작은 우리가 세속성에 대해 "아니오"라고 말했음에도 불구하고, 여전히 세상에 속해 있음을 보여주려고 노력하였다. 어떤 면에서 나에게는 50년 전에 썼던 박사 논문을 "완성"해야만 하는 상당히 까다로운 작업이었던 셈이다.

물론 그 과정에서 다른 과제도 있었다. '하나님은 죽었다'라고 믿는 풍조의 영향으로 나는 현재 미네소타의 구스타브스 아돌프스 대학Gustavus Adolphus College의 총장과 하나님에 대한 책을 출간했다.[2] 낸시 머피와 공동으로 모더니티에서 새로운 포스트 모던으로의 전환이라는 철학적 작업에 관한 논문을 썼다. 나보다 더 나은 교육을 받은 많은 신학자들이 이러한 전환에 놀라서 지적 침체상태를 경험했다.[3] 나는 젊은 동료인 커티스 프리먼Curtis Freeman과 로살리 벨로소 Rosalee Velloso와 함께 15세기페터 첼시키, Petr Chelciky로부터 존 요더에 이르기까지 신학 서적을 추적한 내용의 책을 공동 편집했는데, 그 책에서 어떻게 "침례를 받은 사람들"baptists; 이것은 이들 사상가 그룹에 대해 내가 선호하는 용어다. 왜냐하면 그 용어가 그들이 침례 받은 사람들을baptists를 의미하는 침례교인Baptists임을 가리키기 때문이다이 자주적이지만 중요한 방식으

2) James Wm. McClendon Jr.와 *Axel Steuer eds.*, *Is God God?* (Nashville: Abingdon, 1981).
3) James Wm. McClendon Jr. 와 Nancey Murphy, "Distinguishing Modern and Post-Modern Theologies," *Modern Theology* 5(1989, 4월).

로 사고했는지 보여주고자 했다.[4] 그리고 나는 다른 것에 관해서도 썼는데, 특히 제임스 M. 스미스와 함께 Convictions라는 책을 저술했다.[5] 그러나 3부작이 거의 20년 동안 작업해 온 나의 작품이요, 나의 삶이었으며, 심혈을 기울여 쓴 책이라 할 수 있겠다.

사람들은 내 자전적 회상으로부터 급진 종교개혁의 신념과 신학에 대한 나의 접근방식이 학생들과 동료들에게 규범적인 것이라는 결론을 내릴지도 모른다. 그러나 단언컨대 그렇지 않다. 이 에세이집이 분명하게 보여주듯이, 이런 신학에 접근하는 많은 방법들이 있고 우리 중 누구도 "우리 방식이 최고다"라고 말할 위치에 있지 않다. 우리는 매우 큰 연구 과제 중 한 가지를 공유했을 뿐이다. 나는 평화 만들기로 꽃을 피우는 윤리학을 제시하는 동료들을 기대해 본다. 성경에 이런 말씀이 있다. "평화를 찾기까지, 있는 힘을 다하여라"시34:14b 새번역. 지금까지 그것은 예수를 따르는 자들에게 특별한 소명이 아닐까 생각한다.

교리에 관한 한, 이런 스타일의 신학은 경험, 성서, 그리고 공동체라는 최소 3가지 핵심으로부터 자라났다. 이 세 가지의 예는 찾기 어렵지 않으며, 그것들은 상호 배타적이지도 않다. "경험"에 초점을 맞춘다면, 급진 종교개혁 전통에 서 있는 사람들은 "너희는 여호와의 선하심을 맛보아 알지어다."시34:8a 개역개정 그런 경험은 제대로 하나님 아버지의 사랑, 즉 우리에 대한 하나님의 사랑과 우리의 하나님에 대한 사랑에 초점을 맞춘다. 한스 뎅크Hans Denck가 초창기 원조가 할 수 있겠다. 성서에 관한 한, 급진주의적 원칙은 성경을 살아계시고, 부

4) James Wm. McClendon Jr., Curtis Freeman, and Rosalee Velloso, *Baptist Roots: A Reader in the Theology of a Christian People* (Valley Forge, Pa.: Judson, 1999).

5) James Wm. McClendon Jr. and James M. Smith, *Convictions: Defusing Religious Relativism* (Nashville: Abingdon, 1994).

활하시고, 우리의 주가 되신 그리스도의 책으로 읽는 것이다. 최후의 승리를 위해 그분이 지불한 대가가 급진적 성서읽기 전략에 분위기를 조성한다. 이 부분의 원조는 마카엘 자틀러Michael Sattler로서, 그에게 성경은 예수께 이르는 길이요, 그 길로 안내하는 안내자였다. 신학의 초점으로 공동체는, 진정 성령론을 필요로 한다. 시편이 인용한 구절은 다른 본문에서와 마찬가지로 개인이 아닌 공동체에 주어졌다는 사실이 주목할 점이다. 이러한 공동체의 결속은 아나뱁티스트 신학의 적절한 세 번째 중점 요소이다. 원조는 메노 시몬스로, 그는 성령의 지식을 따라 교회를 형성해 간 사람이었다. 그래서 경험, 그리스도성경에서 증언되고있고 또한살아계신와 공동체는 우리의 교리적 과제에 있어서 폭넓은 범위를 설정해준다. 그러나 그런 범위는 실제로는 매우 광범위하며, 현재 이 에세이의 목표는 급진주의 신학이 형성된 다양한 형태를 한 가지 예를 들어 보여주는 것이었다.

2장. 메노나이트 진영 추종자의 고백

스탠리 M. 하우어워스

당신을 알게 된다는 것은 당신에 대한 모든 것을 알게 된다는 것이다[1]

나는 내가 메노나이트 교단 사이에서 어떠한 평판이 나 있는지는 잘 알고 있다. 크레이그 하스Craig Haas와 스티브 놀트Steve Nolt가 그들의 책 *The Mennonite Starter Kit: A Handy Guide for the New Mennonite*에서 "메노나이트 교인들이 메노나이트 교인이 되기를 바라는 비메노나이트 교인" 명단에 나를 포함시킨 것은 나에게 영광일 따름이다.[2] 그들의 책이 현대 메노나이트 교인들의 삶에 대해 가장 예리하게 지적한 것이니만큼, 나는 내가 그러한 대우를 받을 자격이 없음을 분명히 알고 있지만 말이다. 물론 나는 잠시 명단을 살펴보았다. 그 명단에는 텍사스 출신의? 로이드 벤슨, 렘브란트예술에 관심이 있음을 보여주려는 메노나이트 교인들의 주장에 부응한다, 토마스 뮌처설마 농담이겠지!, 로널드 레이건, 그리고 앨리스 파커그나저나 앨리스 파커는 대체 누구지?의 이름들 있었다. 그래서 나는 내 "사상"이 대체 어떻게 급

---

1) 2장 메노나이트 진영 추종자의 고백 줄리 앤드류스가 메노나이트였던 것처럼 노래를 불렀다.
2) Craig Haas and Steve Nolt, *he Mennonite Starter Kit: A Handy Guide for the New Mennonite* (Intercourse, Pa.: Good Books, 1993), 12.

스탠리 하우어워스(Stanley M. Hauerwas)는 듀크대학교에서 길버트 로우(Gibert T. Rowe) 교수로 신학적 윤리학을 가르치고 있으며, 국내에는 『하나님의 나그네된 백성』(복있는 사람), 『교회됨』(북코리아), 『십자가 위의 예수』(새물결플러스), 『주여 기도를 가르쳐 주소서』(복있는 사람), 『회평케 하는 자는 복이 있나니』(IVP)가 소개되었다.

진적 종교개혁 신학과 관련해서 형성되었는지에 대한 에세이를 부탁받았다는 점은 말할 수 없을 정도로 기쁘게 생각한다.

　메노나이트 교인들과의 첫 만남은 그리 순탄하지가 못했다. 텍사스에서 자라난 탓인지 그 이전까지 단 한번도 메노나이트에 대해 들어본 적이 없었다. 내가 설령 메노나이트 교인을 한두 명 정도를 알고 있었을지라도, 그들은 자신이 메노나이트 교인임을 알리지 않았다. 텍사스 조지타운에 있는 사우스웨스턴 대학에 다니는 동안 메노나이트에 대해서는 아무 것도 배운 적이 없었다. 메노나이트에 관한 내용은 역사나 종교학 수업 시간에 한번쯤이라도 언급되었을 법도 한데 기억나는 것은 아무 것도 없다. 아마도 나는 윌리스턴 워커Williston Walker가 쓴 *A History of the Christian Church*라는 책에서 메노나이트에 대해 읽었는지도 모르겠다. 그러나 내가 무엇을 읽었든 아무런 인상도 받지 못했다.[3] 나중에 진짜 메노나이트 교인를 만났을 때에야 나는 그들에게 무엇인가가 다른 점이 있음을 알았다. 그리고 나는 그 다른 점을 좋아하지 않았다.

　내가 알게 된 첫 번째 메노나이트 교인은 멜 슈미트Mel Schmidt라는 친구였다. 그는 신학대학원 2~3학년때 쯤 불쑥 내 인생에 나타났다. 그와 그의 아내는 기혼자 기숙사에 살았고, 거기에서 우리는 서로 알게 되었다. 어렴풋이 기억나는 것은, 멜이 그의 세금 납부를 보류했다는 점과 또는 최소한 우리가 세금 납부 보류에 대한 토론을 벌였다는 것이다. 베트남은 아직 조세저항을 "당연히 해야 할 일"이라는 논쟁의 대상으로 부각되지 않았다. 내가 기억하는 거라고

---

3) "Willie Walker"는 예일 대학 신학부에 다닐 때 불렸던 이름으로, 예일에서 교회사 수업 시간에 사용했던 교과서였다. 교회사에 내 시간을 "허비"하기를 원치 않았기 때문에, 그저 그 책을 읽고 시험을 치렀을 뿐이다. 따라서 내가 워커나 적어도 워커가 자주 사용했던 교과서를 개정한 사람들이 아나뱁티스트의 중요성을 깨닫지 못한 이유였던 것이다. 물론 "중요성"이란 단어는 단순히 "사실들"만을 보고하는 책에는 너무 지나친 용어라 생각한다.

는 사람이 어떤 일을 할 때 그렇게 급진적으로 할 수 있을지, 그것을 이상하게 생각했다는 점이다. 몇 년 후 멜과 나는 우연히 길에서 다시 만났다. 나는 대학 강단에서 강의를 하고 있었고, 멜은 오하이오의 블러프턴Bluffton에서 목사로 사역하던 때였다. 그 만남이 예전의 바보 같았던 내 모습을 떠올리게 했다.

그러나 내가 보다 자세히 기억하는 한 메노나이트 교인과의 만남은 1966년인가 19967년에 하버드대와 예일대의 윤리학과 대학원생들의 공동 세미나에 참석차 하버드에 갔을 때 였다. 그 때까지만 해도 베트남전쟁은 끝없는 토론의 주제였다. 캠브리지에 가는 차 안에서 우리는 그 전쟁이 정당한지 아닌지에 관하여 논쟁을 벌였다. 그런데 논쟁 중에 그 때까지는 아주 조용히 있던 새로온 학생 하나가 자신이 평화주의자라는 것을 암시하는 발언을 했다. 그는 심지어 우리가 그때까지 한 번도 들어보지도 못했던 존 하워드 요더라는 사람에 관해 언급하였다. 나는 예일대가 그토록 세상물정 모르는 순진한 학생을 받아주었다는 데에 적잖이 충격을 받았다. 물론 나는 니버리안의 논증을 이용해 그를 겁주려고 하였다. 그 학생의 이름은 리로이 월터스Leroy Walters였는데 그는 지금은 조지타운 대학의 케네디 센터에서 생명윤리학을 가르치고 있는 탁월한 윤리학자다. 리로이의 부드러운 행동 때문에 나는 캠브리지로 가는 차안에서 내가 더 나은 논증을 펼쳤다는 점을 확신할 수 없었고, 비록 리로이가 한 때 믿었던 것에 대해 일정 부분 불확실하다 해도, 그가 믿고 있던 것을 지금 내가 믿고 있다는 사실을 리로이가 알고 다소나마 기뻐하길 바랄 뿐이다.

그러나 최소한 리로이그리고베트남전쟁는 나의 관심을 끌었다. 물론 그 당시 나는 성품과 성화에 관한 글을 쓰느라 바빠서 일반적으로 전쟁과 특히, 베트남전쟁에 관한 윤리적 문제를 해결할 이유가 없다고 생각했다. 결국 나는 예일대의 학생이었기 때문에, 그곳에서 우리가 아무런 확신도 찾을 수 없는 신념에 대해서도 비판적으로 생각하는 법을 배웠다. 나의 예일대 시절 중 마지막 몇 년 동안 내가 학위논문을 끝내가고 있을 무렵, 나는 예일대 신학부 서점을 자주 둘러보곤 했다. 일주일에 한 번 정도 서점을 찾아 뭔가 "새로운 것"이 나오지 않았는지 살펴보곤 했다. 그런데 어느 날 서점을 둘러보고 있을 때 나의 시선은 존 하워드 요더가 쓴 "칼 바르트와 기독교 평화주의"라는 소책자에 멈추었다. 나는 그 때까지만 해도 리로이가 요더에 관해 나에게 이야기한 사실을 까마득히 잊고 있었다.[4] 바르트가 나의 논문에서 중요한 역할을 했기 때문에, 그리고 그 소책자 값이 고작 1달러밖에종이의재질이싸구려였고인쇄상태도겨우등사기로한것보다조금더나은수준이었으니그럴만도했다 안했기에 그 책을 샀다.

내가 언제 바르트의 윤리학에 관한 요더의 설명을 읽었는지는 기억하지 못하지만, 바르트에 대한 요더의 주장에 대한 나의 반응은 분명하게 기억하고 있다. "내가 지금까지 읽었던 바르트 윤리학에 대한 비평 중 최고임은 분명하지만, 요더의 교회론을 수용하는 것은 미친 짓이야"라고 생각했다. 그는 결국 "분파주의자"가 아니던가! 비록 한계상황Grenzfall에 대한 바르트의 이해에 대한 요더의 설명과 비판이 바르트의 기회원인론에 대한 나의 논문에서 내가 전개했던 비판과 유사한 부분이 있었을지라도, 일리노이즈의 록 아일랜드에 있는 어거스타나 대학Augustana University에 강의하러 갔을 때 요더에 관하여 더 많은 것

---

4) 존 요더의 소책자는 "Work Paper No. 4"로 알려져 있었다. 비록 존 요더가 1957년 5월에 바젤에서 첫 번째 서문을 쓰고, 그 후 1957년 7월 16일에 바젤에서 두 번째 서문을 썼을지라도, Marlin Miller는 1966년 판에 "추천서문"을 썼다. Michael Cartwright는 Al Meyer가 그에게 한 말을 나에게 들려 주었다. 그에 의하면 요더가 바르트에게 바르트에 관한 논문 한 부를 주었다는 것이다. 이 일 때문에 바르트는 요더(와 Al)에게 말했다. "아, 요더, 당신들 메노나이트 교인들은 상당히 호전적이군요." "Work Paper No. 4"가 어떻게 예일대 신학부 서점에까지 들어오게 되었는지 알 수 없지만, 짐 쿠스타프슨(Jim Gustafson)이 이 일과 어떤 연관성이 있다는 의심을 하고 있다. 구스타프슨이 내게 그 책을 『칼 바르트와 전쟁의 문제』(Nashville: Abingdon, 1970)라는 제목으로 출판하려고 노력하고 있다고 말했다(아마 기독교 윤리 학회에서였을 것이다). 바르트에 대한 존 요더의 비평이 잘 알려지지 않은 것은 그러한 모험을 원치 않았던 Abingdon 출판부의 결정 때문이었다.

을 알아봐야겠다고 생각하지는 못했다. 또한 나는 감리교 성화론자가 된다는 것은 오기Augie에 있는 루터교인들에게 충분한 도전이라고 생각했다.

물론 나는 그럭저럭 루터교인들과 거리를 두고 지냈지만, 노트르담 대학에서 강사로 나를 고용해 준 가톨릭교회에 의해 구제를 받게 되었다. 그러나 노트르담은 내 인생에서 중요한 전환점이 되는 곳인 이유는 바로 노트르담 대학에 위치한 사우스 벤드가 엘카르트Elkhart와 가까웠기 때문이다. 노트르담 대학에서 강의를 시작하기 전, 사우스 벤드에서 첫 번째 여름을 보내고 있을 때였다. 나는 요더를 만나는 것이 좋겠다고 생각했다 그래서 그가 고센 대학에서 강의를 하고 있다고 생각하고 무작정 고센Goshen으로 차를 몰았다. 칼리지 메노나이트 처치College Mennonite Church 교정에 들어서면서 내 생각이 잘못되었음을 알게 되었다. 왜냐하면 그곳에서는 그 소책자들이 고작 25센트에 지나지 않았기 때문이다. 그래서 나는 요더가 쓴 소책자 세 부를 구입했다. 바르트에 관해 쓴 소책자와 사형제도에 관한 에세이, 그리고 라인홀드 니버에 관한 글이었다.

라인홀드 니버에 대한 요더의 비평은 나에게는 특히 중요했다. 그 비평을 읽으면서 내가 아주 대단한 인물의 작품을 읽고 있을 뿐만 아니라, 라인홀드 니버의 주장에 동의할 수 없음을 깨닫게 되었다. 다시 말하자면 나의 "바르트주의"는 나의 기독론을 표현하는 또 다른 방식으로, 이것은 정치 현실주의에 대한 신학적 정당성을 제공하려는 니버의 논지와 양립할 수 없음을 이해하기 시작했다. 그 전에도 나는 윌리엄 코널리William Connolly, 로버트 폴 울프Robert Paul Wolff, 그리고 테드 로위Ted Lowi와 같은 정치적 이론가들의 정치 현실주의에 대한 니버의 이해가 지닌 약점을 보기 시작했었다. 그러나 요더의 글을 읽고 나서 나는 대안 정치를 제공할 수 있는 교회론이 부족하다는 것을 알게 되었다. 요더라는 이 친구에 대해 더 배울 필요가 있음을 알게 된 것이다.

그 후 나는 요더라는 이름으로 정기간행물 색인을 조사하다가 그 전까지만 해도 존재하는지조차도 몰랐던 「메노나이트 쿼털리 리뷰」Mennonite Quarterly Review 라는 학술지를 발견하게 되었고, 그 학술지에 요더가 글을 기고하고 있음을 알게 되었다. 그게 1970년이었는데, 그 때는 『근원적 혁명』이 출간되기 이전이었다. 내가 "메노나이트 쿼털리 리뷰"에서 읽었던 첫 번째 에세이는 "교회의 타자성"The Otherness of the Church과 "종말론 없는 평화"Peace Without Eschatology로서, 두 에세이는 엄청난 인상을 남겼다.[5] 요더라는 인물을 만나봐야겠다는 생각이 더욱 간절해졌다. 나는 어찌어찌하여 요더가 고센대학에 근무하지 않고 엘카르트 Elkhart에서 강의를 한다는 것을 알게 되었다. 학자로서의 예의 따위는 아무렇지도 않게 무시해버린 채, 나는 요더에게 전화를 걸어 내 만날 수 있는지 또 나를 초대해 줄 수 있는지 물었다. 그리하여 그해 여름, 어느날 나는, 예일대학 출신의 오만불손함을 가지고 그의 사무실에 쳐들어가듯이 방문했다.

내 기억으로 첫 만남에서 존 요더는 숫기가 없는 사람이었던 것 같다. 또한 그의 저술에 동의하도록 나의 마음을 사로잡으려고 하지도 않았다. 매력과 요더는 전혀 어울릴 수 없는 단어였다. 그러나 솔직히 나 역시 마찬가지였다! 존 요더는 그의 특기인 정확성을 가지고 나의 질문에 대답했다. 부적절한 질문이라고 생각할 때는 필요한 만큼만 말을 하였다. 당시 요더와 일상적인 대화를 하기에는 서로 잘 모르는 사이였기에 나는 결국 학문적 내용을 대화의 주제로 삼을 수밖에 없었다. "지금은 무엇에 관해 연구하십니까?" 그러자 그는 "별로 중요한 것은 없습니다"라고 대답하였다. 그는 나의 관심 밖에 있는 메노나이

---

5) John Howard Yoder, "The Otherness of the Church," *The Mennonite Quarterly Review* 35 (1961년 10월): 286-96; *Peace Without Eschatology* (Evanston, III.: Concern, 1959). 이 에세이는 『근원적 혁명』(대장간)에 수록되어 있다.

트 청중들을 상대로 원고를 쓰고 있었다. 그가 했던 연구 중 대부분은 출판이 되지 않았다는 말도 덧붙였다.

나는 내 자신이 그가 하고 있던 모든 일에 실제로 관심을 갖는 것에 대해 허락했다.텍사스 사람들은 "허락한다"는 말을 주로 쓴다 그래서 그는 자신의의 서재로 갔고 나는 한 30센티미터는 족히 되어 보일 정도로 쌓여있는 그의 서류더미와 함께 남겨지게 되었다. 나는 그 서류더미들 속에 무엇이 있었는지는 전부 다 기억하지는 못하지만 그 안에는 우리가 잘 아는『예수의 정치학』원고가 포함되어 있었다. 그것을 읽을 당시에는 그 원고의 중요성을 깨닫지 못했지만, 그 와중에도 뭔가 다르다는 것을 느꼈다. 나는 예일대에서 워낙 잘 배운 덕에 요더의 논지가 아주 비범하다는 것을 알아차릴 수 있었다. 이전에 한스 프라이Hans Frei 교수의 기독론 수업을 수강한 적이 있었는데 거기에서 우리는 고전적인 기독론 논쟁과 고백뿐만 아니라 몇몇 진보적 개신교도들의 작품도 배웠다. 나는 그 수업을 들은 후 칼케돈 공의회6)가 우리가 예수의 온전한 실재를 이스라엘 백성들의 메시아로 이해하게 된 규범이었고, 현재도 규범으로 작용하고 있음을 확신했었다. 그러나 나는 소위 "고등 기독론"이 그리스도인의 삶과 사상을 강조하기 위해 예수의 생애와 가르침을 부차적인 것으로 만들 위험이 있었기에 칼케돈 공의회에 대해 불편하게 생각하던 차였다. 그래서 나는『예수의 정치학』이란 책을 읽었던 것이다. 그 책은 비범한 기독론적 제안으로서, 신약학의 합의

---

6) 역자주: 451년 칼케돈(현재의 터키)에서 열렸던 초대 교회의 공의회 중 하나다. 이 공의회에서는 그리스도의 신성과 인성은 분리되지 않는다는 내용의 칼케돈 신조를 통해, 예수 그리스도는 완전한 인간이요, 완전한 하나님이라고 고백하였다. 또한 칼케돈 신조에 '하나님의 어머니(테오토코스, Theotoskos)'라는 단어를 넣음에 따라, 예수 그리스도의 신성을 강조하는 교리인 성모설을 올바른 교리로 재확인하였다. 칼케돈 공의회의 정통교리 확립으로 콥트 교회 등 단성설을 따르는 교회나 그리스도의 인성을 강조하는 네스토리우스파 교회는 이단으로 단죄되어, 기존 교회에서 분리되었다.

에 대한 보고에 지나지 않는다고 요더는 주장했다.

나는 요더가 쓴 책은 가능한 한 다 구입해서 읽기 시작했다. 특히『국가에 대한 기독교의 증언』대장간역간이라는 책에 감명을 받았다. 따라서 나는 그 책의 내용을 기독교, 윤리학과 민주사회라는 용어로 대변되는 학생 저항운동에 대한 대답으로서 내 강의에서 사용하려고 했다. 그 책이 절판된 것을 알고 나서 나는 필사적으로 페이스&라이프 출판사에 연락해서 100권 정도를 구입할 수 있는지 물었다. 그들은 대단히 기뻐하면서 인쇄기를 더 돌려서라도 내가 필요한 만큼의 책들을 기꺼이 만들어주겠다고 확답을 주었는데, 이것이 내가 처음으로 발견하게 된 메노나이트 세계의 운영방식이었다.

나는 요더의 책을 읽고는 있었지만, 공개적으로 그의 기획을 지지할 수 있을지 결정을 내리지 못했다. 물론 그는 그것이 기획거리가 되는지조차 알지 못했다. 그럼에도 불구하고 나는 요더를 전형적인 형식에 맞춘 또 하나의 자리를 대표하는 사람으로 대우해서는 안 된다고 느꼈다. 요더가 나에게 준 서류 뭉치들 중에 H. 리차드 니버의『그리스도와 문화』IVP에 대한 비판 초안으로, 대단히 설득력이 있는 논증이 있었다. 요더의 의견을 조율할 기회가 찾아왔다. 그것은 내가 노틀담과 발파라이소Valparaiso 대학 신학부의 "에큐메니칼" 연례 모임을 위한 논문 한편을 부탁받았던 직후였기에 요더에게서 배운 것을 모두 엮어서 한편의 에세이를 쓰기로 했다.[7]

7) 물론 나는 이 에세이를 출판하려고 했으나 누군가에게 그것을 맡기기 힘든 상황이었다. 그래서 그것을 많은 학술지에 보냈으나 원하는 곳이 없었다. 거부를 당했기에 비판을 받는 것도 없었지만, 반면 요더에 대한 반응은 더 커졌다. 한 평론가는 요더가 성서에 대한 불트만 학파 이전 행동을 대표한다고 명확하게 언급하였다. 나는 이러한 거부가 요더와 동일시한다고 해서 친구들을 얻는 것이 아니라, 내가 배운 것에 지나치게 심취해 있었고 당연히 지나치게 까다롭다는 것을 의미함을 깨닫게 되었다. 이 에세이는 최종적으로 The Journal of Theology of South Africa에서 출판되었지만 단 한부도 받지 보지 못했다. 그 에세이를 짐 차일드레스(Jim Childress)에게 주었고, 그는 버지니아에서 학술지 이사로 있던 동료에게 전달했다. 그 동료가 남아프리카로 보냈던 것이 틀림

내가 루터교와 가톨릭보다 앞서서 하고 있었던 일은 순수한 에큐메니칼 노력이었음을 언급하면서 발표를 시작했다. 그것은 대부분 가톨릭 신학부를 대표하여 미주리 루터교 주교회의에서 논문을 읽으며, 아나뱁티스트들은 처음부터 옳았음을 말함으로써, 의심 많은 신학 배경을 가진 감리교인의 특징을 여실히 보여주는 것이었다. 만일 당신이 감리교인이라면 당신은 의심 많은 신학적 배경을 가지고 있는 것이다 나는 그것을 에큐메니칼 움직임이라고 했다. 왜냐하면, 내가 논문을 마칠 무렵 가톨릭과 루터교는 그들이 얼마나 많은 공통점이 있었는지를 발견하게 되었기 때문이다. 즉, 그들은 아나뱁티스트들을 죽이는 일은 참으로 선한 일이라고 생각하고 있었기에 그렇다. 물론 그 일은 가톨릭과 루터교가 본의 아니게 힘을 합하여 왜 우리가 요더를 수용해서는 안 되는지를 심각하게 보여준 일예이다. 종교에 심취한 사람들 중 어떤 이들은 누군가를 죽여야 한다고 생각한다. 나는 그 말을 납득할 수 없었으나, 그런 주장은 모두가 인정하는 말이었다.

나는 메노나이트 진영의 추종자가 되었다. 이제는 "진영camp 추종자"라는 이미지는 메노나이트에서 많은 것을 배운 척하는 사람에게 갖다 붙이기에 적당한 표현이 아닐지도 모른다. 왜냐하면 "진영camp 추종자"란 말은 군사적 야영지를 암시하거나 메노나이트뿐 아니라 대다수 그리스도인들에게는 모욕적인 방식으로 살아가는 여성을 암시하기 때문이다. 그러나 어떤 진영 추종자처럼 나는 집이라고 부를만한 교회 공동체에 속하지 않았기에, 내가 복음에 충실하다고 생각하는 일에 마음을 주고 말았다. 그러한 태도가 교회론적으로 이해될 수 있는 것처럼 가장할 수는 없었다. 나의 유일한 변명은 우리 시대의 하나

없다. "한 단어도 버릴 것이 없다"라고 했던 폴 램지의 충고를 따라 나는 첫 번째 선집인 *Vision and Virtue: Essays in Christian Ethical Reflection*에서 그 에세이를 실었다. 이 책은 현재 노트르담에서 출판했지만 (아마 절판되었을 것이다), 본래 1974년도 피데스(Fides) 출판사에서 출판한 것이었다.

님은 우리들을 그 지점까지 인도하시는 것 같다는 것이다.[8] 우리는 과거에는 대단히 중요했던 것처럼 보였으나, 이제는 과거의 신학적 격전이 문제가 되지 않는 시대를 살고 있다.예를 들어 "자유의지 침례교인"이 되는것과같은 이슈 우리는 단지 기도할 뿐이며, 하나님께서 교회론적으로 어디에도 속하지 않은 사람들을 만드셨다는 것은 존 요더가 제기한 바와 같이 철저한 연합의 시작이 될 것이다.[9] 그러나 여전히 군사적 이미지의 문제가 남아 있다.

평화주의자가 되다.

나는 요더가 나의 신학적 신념에 관한한, 공감할 수밖에 없는 연구를 하고 있다고 확신하기에 이르렀다. 그러나 아직 나는 내 자신을 평화주의자로 선언하기에는 준비가 덜 되어 있었다.[10] 내가 평화주의자라고 말한지 1년이 지났던 때를 뚜렷하게 기억하고 있다. 로버트 윌켄Robert Wilken이 노트르담 교수로 들어오고 나서, 나는 신학부 새로운 학과장이었던 데이비드 버렐David Burrell에게 압력을 가하여 요더를 풀타임으로 고용해달라고 요청했다. 윌켄은 당시에 루터교에 깊이 헌신하고 있는 사람이었고 더군다나 시카고대학 출신이었다. 그는 교수회의에 차로 나를 데려다주면서 요더에 관해 물었다. 그는 요더의 책을 읽고 나서 그에게 큰 존경심을 품고 있었다. 그러나 그는 요더의 교회론, 특히 그

---

8) 스탠리 하우어워스, *In God Company: The Church As Polis* (Notre Dame: University of Notre Dame, 1995) 은 하나님께서 우리를 이 이상한 변칙적인 교회론에 대한 가장 확장된 성찰이다

9) 이것이 바로 존 요더가 죽기 전에 썼던 에세이의 주요 논지였다. 이것은 *Pro Ecclesia* 9 (2000년 봄 호): 165-83쪽에 실렸다.

10) 이것에 대해서는 "*The Peaceable Kingdom: A Primer in Christian Ethics* (Motre Dame: University of Notre Dame, 1983), xv-xxvi "서론"에 간략하게 설명하였다. 이 책의 각주를 위해 "서론"을 다시 읽으면서 그 책에서 다루었던 동일한 근거에서 진행되고 있음을 깨달았다. 이미 전에 했던 말을 반복하는 것이라면 용서를 구한다. 나는 나의 사고가 어떤 식으로 발전했는지 최고의 학자인지 아닌지 궁금증을 유발한다. 날짜를 기억하지 못하는 나의 무능력함도 이미 잘 알려진 바다.

의 평화주의에 대해서는 확신이 서질 않아 지켜보고 있던 차였다. 무슨 이유 때문이었는지, 나도 모르게 월켄이 틀렸다고 말하고는 곧바로 이렇게 말했다. "나도 평화주의자요."

요더는 기독론과 비폭력에 관한 질문을 분리할 수 없다고 나를 확신시켰다. 그래서 내가 기독론에 있어서 온전한 칼케돈 공의회 신봉자요, 신론에서 삼위일체론자요, 교회를 부르심으로 창조세계를 돌보시는 하나님의 섭리를 신뢰한다면, 나는 평화주의자가 되어야만 했다. 나는 한 번도 내 자신을 그런 식으로 선언한 것을 후회하지 않았다. 비록 그것이 "내가 내린" 결정처럼 생각한 적도 없지만 말이다. 오히려 나는 요더가 나에게 생각해 보라고 가르쳐 준 방식을 고려해볼 때, 이 길 외에 다른 어떤 선택이 주어지지 않았기에 평화주의자인 것이다.

평화주의자가 된다는 것은 신학적으로 전혀 다른 사고방식을 만든다. 물론 단순히 그렇게 한다고 해서 평화주의는 아니다. 오히려 요더가 가르쳤던 것은 [평화] 신학을 교회가 실천해야 할 전통이라고 생각하라는 것이다. 실제로 평화주의를 그리스도인이 교회 생활에 필요한 기타 전통과 분리시키려는 행동은 바람직하지 못하다. 예를 들어, 서로에게 거짓말을 하지 말고, 진실을 말하라는 그리스도인들의 의무는 우리에게 말해야 할 것 이상은 말하지 않도록 하는 기술적인 태도를 계발하라고 요구한다. 나는 이 모든 것들을 요더로부터 배웠다고 말하지 않겠다. 그러나 내가 요더로부터 배운 것은, 놓쳐버렸을 수도 있는 연관관계를 보는데 도움을 주었다.

내가 요더에 관해 쓰기 시작했을 때, 그리고 내가 그에게서 배웠던 방식으로, 적어도 어느 정도는, 존 요더라는 인간을 배출한 세계에 대해 더 많은 것을 배워야겠다는 생각이 들기 시작했다. 나는 메노나이트 연합 신학대학원Associated Mennonite Biblical Seminary; 지금은 Anabaptist Mennonite Biblical Seminary 로개명-역주에서 몇 차례 강연 초청을 받았었다. 그곳에서 1978년에 나는 강사비 대신에 『순교자의 거울』Martyrs Mirror이라는 책 한 권을 받았다. 글쎄… 그것은 그다지 옳은 일이 아니었다. 그들이 나에게 25달러나 『순교자의 거울』이라는 책 중에 하나를 선택해서 받을 수 있다고 했다. 나는 멍청이가 아니었기에 25달러 대신 그 책을 선택했다. 그 책에는 사랑스럽게도 나를 "명예 메노나이트"라고 명명한 글이 적혀 있었다. AMBS 학생들은 노틀담으로 와서 내 강의를 듣기 시작했다. 이 과정에서 나는 이 학생들과 내가 읽었던 것과 존 요더에게서 배운 것이 있었다. 그것은 바로 다른 메노나이트 교인들이 보편적으로 요더나 그의 책을 받아들이는 것은 아니라는 사실이었다. 다시 말하자면, 나는 메노나이트의 현실과 메노나이트 신학을 구분하는 방법을 터득하기 시작했던 것이다. 그러나 그것은 괜찮은 메노나이트 교인이라면 분별할 수 있는 차이였다. 결국, 요더에게서 콘스탄틴주의의 한 형태로서, 메노나이트 농장문화를 생각하도록 배우게 되었다.

그러나 나는 또한 요더의 작품을 통해 나의 관점이 훈련받지 못했다면 결코 배우지 못했을 습관들을 메노나이트 생활에서 배우게 되었다. 예를 들어, 돈이 떨어져도 생존을 위해 필요한 협력과 합의를 만들어 냄으로써 공동체를 풍요롭게 만들 수 있는 방법을 배우게 되었다. 돈이나 부가 서로에게 필요한 것을 빼앗아 가고, 트랙터와 같은 공통으로 소유하고 있는 자산을 빼앗아감으로 가난하게 만들 수 있다. 이러한 관점에서 보면, 공동체는 개인의 필요와 전체 공동체의 필요를 균형있게 맞출 방법을 찾아야 한다는 자유주의 논리는 말도 안 되는 소리라는 것을 깨닫게 된다. 공동체 생활의 실천이 우리가 그것이 개인이건 공동체건 그것보다 공동체의 실천적 전통이 더욱 우선적인 것이라고 생각한다면 말이다. 요더는 또한 메노나이트 생활에서의 신학이란 자신들의 삶을 어떻게 공유해야 할지 배운 사람들의 실천으로 이해해야 한다고 가르쳤다.

존 요더는 아마도 내가 유익한 철학관련 책을 계속해서 읽고 있다고 생각했겠지만, 그 때 나는 그가 가지고 있었던 철학적 기초를 가질 만큼 운이 좋지 않았고, 그처럼 탁월한 지식을 소유하지도 못했다. 그는 결단코 다른 나라 언어를 배우는데 골머리를 썩고 있는 나를 이해하지 못했다. 나는 요더처럼 수월하게 신학을 하는 방법을 터득하기 위해 더 많은 것을 읽을 필요가 있었다.

만일 나의 "사상"이나 "학문"이 아나뱁티스트 사상과의 만남을 반영하고 있다면, 나의 저서의 내용what보다는 "방법론"how에서 더욱 명확하게 드러나지 않을까 싶다. 특히 나는 신학이란 사람들이 연습을 통해 추출할 수 있는 "사상"이라고 생각하지 않는다. 현 학계에서 신학에 대한 이러한 이해는 분명히 문제가 있다. 나는 여러 교회뿐만 아니라 대학에서도 요더의 강의를 사람들이 들을 수 있도록 하기 위해 필요한 토론거리를 만들어내려고 했다. 요더와 나는 정반대 성향의 사람이라고 생각하지 않았을까. 그는 나와는 달리 주류 출신이 아니었다. "나의 저서"가 요더의 각주 정도로만 이해된다 하더라도, 하나님께서는 나를 정말 제대로 사용하신 것이라고 생각한다.

그럼에도 불구하고 요더는 아마도 메노나이트가 나로부터 어떠한 영향을 받을 것인지 염려했을 것이다. 왜냐하면 나의 신학 작업은 요더가 그의 연구에서 탁월하게 보였던 방식으로 성서 본문을 적절하게 처리하지 못했기 때문이다. 예를 들어 나는 『선포된 평화』대장간역간와 같은 책을 쓰고는 싶지만, 성서에 대한 요더의 비범한 지식을 가지고 있지 않을 뿐만 아니라 본문 간의 연계성을 볼 수 있는 초인적 능력도 없다.11) 어떤 독자들은 나에게 나의 저술이 "성

---

11) 『선포된 평화』 *He came preaching Peace*(대장간 역간, 2013))

서적"이라고 말한다. 그러나 "성서적"이라는 말은 나에게 과분한 표현이다.12)
본문과 말씀들이 중요하다. 그리고 요더는 그 본문과 그 속의 말씀들을 중요하게 만드는 법을 알고 있었다. 요더가 어떻게 그저 성서를 "사용"만 하는 것에 그치지 않고 성서적으로 사고했는지 누군가가 곧 좀 보여주었으면 좋겠다.13)

그것은 사소한 문제가 아니다. 나는 현재 3명의 메노나이트출신 졸업생을 두고 있다. 그들의 이름은 크리스 휴브너Christ Huebner, 알렉스 사이더Alex Sider, 그리고 피터 둘라Peter Dula다. 그들은 메노나이트의 삶에서 다양한 전통을 보여주지만, 그들은 그래도 모두 "모양새를 제법 잘 갖춘" 메노나이트들이다. 그들이 교회발전을 위해 듀크 대학에서 받았던 훈련을 나도 받고 싶다. 나는 그들에게 해가 되고 싶지 않았지만 그래도 내가 그들을 위해 할 수 있는 것이라고는 내가 배운 것을 그들에게 가르치는 것이다. 물론 그들도 요더가 쓴 책을 읽었다. 그러나 메노나이트들이 정말로 아나뱁티스트의 전통에서 신학을 하려고 아리스토텔레스나 토마스 아퀴나스나 매킨타이어MacIntyre나 밀뱅크Milbank에 대해 공부를 해야만 할까? 그들이 나로부터 나쁜 습관을 본받지는 않을까? 적어도 메노나이트에게는 좋지 않은 습관을 말이다. 그러지 않기를 바라지만 내가 할 수

---

12) 나의 책, *Unleashing the Scripture: Freeing the Bible from Captivity to America* (Nashville: Abingdon, 1993)는 대다수 독자들로부터 오해를 받고 있다. 이것은 분명 오직 성서만으로(sola scriptura)에 대한 나의 공격 이후 어떻게 진행되는지 내가 몰랐기 때문이라고 생각한다. 어떻게 해야할지 내가 몰랐던 것, 그리고 지금도 알지 못하는 것은 요더와 바르트의 방식으로 성서적 논증을 펼치는 것이었다. 이 책에서 내가 할 수 있었던 것은 성서의 문제 용어들을 설교체로 보여주는 정도였다. 아마도 독자들 중에서 나의 주석을 확인하느라 시간을 보내는 것이 유익하다고 생각하는 사람은 거의 없을 것이다. 설교는 읽는다 하더라도, 성서적 추론을 하려는 나의 시도로 읽히지 않고, 오히려 나의 "입장"에 대한 예증 정도로만 이해될 것이다. 그러나 신학이란 읽기보다는 입장이 되면 엇나간 것이라고 했던 요더의 말은 정당하다.

13) Richard Hays는 *The Moral Vision of the New Testament: A Contemporary Introduction to New Testament Ethics* (San Francisco: Harper San Francisco, 1996), 239-53에서 요더에 대한 분석 작업을 실시하였다. 요더의 성서 해석에 대한 Michael Cartwright의 설명은 타의 추종을 불허한다. Cartwright 의 "Practices, Politics, and Performance: Toward a Communal Hermeneutic for Christian Ethics" (Ph, D Diss., Duke U., 1988), 298-405.

있는 거라고는 그저 그러지 않기를 바라는 것뿐이다. 적어도 나는 그들이 메노나이트 세계에서 "다시 뭉쳤을" 때, 그들이 배운 것이 우리 모두가 그리스도인의 비폭력에 헌신한 사람으로 살아가는 방법과 그러한 헌신이 신학하는 자세를 형성하는데 도움이 되길 소망한다.

메노나이트에 관해 나를 괴롭히는 것

내가 메노나이트 신학이나 메노나이트 삶에 있어서 맘에 들지 않는 부분을 잘난척 하며 말하는 것은 가식적인 행동이리라. 왜냐하면, 그들의 신학이나 삶에 대해 그 어느 것 하나도 제대로 아는 바가 없기 때문이다. 요더라는 사람을 알긴 하지만, 요더가 알고 있던 것을 제대로 모르고 있다. 물론 나는 여기저기서 메노나이트에 관한 책과 에세이 등을 여러 권 읽어보았다. 그러나 나는 메노나이트의 원천이 무엇인지 확실히 알지도 못하고, 수세기에 걸쳐 발전해 온 메노나이트 신학에 대해서도 모르는 것 투성이다. 세 명의 메노나이트 대학원생을 두고 있는 것이 그래도 조금 도움이 되긴 한다. 그냥 있었으면 있는지조차 몰랐을 그런 책을 읽도록 그들이 나에게 권유했기 때문이다. 예를 들어, 최근 사이더Sider와 둘라Dula가 나에게 마펙Marpeck이 쓴 『심판과 결단』이라는 책을 읽어보라고 권했다. 나는 마펙이 요더와 너무 흡사하다는 사실 때문에 깜짝 놀랐다. 물론 요더가 거꾸로 마펙을 닮았다고 해야 옳은 표현이다. 그러나 어쨌든 그때 내가 배운 방법은 바로 거꾸로였다.

예를 들어 마펙은 어떤 사람을 피해야 하는지에 관해 말했다.

그러나 나는 어떤 다른 분파나 파벌 또는 모임과 관련을 맺지 않을 것이다. 이 세상 사람들이 그런 것을 어떻게 부르던지 간에 상관없다. 나는 특히 그리스도의 나라를 다스리기 위해 어떠한 악에도 저항하지 않고 또한 같은 방식으로 자기 백성에게 고난이나 악에도 저항하지 말라고 명령하신 그리스도의 인내와는 반대로 육체의 병기를 사용하는 이들을 멀리할 것이다. 나는 또한 그리스도의 나라를 다스리고 이끈다는 명목으로 조직을 설립하고 명령을 내리고 뭔가를 금지하는 그러한 이들도 멀리한다. 나는 또한 그리스도의 참된 신성, 성령, 말씀, 그리고 그의 능력을 부정하는 이들도 멀리한다. 나는 또한 인간으로부터, 다윗의 씨로부터 받은, 그러나 인간의 씨와 죄와 무관하게 동정녀 마리아에게 태어나신 예수의 인간되심과 그의 성육신 그리고 십자가에 못 박혀 죽으시고, 다시 사시고, 지금은 하나님 우편에 앉아 계신 분을 파괴하고 부정하는 이들도 멀리한다. 나는 또한 버젓이 죄를 범하고 악을 키워가면서, 진정한 회개도 없이 그리스도의 나라에 참여하려는 이들을 멀리한다. 나는 또한 그러한 것들을 용납하는 이들도 멀리한다. 그리스도의 말씀과 진리에 반대하고 맞서는 이들도 멀리한다. 이러한 모든 것들과 함께 그들이 세상에서 어떻게 불리던 상관없이, 나는 그들이 회개하기 전까지는 그리스도의 나라에서 그들과는 아무런 관계도 맺지 않을 것이다.[14)]

이것은 그리 특이한 이야기가 아닐 지도 모른다. 그러나 내가 흥미롭다고 생각한 이유는, 마펙이 제시한 목록과 그 목록의 배치 순서다. "육체의 병기"란 말을 사용한 것과 예수께서 온전한 하나님이신 동시에 온전한 인간이시라

---

14) Pilgrim Marpeck, "Judgment and Decision," in *Classics of the Radical Reformation*, Walter Klassen and William Klassen eds. (Scottdale, Pa.: Herald Press, 1978), 332.

는 그의 고백은 말 그대로 그리스도의 몸을 정녕 그리스도의 몸으로 만드는 것이다. 실제로 칼을 거부하는 것과 그리스도를 그리스도라고 고백하는 행위는 서로 분리할 수 없다. 내가 위에서 말했듯이, 나는 요더로부터 비폭력을 실천하는 것은 기독론적 신념에 의해 형성되어야 한다는 것을 배웠다. 그러나 마펙이 제시한 목록에 있는 내용들은 메노나이트 삶 앞에 놓여 있는 중요한 도전들과 연결되어 있는 것이다. 마펙과 요더 두 사람은, 아나뱁티스트간의 의견의 불일치가 있음에도 불구하고, 아나뱁티스트들은 가톨릭 교회와 기독론적 발전의 연속선상에 놓여 있다고 생각했다. 그러나 많은 아나뱁티스트들은 이러한 추론과 가정을 받아들이지 않는다.

아나뱁티스트들이 가톨릭과의 연속성을 거부하는 것은 어느 정도 이해할 만한 부분이다. 자신을 살해한 사람과의 연속성을 찾으려는 사람이 누가 있으랴. 더군다나 아나뱁티스트들이 타의에 의해 "아나뱁티스트"가 되었다는 사실은, 메노나이트 교인들이 기독교를 "재발명"해야 한다는 주장을 인정할 수밖에 없는 것이다.[15] 그러나 메노나이트들이 "다시 시작하는 중"이라는 생각은 신학적으로 의심을 받을 수 있을 뿐 아니라 특히 현대에 있어서 위험할 수 있는 부분이다. 신학적으로 하나님께서 세상을 신실한 증언 없이 계속해서 방치해 두고 계신다는 전제는 오류일 뿐이다. 교회가 자신에게 불리한 증언을 하는 것은 종종 하나님께서 자신의 교회와 세상에 대한 돌보심에 대한 증언일 뿐이다. 물론 어떤 형태의 교회가 교회에 대한 하나님의 신실한 돌보심에 관해 잘 드러낼 수 있을지를 보여주는 것이 가장 중요한 부분이다.

비록 에큐메니칼 신조가 콘스탄틴주의의 특성과 타협한 것이라는 데니 위

---

15) 요더는 역사기록에 대한 "방법론적" 성찰을 통해 이러한 논지를 고찰하려고 노력하였다. 예를 들어, *The Priestly Kingdom: Social Ethics As Gospel* (Notre Dame: University of Notre Dame, 1984), 123-34쪽에 있는 "Anabaptism and History"를 읽어보라.

버Denny Weaver의 주장이 잘못되었다 할지라도 그 이슈를 강력하게 제기했다는 부분에서 우리는 그에게 빚을 지고 있다. 진실로 제럴드 슐라바흐Gerald Schlabach와 이반 카우프만Ivan Kaufmann이 메노나이트와 가톨릭 사이에서 주최한 최근의 토론은 이루 말할 수 없을 정도로 중요한 발전이라고 생각한다. 이제 우리는 포럼을 통해 이러한 질문들을 철저하게 파헤칠 수 있게 되었다. 메노나이트와 가톨릭이 대립했던 상황에서도, 이러한 발전이 전망을 밝게 해주기에 아무런 문제가 되지 않을 것이다. 왜냐하면 우리는 신실한 가톨릭교도이면서 동시에 아나뱁티스트에 헌신한 마이크 백스터Mike Baxter와 같은 가톨릭교도들이 있기 때문이다. 또한 신실한 아나뱁티스트이면서 동시에 심오한 가톨릭적 감수성을 가지고 있는 슐라바흐와 같은 사람들이 있기 때문이다.[16)]

더욱이 메노나이트와 가톨릭의 관계가 주로 "교리", 심지어 교회론에 관한 질문이라고 생각한다면 큰 오산이다. "누구의 교회인가? 어떠한 미래가 있는가? 아나뱁티스트 비전은 어디로 향하는가?"와 같은 에세이에서 내가 주장하려 했던 것처럼, 아나뱁티스트가 직면한 도전은 그들이 승리해온 이 세상에서 삶의 의미를 발견하는 것이다.[17)] 콘스탄틴주의는 패배를 거듭해 오고 있다. 아나뱁티스트는 기존 교회를 반대하지 않는다. 기독교는 자발적이었지만, 현시대가 형성한 자발성은 비폭력에 필수적인 훈련을 유지하는 것을 불가능하게 한다. 종종 그렇듯이 과거에 사용하던 전쟁 용어들은 현재 우리가 직면한 도전

---

16) 제럴드 슐라바흐의 "신명기적 혹은 콘스탄틴적: 기독교 사회 윤리에서 가장 근본적인 문제는 무엇인가?"(Deuteronomic or Constantinian: What Is the Most Basic Problem for Christian Social Ethics?)라는 논문은 우리가 직면하고 있는 도전을 재고해 볼 수 있도록 도와준 가장 전도유망한 발전이다. 그의 논문은 The Wisdom of the Cross: Essays in Honor of John Howard

17) 이 에세이는 현재 *In Good Company: The Church as Polis* (Notre Dame: University of Notre Dame, 1995), 65-78쪽에 실려 있다. 또한 그와 관련된 자료는 내가 쓴 "Storytelling: A Response to Mennonite on Hauerwas," *Conrad Grebel Review 13* (Spring 1995): 166-73을 보라.

들에 맞서는데 적절하지 못하다.

　메노나이트가 가톨릭과의 관계성을 재고해 볼 필요가 있다고 제안하는 것은 아마 감리교인으로서 별로 행복하지 않은 나의 상태가 메노나이트와 가톨릭을 낭만적으로 묘사하도록 유혹할 수 있다는 가설들을 확신시켜 줄 뿐이다. 나는 그 유혹에 자유로울 수 있는 척 할 수 없지만, 가톨릭과 메노나이트는 항상 낭만적인 삶을 적극적으로 받아들인다.[18] 메노나이트/가톨릭의 상호 교류는 다른 교단들이 상호간에 "통찰력"을 공유하는 것보다 훨씬 위태로울 수 있다. 내가 주장하는 그리스도의 몸의 연합이 핵심 쟁점이 되어야 한다. 그리스도의 몸의 연합의 핵심은 비폭력적이어야 한다.

　그러나 "가톨릭"이라는 단어는 메노나이트가 절실히 필요로 하는 현실을 지칭한다. 만일 메노나이트의 삶 중에 문제가 있는 부분을 지적해야 한다면 그것은 바로 메노나이트의 예배 형태가 아닐까 싶다. 메노나이트 찬송은 분명히 위대한 자원이다. 그러나 나는 메노나이트 예배 형식이 일반적으로 너무 합리적이고 미적인 부분이 약하다는 것을 발견했다. 츠빙글리의 합리주의적 경향이 압도한 것이다. 예를 들어서 신자 세례는 세례받은 자들이 "그들이 뭘 하는지" 알아야 하는 것을 전제로 한다. 이것은 현대 사회에서 이러한 행위의 주체가 하나님이 아닌 세례를 받는 사람에게 있도록 만든다. 신자 세례가 갖는 문제는, 우리가 어쩔 수 없이 부르는 "정신 지체인"들에 대한 부분 때문이다. 요더가 주장하듯이 그 쟁점이 세례받은 사람들이 교회에 책임을 다해야 한다는 문제라면, 나는 왜 중증 정신지체자들이 세례를 받을 수 없는지 그리고 교회를 위해 그들이 책임감 있게 은사를 사용할 수 있도록 허락하지 않는지 모르겠다.

---

18) 예를 들어, 내 제자 중 Peter Dula는 양키스 팬인데, 펜실베이니아의 아미시들은 심지어 골프를 친다고 말해 주었다. (물론 그들이 야구를 하더라도 이해할 수 있는 부분이다.)

세례 받은 우리의 몸은 우리가 생각하는 것처럼 개인화된 몸, 즉 "우리 것"이 아니다. 그것은 그리스도의 몸이다.[19]

우리는 성찬식에서 동일한 몸을 받는다. 내가 노틀담 대학에서 가르쳤을 때 나는 종종 메노나이트의 증언을 칭찬하는 가톨릭교도들로부터 어떻게 메노나이트들이 그렇게 드물게 성찬식을 거행하면서도 비폭력적인 삶을 유지할 수 있었는지 모르겠다는 말을 들었다. 나는 메노나이트들이 평소 성찬식의 언어를 사용하고 있지만, 그들의 언어는 삶으로 살아내는 방식과 "일치한다"라는 식으로 메노나이트의 전례를 변호하려고 노력했다. 나는 계속하여 그것이 적합한 반응이라고 생각했다. 그러나 또한 나는 메노나이트 성례 혹은 성례의 부재가 메노나이트의 삶을 이해할 수 없도록 만드는 위협으로 작용할 수 있다고 생각한다. 성찬식은 시간을 벌기 위해 영원히 화를 내고 계신 하나님께 드리는 희생제사가 아니다. 오히려 성찬식은 하나님께서 세상을 위해 우리를 그리스도의 희생제사에 포함시키심으로 세상은 무의미하고 끝없는 희생제사를 종식시킬 대안을 가질 수 있게 되었음을 보여주는 기쁜 소식이다.

더구나 성찬식은 누가 성찬식을 집례할 것인가 뿐만 아니라, 예식의 형태에 관한 질문으로부터도 분리될 수가 없는 것이다. 안수와 권위에 관한 질문도 마냥 구석에 처박아 둘 수만은 없다. 만일 메노나이트가 예배 개혁을 수행해야 한다면 말이다. 그리고 그것은 진실로 내가 원하는 바이다. 그 대안은 일종의 집단정체성이나 교회 성장 전략처럼 보일 수도 있다. 전자는 그동안 시도되어 왔고, 부족한 부분이 발견되었다. 후자는 너무 추해서 숙고의 가치가 없는 것이다. 그러나 분명히 하고 싶다. 나는 메노나이트가 가톨릭 의식을 모방하라고

---

19) 몸에 대한 설명을 위해서는 Joel Shuman의 *The Body of Compassion: Ethics, Medicine, and the Church* (Boulder: Westview Press, 1999)를 보라.

제안하고 있는 것이 아니다. 오히려 메노나이트는 메노나이트 삶의 방식에 충실한 방식으로 왜 말씀과 식탁이 서로 분리될 수 없는지를 고민해야 한다.

오래 전 나 자신을 "고교회파가톨릭의전통을 강조하며 교회의권위 의식을 존중하는 영국 국교의한파 메노나이트교도"로 말하고 다닐 때가 있었는데 그것은 농담이 아니었다. 결국 나는 감리교인이자, 적어도 웨슬리의 말처럼, 복음주의자와 가톨릭의 불안정한 조합의 상속자다. 감리교인들은 성화론자일뿐만 아니라 자유교회 성례전주의자이고, 적어도 그래야만 한다. 오직 하나님만이 그것이 최종적으로 일관성 있는 교회론에 해당하는지를 아신다. 그러나 적어도 일부 메노나이트들이 내 생각이 어느 정도라도 쓸모가 있는지를 발견하는 것이 얼마나 기쁨인지 설명해 줄 수 있을 것이다. 가톨릭과 감리교, 메노나이트가 서로 이야기를 공유함으로써 하나님께서 우리에게 어떤 일을 행하시는지 이해할 수 있는 순간을 위해 나는 그저 기도할 뿐이다.

3장. 그리스도를 따라 낮은 곳으로:
아나뱁티즘에 대한 어느 뉴질랜드인의 견해

크리스토퍼 마샬(Christopher Marshall)

우리가 요리책에 의해 개종되었다고 하면 너무 과장된 말인지도 모르겠다. 그러나 나의 아내 마가렛과 내가 대학생 시절 처음으로 아나뱁티스트 전통에 대한 관심을 두게 된 계기는 존 하워드 요더가 쓴 『예수의 정치학』과 함께 읽었던 책인 『적은 재료로 풍성한 식탁 만들기』More with Less라는 요리책이었다. 두 책 모두 메노나이트 교인이 출판한 것이었고, 두 책 모두 근본적인 아나뱁티스트 신념을 동일하게, 그러나 다른 방식으로 표현했다. 다시 말해 그리스도인이 된다는 것은 예수를 따르는 것이며, 예수를 따른다는 것은 예수의 윤리적 가르침을 진지하게 받아들이는 것이고, 예수를 진지하게 받아들이는 것은 단순한

크리스토퍼 마샬(Christopher Marshall)은 뉴질랜드 빅토리아 대학(Victoria University of Wellington) 교수이며 회복적정의 학회장이다. 그의 연구는 회복적 정의 이론과 실천을 사회에 적용하는 프로그램에 초점을 맞추고 있다. 그는 또한 갈등 해결과 평화 만들기에 강한 관심을 가지고 정의 비전을 성경의 영적 뿌리에서 찾고 있다 .

그의 최신 저서는 *Compassionate Justice: An Interdisiciplinary Dialogue with Two Gospel Parables on Law, Crime, and Restorative Justice* (Eugene, OR.: Cascade/Wipf & Stock, 2012), *The Little Book of Biblical Justice: A Fresh Approach to the Bible's Teaching on Justice Little Books on Justice and Peacemaking* (Intercourse PA.: Good Books, 2005), *Crowned with Glory and Honor: Human Rights in the Biblical Tradition SPS 5* (Telford/Scottdale, PA.: Pandora Press/ Herald Press, 2001)가 있다.

삶, 봉사와 평화사역이라는 삶의 양식을 추구하는 것을 의미한다. 급진주의 학생운동의 전성기였던 1970년대 초, 뉴질랜드에서는 거의 알려지지 않았으나, 장기간에 걸쳐 형성된 신앙 전통인 진정한 기독교 급진주의를 발견한 것은 대단히 시기적절한 것이었다. 30년이 지난 지금 우리는 그 전통을 기독교 신앙에 대한 우리의 이해를 형성하는데 가장 중요한 영향을 미친 것으로 여기고 있다. 두개의 메노나이트 회중에 참여하고, 몇 개의 메노나이트 컨퍼런스에 참석하고, 안식년 간에 메노나이트 신학교에 머물렀던 경험과 특히 전 세계의 다양한 지역에 흩어져 살고 있는 메노나이트 그리스도인들과의 지속적인 교제를 통해 우리의 삶은 이루 말할 수 없을 정도로 풍성해졌다.

첫 번째 만남

1980년 뉴질랜드에서 첫 번째 신학 공부를 마친 후 나는 런던 대학에서 신약학 박사 과정에 진학했다. 우리는 영국으로 가는 도중에 북미에서 3개월 머물기로 했다. 이 방문을 통해 진짜 살아 숨 쉬는 메노나이트들을 만날 좋은 기회라 생각하던 중, 나는 뉴질랜드의 미 대사관에서 3개의 메노나이트 단체 주소를 얻을 수 있었다. 그 중 하나는 시카고 근처였는데, 우리의 여행 경로에 있었던 도시라서 우리는 그곳을 방문하기로 했다.

미국에서의 처음 몇 주 동안은 안정이 되지 않았다. 우리는 다양한 교회 생활을 접했지만, 우리가 본 대부분이 맘에 들지 않았다. 우리가 LA에서 방문한 대형교회에서 보여주는 매끄러운 소비주의 종교이건, TV에서 셀 수 없는 텔레비전 전도사들의 인위적인 쇼맨십을 마조히스트적으로 시청하건, 먼 친척과 중서부에 있던 작은 장로교회의 공공연한 인종차별주의이든 어느 것 할 것 없이 미국의 기독교적 풍경은 참으로 기괴해 보였다. 그러나 가장 충격적인 점은, 왁자지껄한 "하나님과 국가"라는 국가주의가 사회뿐만 아니라 교회까지 스며들어 있는 점이었다. 나는 한 유명한 TV설교자를 기억한다. 그의 신학은 "철저한 정통"이라고 미국 친구가 확인시켜 주었다. 그는 7월4일 독립기념일을 기념하는 설교로 이런 제목을 내세웠다. "내가 곧 미국 국기다." 그의 사역에 대해 적당한 기부를 했더라면 그의 설교원고와 성조기 배지를 받을 수 있었다. 하지만 나는 그 유혹을 뿌리쳤다.

　새로운 마음으로 우리는 시카고 근처 롬바르드에 있는 메노나이트 세계 컨퍼런스MWC 본부에 도착했다. 거기에서 우리는 성대한 환대를 받고 대화를 나누며 그 날 오후를 보냈다. 그러다가 나는 문득 지금은 고인이 된 디렉터 폴 크레이빌Paul Kraybill에게, 우리가 지금까지 보아왔던 미국 교회 안에 깊이 스며들어 있는 국가중심주의에 대해 어떻게 생각하는지 물었다. 그의 대답은 간단했다. "우상숭배지요!" 그의 대답은 간단명료했다. 나는 방명록에 다음과 같이 썼던 것을 기억한다. "같은 정신을 가진 친구들을 만난다는 것은 참으로 멋진 일입니다."

　그 해 우리는 영국에 도착해서 정착하느라 처음 몇 개월을 그냥 보냈다. 우리는 이웃의 몇 교회를 방문했지만, 우리와 맞는 교회를 찾을 수 없었다. 어느 주말에 나는 한 친구와 영국잡지 「제3의 길」Third Way의 창립5주년을 축하하는 컨퍼런스에 참석했다. 연설자 중 한 사람이 바로 당시 런던 메노나이트 센터 책임자인 알렌 크라이더Alan Kreider였다. 나는 그에게 큰 인상을 받았고, 다음 주 일요일에 런던 북부의 하이게이트에 있는 런던 메노나이트 펠로우십London Mennonite Fellowship에서 예배를 드렸다. 외국 땅의 나그네와 같은 우리에게 그 예배 경험은 영적인 고향집에 돌아온 느낌이었다. 그 이전까지는 경험해 보지 못했던 방식에 딱 들어맞았다. 우리는 4년 후 뉴질랜드로 돌아올 때 까지 그 교회에 적극적으로 참여하였다.

이 소규모의 메노나이트 펠로우십에서 발견한 특별한 것은 무엇이었을까? 많은 것들이 있지만, 그 중 가장 두드러진 것은 그리스도인의 삶에 대한 총체적, 통합적 접근을 꼽을 수 있다. 기독교 신앙의 본질적인 부분이지만, 그리스도인들이 너무나도 자주 서로 반목하는 수많은 관심사들을 통합하려고 시도했던 한 교회가 여기에 있었다. 그 관심사들이란 세상의 고통에 민감하게 반응하면서 드리는 기쁨이 넘치는 예배, 성령께 열린 마음으로 가르치는 사려 깊은 성서적 가르침, 겸손함과 온유함으로 윤리적으로 신중하게 살아가는 삶, 사람들의 개성을 받아들이는 기독교 공동체, 세상에 순응하지 않으면서도 문화를 향유하는 삶. 이러한 관심사들은 종종 기독교 집단 안에서 상호배타적인 현상을 띤다. 우리는 하나님께서 하나로 모으신 것을 갈기갈기 찢어놓는다. 그러나 런던 메노나이트 공동체는 발전 초기와 활력 넘치는 단계에서 자연스럽고도 매력적인 통합을 고취시켰다.

이 교회에서 4년간 교인으로 있는 동안 처음으로 아나뱁티스트 신학과 삶practice의 독특성을 경험할 수 있었다. 그것은 아나뱁티스트 문학 독서에서 얻은 것 보다비록일부얻은것도있지만, 소중한 우정과 대화를 통해 더 많은 것을 얻었다. 두 가지 다른 요인들이 아나뱁티즘에 관해 배울 수 있는 동기를 강화시켜주었다. 그 중 하나는 박사논문 연구 분야였다. 처음에 뉴질랜드에서 논문 주제에 대해 고민하다가 서신서보다는 복음서 분야를 연구하기로 결정했다. 그 이유는 부분적으로 공관복음서 이야기를 읽는 방식에 대한 전문적인 학자들의 안내를 원했기 때문도 있었지만, 주된 이유로는 나의 개신교 배경에서 복음서 내러티브는 주일학교 어린이부를 제외하고는 대체적으로 무시되고 있었기 때문이다. 나는 결국 박사학위논문을 마가복음에 나타난 믿음의 의미와 기능에 대해 쓰게 되었다.[1] 그런 주제에 대해 연구함으로써 나는 예수님이 요구하신 급진적 제자도와 그것이 지닌 전복적인 정치적 의미와 생활방식과 대면하게 되었다.

아나뱁티즘을 이해하고 싶은 나의 욕망에 더욱 불을 지핀 또 다른 요소는 1982년 영국과 아르헨티나 간의 포클랜드말비너스 전쟁이 발발했기 때문이었다. 지구 아래 쪽의 작고 평화로운 나라 출신인 나로서는 전쟁을 준비하는 나라의 삶이 어떠한지를 처음으로 경험했던 것이다. 그리고 군사적 허세에 뛰어난 국가에게 누구나 예상할 수 있듯이, 영국은 그것을 아주 효율적으로 해냈다. 나는 대중매체가 선동목적으로 징집하는 속도에 충격을 받았던 것을 기억한다. 영국의 만연한 군사주의의 압박감은 실로 대단한 것이었다. 방문객이어서 그랬는지 나는 그러한 분위기에 민감했다. 또한 잊을 수 없던 일은, 전쟁 준비가 시작되면서 주류 교회의 귀가 멍멍할 정도의 침묵이었다. 몇 주후에 영국의 국교인 성공회 교회가 임박한 전쟁에 대해 공개적으로 입장을 밝혔고, 곧이어 그 전쟁에 대한 조건부적인 지지 연설을 했다.

회고해 보니, 나는 아나뱁티스트로 회심할 잠재적 후보자였던 것 같다. 왜냐하면 갑자기 전쟁을 치르게 된 나라의 수도에 있는 평화주의 교회에 다니면서 복음서 전승을 공부하는 박사과정 학생이었기 때문이다. 아나뱁티스트의 핵심 신념이 한편으로는 당시 정치적 현실과 충돌했고, 다른 한편으로는 복음서 이야기안의 주된 주제였기 때문에 결국 나는 아나뱁티즘을 수용하기에 이르렀다. 내가 단순히 기성 교단이나 이념적인 패키지 상품을 선택하지 않았기

---

1) 그 후 이 논문은 Christopher Marshall, *Faith as a Theme in Mark's Narrative* (Cambridge: Cambridge University, 1989)로 출판되었다.

때문이라기보다는 내가 신약성서를 읽는 법을 배우면서 기독교 신앙에 대한 폭넓은 아나뱁티스트 접근이 신약성서 기록과 만족할 정도로 일치한다는 사실을 발견했기 때문이었고, 현재 우리가 직면하고 있는 후기 기독교 세계의 필요와 우선순위에도 일치한다는 점을 발견했기 때문이었다. "이게 바로 내가 이때까지 찾아 헤매던 것이었구나"라는 생각이 뇌리에서 떠나지 않았다.

1986년 나는 뉴질랜드로 돌아와 오클랜드의 복음주의신학협회에서 강의를 하기 시작했고, 지금도 여전히 가르치고 있다. 이곳은 아나뱁티즘의 가치를 지속적으로 발전시키는데 있어서 전혀 다른 상황이었다. 왜냐하면 뉴질랜드에는 메노나이트 교회나 자칭 아나뱁티스트 교회가 없어서, "메노나이트"와 "아나뱁티스트"란 단어는 주로 종교개혁사 책에서나 나오는 것들이었기 때문이다. 이런 상황에서는 나는 아나뱁티스트-메노나이트 정체성을 주장하는 것이 뉴질랜드의 복음주의권에서 좌파로 자리매김하도록 해주었다. 이것은 뉴질랜드의 원주민인 마오리족 언어로 하면 나의 "투랑가왜왜"turangawaewae, 즉 "내가 서있을 자리"가 되고 말았다. 이곳으로부터 나는 위 두 가지 전통이 어떤 점에서 공통점이 있는지 확신할 수 있게 되었고, 아나뱁티스트 시각에서 복음 전도를 삶의 실천보다 우선시하는 모습에 대한 공감적 비판을 제공할 수 있게 되었다. 또한 사회-정치적 그리고 복음전도에 대한 헌신을 복음 증거의 진정한 표현으로 여기는 입장을 가지고도 보다 폭넓은 에큐메니칼한 대화에 임할 수 있게 되었다.

그렇다고 내가 아나뱁티즘 자체를 홍보할 특별한 책임을 느끼고 있다고 말하려는 것이 아님을 알아두기 바란다. 나의 우선적인 소명은 신약성서를 가르치는 것이다. 내가 다른 사람들과 소통할 때 사용하는 아나뱁티스트 관점들은 대개 아나뱁티스트로 전향한 후 얻은 것이라기보다는 성서 텍스트를 주석하다가 간접적으로 얻게 된 것이다. 이것은 초기 아나뱁티스트들이 원했던 바였다. 그것은 또한 복음 전도자들이 오로지 진지하게 성서의 권위를 받아들이는 것만이 그리스도인이 되는 길이라는 자기의식 또는 자기기만을 가지고 있기 때문에, 복음 전도시 방어적 태도를 뒤집어엎는데 있어서 대단히 효과적인 방법이다. 만일 내가 메노나이트 작가들이 지닌 아나뱁티스트 비전을 칭찬한다면 사람들은 정중하게 무관심을 표현할 것이다. 그러나 그러한 비전이 성경에 충실함으로써 얻는 결과라면, 학생들은 의무감을 가지고 들을 것이며, 그 결과 그들의 생각에 중대한 변화가 일어날 것이다. 그러한 변화를 증언하는 것은 다른 어떤 일보다 소명감과 만족감을 제공한다.

아나뱁티즘으로부터 얻은 유익

아나뱁티즘이 신학교육자인 나에게 준 다른 유익이 있다면 무엇이 있을까? 여러 가지가 있겠지만, 그중 가장 중요한 것은 통합적인 그리스도 중심주의Christocentrism [2]라고 불리는 것이라 할 수 있겠다. 아나뱁티즘으로부터 나는 그리스도인의 정체성이 지닌 핵심적 특징은 단순히 그리스도의 인성과 업적에 대한 정확한 신학적 평가가 아니라, 복음서에 기록되어 있는 예수께서 가르치신 삶의 방식에 순응하는 것을 배웠다는 점이다. 이것으로부터 내가 앞서 언급했던 다양한 관심들, 즉 고통에 대한 민감성을 가진 기쁨이 넘치는 예배, 성령에 대해 열린 마음으로 훈련된 가르침, 학문과 영성, 공동체와 개인, 문화적 접촉engagement과 세상에 대한 불복종nonconformity, 복음전도와 사회 활동 간의 균형 잡힌 관심 등을 통합할 능력이 생긴다. 나는 그러한 통합이 역사적으로 혹은

---

2) 아나뱁트스트는 "제자도, 공동체, 평화"라는 세 가지 가치를 중요하게 여기며, 이것은 산상수훈에 기초해서 내린 결론이다. 그들은 예수 그리스도의 가르침과 삶 중심으로 성경을 해석하고, 이 세상에서 살아가려고 노력하는데, 이것이 바로 '그리스도 중심주의'라고 할 수 있겠다. - 역자주.

현재, 대부분의 아나뱁티스트나 메노나이트 공동체의 전형적인 모습이라고 말하려는 것이 아니다. 애석하게도 그렇지 않다. 모든 기독교 전통과 교단과 마찬가지로, 아나뱁티스트 집단fold 안에는 타협하고 실패하며, 퇴보하는 다양한 공동체가 있기 때문이다. 아나뱁티스트보다 더 건강한 모습을 지닌 수많은 기독교 공동체가 그들 외부에 존재하는 것처럼 말이다. 내가 말하고자 하는 요지는, 예수의 삶과 가르침에 대한 아나뱁티즘이 보여준 중요한 헌신으로, 그것이 바로 진정한 통합을 위한 가장 바람직한 기초를 제공해 준다는 점이다. 예수께서는 자신의 삶과 사역에서 전인격적으로 하나님 나라를 수용하고 구현해 내셨다. 그는 삶의 영적, 육체적, 사회적 차원에 대해 동등한 관심을 가지고 말씀하셨다.3) 만일 예수께서 올바른 삶을 포괄적으로 보여주셨다면, 예수의 이야기를 기독교적인 행동의 모본으로 여기는 사람들은 예수께서 하셨던 것처럼 행동하려고 씨름해야 할 것이다.

물론 기독교 전통은 모두가 그리스도 중심적이며, 그것이 우선적으로 그 전통들을 "기독교적"으로 만들어 준다. 그러나 주류 전통에서는 교리적 그리스도 중심주의doctrinal Christocentrism가 윤리적 그리스도 중심주의ethical Christocentrism를 무색하게 하는 경향이 있었다. 다시 말해서 그리스도에 대해 사람들이 믿어왔던 것이 그가 실제로 그리스도께 행동으로 복종했는지의 여부보다 더 중요시되었다는 것이다. 그리스도는 기독교적인 가치관과 실천의 주원천이라기보다는 구원론에서 중심 연결고리 역할을 해왔다. 솔직히 말해, 교회의 역사적 신조들은 일반적으로는 윤리에 대해, 그리고 구체적으로는 예수께서 강력하게 요구하신 내용에 대해 침묵하고 있다. 그러한 모습이 교회가 역사적으로 그

---

3) 나의 소책자인 『나라에 임하옵시며』(Kingdom Come: The Kingdom of God in the Teaching of Jesus) (Auckland: Impetus Publications, 1993)에서 개괄적으로 다루었다.

리스도의 이름을 가지고 있으면서 동시에 악마의 일을 행하도록 허락했던 것이다. 교회는 정통 교리에 관심을 가지고 있으면서도, 군대를 양성하고 전쟁을 벌였으며, 이교도를 고문하고 마녀들을 화형했고, 비국교도dissenter를 박해하고 개종을 강요했다. 어떤 면에서 아나뱁티스트-메노나이트 전통은 결정적으로, 주류 기독교의 도덕적 타협과 문화적 포로에 대항하여 일어난 운동이다.

또한 아나뱁티즘의 윤리적 그리스도 중심주의는 어떻게 성경을 오늘의 현실에 적용할지에 대한 해석학적 사고의 틀을 갖추도록 해주었다. 그 틀은 다음의 세 가지 주요 신념에 기반한다. 첫째로 성경해석의 적합한 환경은 성령의 인도하심 아래 함께 모인 신자들의 공동체다. 해석학은 필수적으로 공동체적 과업이다. 그것은 신학자나 교회의 지배층의 특별한 전유물이 아니다. 오히려 성서해석은 성령의 민주주의pneumatic democracy [4]로서 기능하는 전체 하나님의 백성에게 속해 있는 것이다. 두 번째 핵심 신념은, 분별 과정에서 성령은 예수께서 이 땅에서 가르치신 것을 공동체에게 기억나게 하시기 때문에요14:26 생겨진다. 성경에서 예수의 가르침과 모범과 일치하는 것은 무엇이든 현재를 위한 하나님의 말씀을 전달해 준다. 예수의 길과 상충되는 것은 무엇이든 간에, 예를 들어 전쟁, 인종 분리 또는 사형제도는 더 이상 새로운 언약 공동체를 위한 하나님의 뜻이 아니다. 따라서 리차드 헤이스Richard Hays가 말했듯이 "신약성서의 도덕적 관점과 구약의 특정 본문 간에 화해할 수 없는 긴장이 존재한다면, 신약성서적 관점이 구약성서를 능가한다."[5]

이러한 두 가지 신념은 세 번째 신념에 의존한다. 성경에서 그리스도에 관

---

4) J. H. Yoder, The Hermeneutics of the Anabaptists, in Willard M. Swartley, ed., *Essays on Biblical Inter-pretation* (Elkhart, Ind.: Institute of Mennonite Studies, 1984), 11-28.

5) Richard B. Hays, The Moral Vision of the New Testament: A Contemporary Introduction to New Testament Ethics (San Francisco: Harper San Francisco, 1996), 316. (『신약의 윤리적 비전』, IVP역간)

해 쓴 것과 무엇이 그의 가르침과 정신과 일맥상통하는지를 온전히 이해하기 위해서는 반드시 그리스도와 함께 대가를 지불하는 복종의 길을 걸어야만 한다는 사실이다. 한스 뎅크Hans Denck는 이 점을 기억에 남을 만하게 기술하고 있다. "삶에서 그리스도를 따르지 않는 자는 그 누구도 그를 알고 있다고 주장할 수 없다." 위르겐 몰트만은 이 말을 적절하게 다듬었다 "그리스도적 실천Chris-topraxis이 부재한 기독론은 존재하지 않는다. 그리스도적 실천이 없이 그리스도의 관한 지식도 존재할 수 없다. 우리는 그리스도를 그저 우리의 머리나 마음으로 부여잡을 수 있는 것이 아니다. 우리는 총체적이며 통합적인 삶의 실천을 통해서만 그를 이해할 수 있다. 그리고 이것이 바로 제자도의 의미다."[6] 몰트만이 뎅크를 인용한 것을 통해 우리는 '우리가 진리에 따라 살 때에만 진리를 알 수 있다'는 아나뱁티스트의 해석학의 핵심적인 격언axiom이 최근 성서학과 신학의 전면에 어떻게 등장했는지에 대한 이유를 설명해 준다. 이것은 또한 현시대의 경험적 진리와 "말한 대로 살아가기"walking the talk를 강조하는 포스트모던 상황에도 꼭 들어맞는다.

따라서 구원과 신학뿐만 아니라 윤리와 성서해석학에 있어서 예수께서 그 중심에 계신다는 아나뱁티즘의 통합적인 그리스도 중심주의는 신학 연구에 대한 나의 인식 지평을 의미 있게 형성해 주었다.

평화신학을 보여준 아나뱁티스트의 헌신 또한 나의 신학에 지대한 영향을 미쳤다. 메노나이트 동료들은 의식적으로 평화주의 태도를 견지함으로써 신학을 "하는" 것이 가능할 뿐만 아니라, 그렇게 할 때 새로운 통찰력과 어디에 주안점을 둘 지가 떠오를 것이라고 가르쳐 주었다. 나는 연구를 하면서 이

---

6) Jürgen Moltmann, *Jesus Christ for Today's World* (London: SCM, 1994), 47. 『오늘 우리에게 그리스도는 누구신가』(대한기독교서회 출간).

것이 사실임을 발견했다. 나는 현재의 형사 처벌 관행 안에서 일명 회복적 정의 운동을 위한 성서적, 신학적 기초를 제공하기 위한 책을 탈고했다.[7] 그 책의 중심 주제는 하나님의 정의에 대한 성경적 증언은 응징과 처벌이 아닌 회복적restorative, 구속적redemptive 범주 안에서 더욱 잘 드러난다는 내용이다. 내가 이런 주제들을 위해 논지를 펴나갈 때 직면했던 가장 큰 장애물 두 가지는 하나님의 원수에 대한 진노와 저주를 기대하는 최후의 심판에 대한 신약성서 구절과 십자가의 구원 능력을 대속적substitutionary 징벌이라는 우주적 행위로 귀속시키려는 속죄 신학이었다. 두 경우 모두 하나님의 정의는 명백히 폭력적, 죽음을 다루는 응징을 통해 나타나고 있으며, 이는 평화 신학과 실천을 암묵적으로 방해하는 것이다.

사실 기독교적 비폭력은 엄격하게 하나님이 비폭력적이신 분이라는 추론에 의존하는 것이 아니다.[8] 그러나 예수께서는 비폭력을 몸소 실천하셨고 그를 따르는 이들에게도 그것을 요구하셨다고 믿는 것은 신학적으로 훨씬 더 이치에 맞는다. 왜냐하면 비폭력은 하나님의 근본적 속성과 일치하며마 5:9,43-48, 그리스도는 하나님의 눈에 보이는 형상이시기 때문이다.골1:15히1:1-4 이 신념은 나로 하여금 신약에서 최후 심판을 위해 자주 쓰인 폭력적 이미지의 이면을 들여다보게 했고, 특히 예수께서 몸소 사용하신 지옥 교리, 즉 최후의 분리 가능성에 대한 성경의 음울한 경고를 믿도록 해주는 교리를 비응보적 혹은 비폭력적 방법으로 이해하도록 해주었다. 속죄의 형벌적 개념에 있어서도 마찬가지

---

7) Christopher Marshall, 이 책은 *Beyond Retribution: A New Testament Vision for Justice, Crime, and Punishment*로 2001년도에 출간되었다. -역자주

8) 예를 들어, 미로슬라브 볼프, *Exclusion and Embrace: A Theological Exploration of Identity, Otherness, and Reconciliation* (Nashville: Abingdon, 1996), 특히 275-306을 보라.『배제와 포용』(IVP)으로 출간.

이다. 평화주의적 관점에서 십자가의 사건과 씨름하면서, 나는 대속적 징벌 행위가 아니라 예수께서 폭력과 복수의 순환을 영속화하려는 것을 결정적으로 거부하심으로 죄의 권세가 깨진 것이라 믿게 되었다. 고난을 통해 예수께서는 인간의 악과 약탈 행위의 최고 피해자의 자리를 취하신 것이다. 그러나 그는 그에게 피해를 준 자들에게 피해를 입힘으로써 자신의 피해에 대해 보응하려는 것을 거부하셨다. 오히려 그는 보복하지 않고 인간의 폭력을 몸으로 받아들이셨다. "그는 모욕을 당하셨으나 모욕으로 갚지 않으시고, 고난을 당하셨으나 위협하지 않으시고, 정의롭게 심판하시는 이에게 다 맡기셨습니다. 그는 우리 죄를 자기의 몸에 몸소 지시고서, 나무에 달리셨습니다. 그것은 우리가 죄에는 죽고 의에는 살게 하시려는 것이었습니다…"벧전2:23-24,저자 강조 그렇게 하심으로써 예수께서는 죄의 권세 한가운데 놓여 있는 모방mimetic 폭력 혹은 되갚아 주는pay-back 메커니즘을 깨뜨리셨다.눅23:34 십자가 사건이 지닌 이러한 차원은 일반적인 속죄 신학에서 대체적으로 간과되고 있으나, 아나뱁티스트 평화주의라는 신학적 토대에서 바라볼 때 "구원의 신비"가 강력하게 드러난다.

아나뱁티즘의 한계

내가 일하고 있는 기독교 배경에서 아나뱁티스트–메노나이트 정체성을 행복하게 주장했지만, 그렇다고해서 아나뱁티즘이 모든 해답을 가지고 있다고 믿지는 않는다. 그리고 아나뱁티즘만이 기독교적 제자도에 대한 나의 이해 형성에 중요한 영향을 미친 것도 아니었다. 은사주의와 관상기도 영성도 일정 부분 영향을 받았고, 비록 신학적이거나 경험적 차원보다는 철학적 차원이었지만 개혁주의 전통에서도 영향을 받았다. 대학생이었을 때 나는 헤르만 도예베르트Herman Dooyeweerd의 개혁주의 철학의 깊은 우물에서 물을 떠서 마시던 스터

디 그룹의 일원이었다. 내가 당시 읽고 들었던 것을 전부 혹은 대부분 이해한 척 하려는 것이 아니다. 그러나 그리스도가 모든 것의 주님의 아니라면, 그는 결코 주님이 아니기 때문에, 기독교 신앙은 단지 종교와 도덕 영역뿐만 아니라 인간 삶과 학습의 모든 영역에 적용되어야 한다는 확신에 이르게 되었다. 개혁 주의 사고 안에서 신학적인 이상은 아나뱁티스트 전통을 괴롭히던 건강하지 않은 분리주의를 극복하는데 도움이 되는 교정책을 제공했다.

나는 앞서 아나뱁티스트의 그리스도 중심주의가 통합적, 전인적 신학을 위한 가장 견고한 기반을 제공하지만, 역사적으로 이러한 잠재성은 아나뱁티스트 운동 자체에서는 그다지 많이 실현되지는 못했다고 말했다. 엄청난 박해 상황에서 태어난 슐라이트하임Schleitheim의 "두 왕국" 신학은 기독교의 게토ghetto를 지지하려고, 심지어 16세기 유럽보다 더욱 부드러운 환경 속에서도, 효과적으로 세상을 포기한 철저한 이원론으로 굳어지고 말았다. 이러한 분파주의 성향이 물려 준 유산은 아나뱁티스트 신앙이나 학문 그 어느 것도 기독교 세계관이 "완전하신 그리스도 바깥에 있는" 사람들을 포함하여, 인간 노력의 모든 영역에서 우리의 이해를 형성하는 방법에 대해 구체적인 사고를 제공하지 못했다. 아나뱁티스트 비평가들이 주장하는 바와 같이, 주류 전통이 가이사Caesar를 위한 유용한 프로그램을 제공하려는 시도를 하다가 기독교 제자도의 독특성을 위기에 빠뜨렸다는 점은 사실일지 모른다. 하지만 그것이 개인과 사회, 교회와 세상이라는 인간의 모든 삶을 그리스도의 주되심에 순응을 추구하는 것의 중요성과 선교적 명령을 무효화하는 것은 아니다. 내 경험상 그런 문제에 관해 아나뱁티스트 학문은 아직 신개혁주의 학파 안에서 조우한 기독교 학문의 정교함과 심오함에 접근할 필요가 있다고 믿는다.[9]

---

9) 기독교 학문에 대한 유익한 토론을 위해서는 N. Wolterstorff, "Public Theology or Christian Learning:"

최근에 나는 토론토의 기독교 학문 연구소Institute for Christian Studies를 방문했다. 이곳은 의식적으로 종교개혁 관점에서 현실에서 발생하는 모든 주요 영역의 의미와 고귀함을 이론적으로 성찰하는데 전념하는 기독교 대학원이었다. 4명의 교수진과의 환상적인 토론이 막바지에 접어들 무렵 누군가 개혁주의 전통이 계속적으로 정직성을 유지하기 위해서는 아나뱁티즘이 필요하다고 언급했다. "우리는 권력에 쉽사리 유혹을 받습니다"라고 그가 말했다. 십자가의 길에 대한 아나뱁티스트 강조는 강압적 수단을 동원해서라도 원하는 목표를 달성하려는 개혁주의자들이 직면한 유혹에 대해 중요한 해독제를 제공한다고 말했다. 그에 대해 나는 아나뱁티즘이 게토화 되지 않기 위해서는, 세상에 대한 무관심에 빠지지 않으면서 동시에 이 세상에 순응하지 않기 위해서, 그리고 불의 앞에서 소극적passivism 평화주의pacifism가 되지 않기 위해서는 그들에게도 개혁 전통이 필요하다고 대답했다.[10]

최근까지 정의justice는 아나뱁티스트 의제agenda에서 평화에 비해 그다지 중요한 것으로 여겨지지 않았으며, 평화 또한 전통적으로 무저항nonresistance 정도로 이해되었다. 그러나 평화란 복잡한 덕목이다. 그것은 치명적인 폭력을 피하는 것 이상의 의미를 가진다. 왜냐하면 폭력은 인간의 사회구조에 조직적으로 뿌리박혀 있고, 그 누구도 폭력으로부터 도피할 수 없기 때문이다. 실제로 가끔 공공연한 폭력에 개인적으로 연루되는 것을 피하려는 시도는 은폐되어 있는 구조적 폭력을 더욱 견고히 하고 고양시키는 역할을 할 수 있다. 저변에 은밀하면서도 강력하게 깔려 있는 폭력 때문에, 평화사역이 악한 권력에 의해 불

---

in Miroslav Volf, ed., *A Passion for God's Reign: Theology, Christian Learning and the Christian Self* (Grand Rapids: Eerdmans, 1998), 65-87을 보라.

10) 역자주: 저자는 '소극성'을 뜻하는 'passivism'과 '평화주의'를 뜻하는 'pacifism'을 가지고 워드플레이를 하고 있다.

의하고도 폭력적인 구조를 유지하는 수단으로 악용되지 않도록 하기 위해, 정의는 진정한 평화 사역에 있어서 필수 요소가 되어야 한다. 이것은 아나뱁티스트 사상가들에게 사회에 보다 적극적으로 관여하는 자세를 취함으로서 시골에서 고립생활을 하거나 과거의 분파적 분리주의를 포기하도록 해주었던 것이 사실이다. 다시 한 번 바로 이 지점에서, 아나뱁티즘은 불의한 세상에서 정의를 이루기 위한 과정에서 나타나는 모호성과 타협들과 오랫동안 씨름해 왔던 다른 기독교 전통의 경험으로부터 많은 것을 배워야 할 것이다.

이것은 아나뱁티스트들이 다른 기독교 전통의 지혜를 환영하고 그들과 대화를 해야 한다는 것을 전제하는 것이다. 나는 가끔씩 이 지점에서 북미 메노나이트 교단이 지니고 있는 긴장감을 느끼곤 했다. 이러한 긴장감은 타자他者를 수용하려는 열망과 소수그룹운동이 자신의 독특한 민족적, 문화적 정체성을 상실하거나 희미해지는 것을 두려워하는 것 사이에서 나타난다. 이방인으로서 나는 이 특별한 정체성을 가지고 있는 메노나이트의 인식이 매력적인 동시에 위압적인 것을 발견했다. 아나뱁티스트가 가진 매력은 연대감과 그들이 만들어 낸 과거와의 연속성이었다. 그들의 약점은 그들이 창조한 공동체에 스스로가 장애물이 되었다는 사실이다. 즉 메노나이트 후손으로 태어나지 않으면 진정한 메노나이트가 아니라는 느낌을 만들어 낸 것이다. 이것은 그들이 의도한 것이 아니며, 내가 알고 있는 모든 메노나이트들은 원칙적으로 출신 성분이 회원권을 부여하는 대체 배지surrogate badge로 기능하고 있다는 생각을 완강하게 거부할 것이다. 왜냐하면 그리스도에 대한 자발적 복종이 아나뱁티스트 이상의 핵심이기 때문이다. 그러나 실제로 소수 집단이 민족성이라는 역사적 안목을 간직하는 동시에 열매를 맺기는 했으나 뿌리가 부족한 사람들을 전적으로 수용하는 일은 그 자체로 도전적인 일이다.

내가 아나뱁티스트 신학과 그들의 실천에 노출된 것을 대단히 고맙게 생각한다. 그것은 나의 기독교 신앙에 계속해서 양분을 공급해 주고 있으며, 나의 기독교 사상에 지속적인 영향을 끼치고 있다. 나는 여전히, 기독교제국Christendom이 우리 눈앞에서 해체되고, 서구 교회가 이 사실 때문에 이 세상에서 감당해야 할 진정한 역할이 무엇인지 재고해야만 할 때, 아나뱁티즘 사상은 전성기를 맞게 될 것을 확신한다. 그러나 이것은 유일하고도 단연코 압도적인 생각이 될 수는 없다. 아나뱁티즘은 많은 장점을 가진 동시에 또한 사각지대와 한계도 가지고 있다. 아마도 미래는 아나뱁티스트의 핵심 비전을 지지하지만, 자신의 전통이 지닌 통찰력과 지혜와 연결하려고 노력하는, 일명 "하이픈으로 연결된 아나뱁티스트"hyphenated anabaptist 11) 신자들의 것이 될 것이다. 그러한 하이픈으로 연결된 아나뱁티스트들은, 예수께서 말씀하신 하나님 나라를 위해 훈련받은 율법 학자들처럼, "자기 곳간에서 새 것과 낡은 것을 꺼내는 집주인과 같을"마13:52 것이다.

---

11) 역자주: 이것은 『이것이 아나뱁티스트다』(대장간)에서 저자인 스튜어트 머레이가 했던 표현으로, 자신의 신앙 전통에 속해 있으면서 동시에 아나뱁티스트를 지지하고 추종하는 사람들을 의미한다. 한 때 사회 현실적 관점에서 아나뱁티스트와는 반대 입장에 서 있었던 주류 기독교인 중에서, 지금은 아나뱁티스트 신학의 여러 특징들 특히 평화와 정의에 관해 동일한 노선에 서 있음을 인정하고, 그들을 지지하는 사람들을 말한다. 예를 들어, 글렌 스타센은 자신의 정체성을 Baptist-Anabaptist라고 밝혔고, 쉐인 클레어본은 Methodist-Anabaptist라고 말한 바 있다. -

4장. 아나뱁티스트 과학과 인식론?

낸시 머피

내가 처음 아나뱁티스트 신학을 접한 것은 버클리 유니온 신학대학원GTU에서였다. 그곳에서 나는 지도교수인 제임스 맥클랜던 아래서 신학 박사 과정을 밟고 있었다. "내 세미나를 수강하기를 강력히 권하는 바요." 이것이 제임스의 첫 조언이었다. 그 세미나는 급진 종교개혁사와 신학에 관한 것이었다.

이 수업은 바로 지도교수가 수강을 권면하지 않았다면 회피했을 수도 있었지만, 수강하면서 나의 학문 인생에 두 번째 변화가 찾아왔다. 첫 번째 변화는 크레이튼 대학교Creighton University에서 심리학을 전공했을 때 찾아왔다. 그곳에서 내 지도교수는 나에게 과학철학을 수강하라고 떠밀다시피 강력하게 요청했던 것이다. 그 강좌는 아주 흥미진진했고, 결국 그 분야에서 박사 과정을 밟기로 결정했다. 이 강좌가 거의 끝나갈 무렵 캘리포니아 버클리 대학에서, 나는 다시 한 번 내 전공 분야를 바꾸기로 결정했다. 과학철학 분야에 의미 있는 학문적 공헌을 할 정도로 내가 과학 자체에 충분한 지식을 가지고 있다는 생각

낸시 머피(Nancey Murphy)는 풀러신학대학원의 기독교 철학 교수로 재직 중이다. 그녀는 *Beyond Liberalism and Fundamentalism: How Modern and Postmodern Philosophy Set the Theological Agenda* (Trinity Press 1996)과 *Reconciling Theology and Science: A Radical Reformation Perspective* (Thorsons 1997)의 저자다.

이 들지 않았던 것이 첫 번째 이유였다. 처음으로 지성적 무신론을 접하는 동안, 13년 후에 가톨릭 교구학교에서, 그리고 예수회 대학에서 학부과정을 밟으면서 나는 기독교 신앙의 합리성과 관련된 문제들이 과학철학에서의 문제보다 더 도전적이고 개인적으로도 연관되어 있음을 깨닫게 되었다. 그러나 누군가가 유능한 과학철학자가 되기 위해서는 과학, 특히 그 당시의 물리학을 알아야 하듯이, 유능한 종교철학자가 되기 위해서는 신학을 알아야 했다. 그 때문에 나는 이웃 학교인 GTU에서 두 번째 박사 과정을 밟기로 결정했고, 그곳에서 맥클랜던을 만나게 된 것이다.

맥클랜던의 세미나에서 내가 접했던 신학은 매력적인 것이었다. 나는 회중교회 조직체제polity를 결합한 신학에 매료되었다. 왜냐하면 몇 년 동안 가톨릭의 은사주의 기도 모임에 참석하면서, "교회"에 관한 성경적 대화가 국제 조직보다는 기도 모임과 같은 작은 회중에 더 잘 부합된다는 점을 알게 되었기 때문이다. 그리고 일반적으로 존 요더도 정확히 설명했지만 기독교의 본질에 대한 아나뱁티스트의 이해가 많은 다른 버전의 기독교 사상과 실천보다는 신약성서에 더 적합해 보였다. 그러나 아나뱁티스트들에 대한 만연했던 고문과 살인, 특히 미카엘 자틀러Michael Sattler의 순교에 관한 독서가 내 인생을 완전히 송두리째 바꾸어 버렸다. 확실한 것은, 만일 예수께서 죽임을 당하는 사람들과 누군가를 죽이는 사람들 사이에서 어느 한쪽을 선택해야 한다면, 그들이 가톨릭신자이든 개신교 신자이든 관계없이, 그분은 죽어가는 사람들 편에 서실 것이다. 그 당시 나는 동료 그리스도인들을 죽이는 것을 자제하는 교회에 출석하는 일은 추가 선택사항이 아닐 것이라는 생각을 갖게 되었다. 나는 베트남 전쟁 당시 크레이튼 대학에서 "정당한 전쟁 평화주의자"였었다. 가톨릭교회는 비례성proportionality 1)을 포함해 정당한 전쟁에 대한 기준을 제시했고, 나는 어떤 전쟁도, 특히 우리 시대에, 이들 요구조건을 충족시킬 수는 없다고 판단했다. 따라서 나는 평화주의를 가톨릭의 가르침과 일치하지만 가톨릭 신자의 의무는 아니라고 보았다. 8년 후 파사데나Pasadena로 이사했을 때 나와 그 때 나의 남편 이 된 제임스 맥클랜던은 자기 정체성을 아나뱁티스트라고 명시하고 있던 교 회에 출석할 수 있었다파사데나형제교회였다.

  그러는 동안에 나의 학문적 관심은 내가 GTU에 도착한 해에 신학과 자연 과학 센터Center for Theology and the Natural Science를 설립한 물리학자이자 신학자인 로 버트 J. 러셀의 영향을 받아 다시 한 번 전환의 계기를 맞게 되었다. 러셀은 과 학철학과 종교철학에 대한 나의 전문성으로 그 센터에서 후원하는 다양한 프 로젝트에 기여할 수 있는 기회를 제공해 주었다. 신학과 과학의 관계에 대한 학문적 관심뿐만 아니라 대중적 관심이 커져간다는 것은 그 분야의 컨퍼런스 에 참여하고 강의할 기회가 점차 늘어났음을 의미했다. 가장 흥미로운 프로젝 트는 신학과 자연과학 센터CTNS와 바티칸 관측소에서 후원하는 일련의 컨퍼런 스였다. 그곳에서 자연 세계에서 일하시는 하나님의 역사를 기독교적으로 어 떻게 이해할 것인지에 관한 다양한 과학적 발전의 결과를 연구하였다. 첫 번째 컨퍼런스는 "양자 우주론"quantum cosmology: 스티븐 호킹의 이론으로 초기우주에서 시간은 지향성 이 없었을 것이고, 따라서 우주는 "시작"이 없었을 것이란 이론과 자연법칙의 "미세 조정"fine-tuning: 모 든 상수와 법칙이 협소한 경계선 안에서 우주가 생명을 허용할 요구조건에 딱 들어맞는 우주를 갖는 것은 선험적으로 불가능하다는 이론에 대해 깊이 생각해 보는 시간이었다.2)

---

1) 역자주: 비례성(proportionality)이란 가해국의 공격에 대해 질적 양적으로 유사하게 대응해야 한다 는 논리다.-.
2) 컨퍼런스 행사들은 로버트 J. 러셀, 낸시 머피와 C. J. Isham이 편집에 참여한 *Quantum Cosmology and the Laws of Nature: Scientific Perspectives on Divine Action* (Vatican City State: Vatican Observato-

그리고 그 컨퍼런스에서 나는 케이프타운 대학의 수학자이자 우주론자이며 또한 반인종분리 투쟁에 깊이 관여했던 퀘이커교도 조지 F. R. 엘리스를 만났다. 우리 두 사람은 공교롭게도 모두가 바티칸 관측소가 위치하고 있는 카스텔 간돌포Gandolfo에서 하루 더 시간을 보냈다. 그리고 알바노 호수를 거닐면서 우리가 지난 몇 주간 연구해온 심오한 물리학이 현실의 삶과 어떤 관련이 있는지에 대해 우리 자신들에게 물어봤다. 엘리스에게 있어서 "현실의 삶"은 남아프리카가 처한 매우 위험한 것이었다. 반면 나에게 있어서는 걸프전 준비였다. 우리 두 사람 모두 거기에 대한 해답을 가지고 있지 않았다. 게다가 우리 두 사람은 항상 신학과 과학의 대화에 있어서 아무런 질문도 던지지 않은 주류 신학에 더 이상 만족하지 못한 상태였다.

몇 달 후 엘리스는 우리가 공저하기를 원하는 책의 개요를 보내왔다. 이것은 과학과 신학의 대화와 아나뱁티스트 신학이 서로 어떤 연관이 있는지 조사할 수 있는 기회였다. 결과는 우리가 공저한 책, 『우주의 도덕적 본질에 관하여: 신학, 우주론, 그리고 윤리학』[3]이 나왔다. 여기 서문에서 우리의 입장을 요약한 내용을 실어본다.

> 생명을 낳는 우주(인류발생학적 이슈)를 만들기 위한 우주론적 상수의 (명백한) 미세 조정은 부연설명이 필요한 것 같다. 유신론적 설명은 자연과 인문학 관점에서 우리가 알고 있고, 도덕 영역과 같은 경험 세계로부터 우리가 알고 있는 것처럼, 무신론적 설명이 제공하는 것보다 실재에 대한 보다 더 논리적인 설명을 제공해 준다. 하지만 신성에 대한

ry, 1993)으로 출판되었다.
3) 낸시 머피와 조지 F.R. 엘리스, *On the Moral Nature of the Universe: Theology, Cosmology, and Ethics* (Minneapolis: Augsburg Fortress, 1996).

모든 설명이 자연 세계에서 우리가 인지할 수 있는 신적 행동의 패턴과 일치하는 것은 아니다. 하나님은 자연과 협력하여 일하시지, 결코 하나님께서 창조하신 모든 과정을 무시하거나 침해하지 않으신다. 창조 세계에 대한 폭력을 휘두르기를 거부하시는 신적 행동의 이러한 특성은, 하나님께 어떤 희생을 치르더라도, 인간 윤리를 위한 직접적인 암시를 말해주고 있다. 이것은 타자를 위해, 그 비용이 얼마이든 상관없이, 자기 이익을 포기해야 한다는 원칙에 일치하는 "그리스도의 신성포기"(kenotic) 혹은 자기 포기 윤리를 내포한다. 하지만 그러한 윤리는 현대 사회 과학에 뿌리 박혀 있는 윤리적 전제와 상충한다. 따라서 이 분야에서 하나님의 자기희생적 사랑을 모델로 삼은 인간 사회를 위한 가능성을 탐구하는 새로운 연구 프로그램이 요청된다.

이 책의 많은 부분이 다른 이들의 연구 성과를 종합 발전시킨 것이다. 우리는 우리의 주장을 정당화하는데 필요한 논리의 형태를 이해하기 위해서 칼 헴펠Carl Hempel, 임레 라카토스Imre Lakatos, 그리고 알래스데어 매킨타이어Alasdair McIntyre의 과학철학과 인식론을 사용했다. 아더 피콕Arthur Peacocke은 "과학의 서열"hierarchy of sciences이라는 개념을 사용하여 신학과 과학을 연관시키기 위한 모델을 발전시켰다. 그는 신학을 그 서열의 맨 꼭대기에 있는 학문으로 이해하라고 제안한다. 우리는 그것을 새롭게 종합하여 첫째, 서열은 자연과학과 인문과학 계열로 나뉘어야 하며, 둘째로는 인문과학 계열은 그 꼭대기에 윤리"학"이 자리를 잡아야 한다고 제안했다. 그렇게 되면 신학을 자연과학과 인문과학 두 개의 계열을 모두 다 완성시키는 학문으로 보는 것이 가능해진다. 우주론과 윤리학에서 발생하는 "경계선 질문"에 대답을 하는 동시에 이들 각 학문의 범주를 넘어설 수 있는 것이다. 그렇게 되면 존 하워드 요더의 작품에서 주로 제기되고 있는 창조세계에서 신적인 목적이 무엇인지에 대한 한 가지 설명이 자연과학과 인문과학 사이에 가교를 놓아준다.

급진종교개혁 관점에서 저술한 맥클랜던의 신학과 문화에 관한 시리즈 중 제3권, 『증언』Witness에서 과학에 관한 장chapter에 맥클랜던의 부탁으로 글을 쓰면서 아나뱁티스트 신학과 과학의 관계성을 모색해 볼 기회가 있었다.[4] 여기서 나는 다윈의 진화론과 기독교, 사회윤리학간의 복잡다단한 상호작용이 있어 왔다고 주장했다. 윤리적 견해는 진화론적인 생물학으로부터 연유되었고지금도계속해서, 항상 그렇게 평가되는 것은 아니지만, 다윈의 자연 발달 과정에 관한 논리는 그 시대의 경제적, 윤리적, 자연적-신학적 이론의 산물이었다는 것이다. 더 나아가 나는 "모든 창조물의 복음"[5]에 대한 아나뱁티스트 개념은 "생존경쟁"이나 "적자생존"과 같은 갈등 상황에서 생존하는 우성인자 이미지에 기초한 진화론과 사회 정책간의 결탁에 의문을 제기하였다. 그러한 것을 토대로 나는 다윈주의가 지지해온 자연과 하나님의 부정적인 이미지에 대해 의문을 제기한다. 그리고 모두들 알다시피, 생물학자들 자신들도 자연세계에 대한 "평화주의자" 입장을 향해 한걸음 더 나아가는 계기가 되었다.[6]

아이러니하게도 나는 과학에 대한 상세한 지식을 갖추지 않은 채 과학에 관해 왈가왈부하는 입장을 회피하기 위해 과학철학을 떠나 종교철학으로 전향했다가 결국엔 그 후 과학을 다루는 일에 내 인생 대부분을 보내고 말았다!

---

4) James Wm. McClendon Jr., *Systematic Theology*, Vol. 3: Witness (Nashville: Abingdon, 2000).

5) Rollin S. Armour, *Anabaptist Baptism: A Representative Study* (Scottdale, Pa.: Herald Press, 1966).

6) 이러한 이슈에 대해 이해하기 쉽게 소개한 글을 보려면, Nancy Murphy, *Reconciling Theology and Science: A Radical Reformation Perspective* (Kitchener, Ont.: Pandora Press, 1997)을 참고하라. 이 책은 1996년 10월, 캐나다 메노나이트 신학교에서 했던 강의를 포함하고 있다.

내가 하려고 했던 것은 철학적 관점에서, 다시 말해 일명 영미 포스트모던 관점으로부터 신학을 연구하는 것이었다. 그러나 이 수식어가 종종 간과되기 때문에, 나는 미대륙의 포스트모던 사상가로 분류되고 있으며, 따라서 후기분석철학자로서 나의 철학적 입장을 보다 안전하게 기술할 수 있었을 것이다. 내가 철학적 신학에 대한 질문을 재고하도록 풍부한 자원들을 제공한 철학자는 루드비히 비트겐슈타인, W. V. 콰인, J. L. 오스틴과 임레 라카토스 등이다. 비록 그가 다른 사람들보다 분석철학과 일정 거리를 두려고 했을지라도, 가장 큰 도움을 준 사람은 알래스데어 매킨타이어를 꼽을 수 있겠다. 미덕, 전해진 이야기, 교회의식과 전통의 개념들이 어떤 관계를 맺고 있는지에 관한 매킨타이어의 설명은 전해진 이야기와 맥클랜던, 요더, 스탠리 하우어워스와 같은 아나뱁티스트 윤리학자가 만든 변화를 이해하는데 매우 큰 도움이 된다고 주장해 왔다. 이야기식 윤리가 교회에 관한 급진종교개혁 관점과 그토록 밀접한 관련을 맺게 된 것이 틀림없는 역사적 사건인지 아닌지는 여전히 고민 중이다.[7]

나는 또한 매킨타이어가 내가 추구하는 학문인 기독교 신앙의 합리성을 위해 핵심적인 질문을 던질 수 있는 최상의 유용한 자원을 제공한다고 주장해 왔다. 모든 논리의 전통에의존도에 대한 매킨타이어의 논증은 그리스도인들이 자신들의 역사적 출발점의 특수성을 변증할 필요가 없음을 의미한다. 기독교 전통만이 아닌 모든 전통은 권위적인 텍스트에 의존하고 있다. 게다가 매킨타이어는 깨알 같은 역사적 예시와 논증을 제공함으로써 전통의 다원성은 상대주의를 암시할 필요가 없음을 보여주었다. 다시 말해 때로 공적인 영역에서 특

---

7) Nancey Murphy, Brad Kallenberg와 Mark Thiessen Nation 편집, *Virtues and Practices in the Christian Tradition: Christian Ethics after MacIntyre* (Harrisburg, Pa.: Trinity Press, 1997)을 보라. 이 저서는 매킨타이어의 *After Virtue*, 제2판 (Notre Dame: University of Notre Dame, 1984)에 의존하고 있다.

수한 전통이 경쟁상대보다 합리적으로 우월하다는 논증은 사실상 가능하다.[8]

인식론에 대한 매킨타이어의 공헌에 관한 흥미로운 질문은 그가 의식적으로 토마스주의 전통 안에서 연구하면서 자신의 인식론에 관한 통찰을 "신학적 색채가 농후한"내가만든용어것으로 바라보았다는 사실로부터 나온다. 그래서 나와 메노나이트 박사과정 학생[9]은 좋은 아나뱁티스트란 의심이 많아야 한다는 매킨타이어의 합리성 이해에 대해 토론한 적이 있었다. 나는 1997년 6월 캐나다 메노나이트 신학교의 메노나이트 대학 과정 강의에서 그 질문에 대한 답을 만들기 시작했다. 더 최근에는 다양한 기독교 하위전통의 인식론적 관점에 대한 책에 글을 기고해 달라는 제안을 받았다.[10]거기에서 나는 아나뱁티스트의 이성에 관한 이해는 매킨타이어의 연구와 그의 사회적 실천에 관한 낙관적 관점과 정사와 권세에 관한 요더리안의 설명을 완화시킴으로써 발전할 수 있다고 주장했다.

"아나뱁티스트 인식론"에 관한 나의 작업은 "신학에 대한 아나뱁티스트 접근법"이라는 매우 모호한 방식에 의문을 제기하기에 이르렀다. 가장 표준적 접근법은 아나뱁티스트 신학즉개혁주의혹은가톨릭신학과대조되는과 교리보다 우위에 있는 윤리와 실천의 특권화와 같은 일반적 성향을 다룬다. 하지만 나는 어떻게 학문적 전통이 공동체적 판단이라는 아나뱁티스트 전통을 모방할 수 있을지,

---

8) 이 이슈에 대한 매킨타이어의 주장은 *Whose Justice? Which Rationality?* (Notre Dame: University of Notre Dame, 1988), 그리고 *Three Rival Versions of Moral Enquiry: Encyclopedia, Genealogy, and Tradition* (Notre Dame: University of Notre Dame, 1990)에서 찾을 수 있다. 또한 Nancey Murphy, *Anglo-American Postmodernity: Philosophical Perspectives on Science, Religion, and Ethics* (Boulder, Colo.: Westview Press, 1997), 3장과 6장을 보라. 또한 "Overcoming Hume on his Own Terms," in D. Z. Phillips and Timothy Tessin, eds., *Religion and Hume's Legacy* (New York: St. Martin's Press, 1999), 206-20을 보라.

9) 매킨타이어와 종교철학에 관한 논문을 완성한 Christian Early다.

10) H. Tristram Engelhardt Jr., ed., *Christian Epistemology in the Third Millenium* (근간)을 참조하라.

그 가능성을 질문해 왔던 것이다. 그런 의미에서 신학에 대한 아나뱁티스트 접근법이라는 것이 존재하는가? 고도로 개인화된 학문적 문화에서 행동하는 신학의 적합한 공동체적 방식이란 존재하는가? 나는 2000년 3월, 이스턴 메노나이트 대학에서 "전통, 관습과 권력"이란 주제의 강연을 통해 이 문제를 간략해 숙고해 보았다.

현재 나는 신경과학과 정신철학에 연구를 집중하고 있다. 나는 인간의 두뇌가 과거의 정신에 귀속되었던 인간의 능력을 설명한다는 것에 근거하여 인간 본성을 설명하는 물리주의자이원론이나삼분설에반대하여의 주장에 동의한다. 비록 아닌 것처럼 보이지만, 이 지점에서 아나뱁티스트 신학과 연관성이 있다고 본다. 비록 성서학자들과 교리사학자들은 1세기 동안 이원론이 성서에 기인한다고 주장해 왔다는 사실에도 불구하고, 일부 기독교 학자들은 죽음 이후와 총체적 부활 전 하나님의 자각 시기인 "중간기 상태"에 대해 설명하는 유일한 방식이기 때문에 이원론을 벗어나지 못하고 있다. 그러나 아나뱁티스트 저술가들은 결코 이러한 것을 가르치지 않으며, 그들 중 많은 사람들은 "영혼가면설"靈魂假眠說; soul sleep을 지지한다. 이는 영혼 혹은 다름 아닌 죽음을 인식할 수 없다는 것을 의미한다. 후자의 해석은 사람에 대한 물리주의 설명과 일치한다.[11]

나는 이 글의 제목인 "아나뱁티스트 과학과 인식론?"이란 질문에 긍정적인 대답이 불가능함을 보여주었길 바란다. 근대성의 특성 중 한 가지, 즉 역사적으로 조건화되었고 각별한 관심 중 하나는 보편적이고도 영원한 지식을 탐구하는 것이었다.[12] 이제 근대의 종말 시대에, 우리는 이러한 탐구는 비현실적

---

11) 이 이슈에 대한 입문서로는 Warren S. Brown, Nancey Murphy and H. Newton Malony, eds., *Whatever Happened to the Soul? : Scientific and Theological Portraits of Human Nature* (Minneapolis: Fortress Press, 1998)을 보라.

12) Stephen Toulmin, *Cosmopolis: The Hidden Agenda of Modernity* (Chicago: University of Chicago,

quixotic인 것임을 알 수 있다. 하지만 보편적 지식에 대한 열망의 종말이 지적인 혼돈으로 이어질 필요는 없다. 매킨타이어가 주장한 바와 같이, 오히려 우리가 전통에 의존하고 있음을 인식하게 해 주며, 아울러 어떤 전통의 자원을 가지고 진실로 창조적인 지적 작업을 수행할 수 있게 됨을 깨닫게 해줄 수 있다. 나는 아나뱁티스트 전통에 서 있던 모든 전임자들이 제공해 준 자원에 대해 감사해 마지 않는다.

1992)를 보라.

5장. 도래하는 하나님 나라에 참여하는 은혜: 집 뒤편에 있는 은혜의 산

글렌 H. 스타센

아내 도트Dot는 버지니아주 해리슨버그에 위치한 이스턴 메노나이트 대학교에서 북쪽으로 대략 10마일가량 떨어진 산마루에 있는 농장 출신이다. 농장 서쪽으로는 웨스트버지니아의 푸르고 완만한 언덕과 산들이 펼쳐져 있다. 동쪽으로는 아름다운 셰넌도어 계곡과 블루리지산맥이 눈에 들어온다. 아내의 아버지와 처남들은 돼지나 건초만을 위해서가 아니라, 그들이 매일 보는 자연의 경이로움을 위해 농장을 가꾸었다.

결혼한 지 2년 후 아내 도트와 나는, 장인장모님과 처남 빌과 함께 미드웨스트와 오리곤 주에 살고 있는 친척들을 방문하기 위해 자동차로 여행을 떠난 적이 있었다. 나는 그 이전까지 로키 산맥을 본 적이 없었다. 경치가 숨이 멎을 정도로 아름다웠다. 내가 경관에 매료되어 입을 다물지 못하고 있었을 때 처남 빌이 "저건 그렇게 특별한 게 아니에요. 저 정도는 우리 집 뒤편에서도 볼 수 있는 수준이에요"라고 말했다.

글렌 스타센(Glen H. Stassen, 1936~2014)은 풀러신학대학원의 루이스 스메데스(Lewis B. Smedes) 교수로 기독교 윤리학을 가르쳤으며, 『하나님의 통치와 예수따름의 윤리』,대장간), *Capital Punishment: A Reader* (Pilgrim Press 1988)과 *Just Peacemaking: Ten Practices for Abolishing War* (Pilgrim Press 1998)(『평화의 일꾼』, 한국장로교출판사) 등을 저술하였다.

나는 사람들에게 이렇게 말하고 싶었다. "집 뒤편에 있는 산들이 얼마나 아름답고 특별한 것들인지 알았으면 좋겠어요." 그리고 그것은 또한 메노나이트 교인들에게도 하고 싶은 말이기도 했다. 여러분 집 뒤편에 있는 산들이 얼마나 아름답고 특별한 것들인지 알기를 바란다.

나는 평생 신학교에서 신학생에게 다양한 전통의 기독교 윤리를 가르치면서 책을 읽어왔다. 확신컨대 기독교제국은 예수의 길을 회피하는 전통을 발전시켜왔다고 생각한다. 제임스 맥클랜던의 『윤리학』[1]에서 나온 부분을 제외하면, 산상 수훈에서 배울 수 있는 건설적인 내용을 담고 있는 기독교 윤리학 책을 찾아보라고 독자들에게 도전하고 싶다. 산상수훈은 예수의 가르침 중에서 가장 많은 부분을 차지하고 있으며, 제자도의 본질을 제시해 주는 가르침이 아니던가.

우리가 보고 행동하는 것을 형성해주는 오랜 전통을 생각해 보라. 중세 시대에는 문맹이 보편적인 일이었다. 사람들은 예술과 신조로부터 기독교 신앙을 이해할 수 있었다. 뉴욕시에 위치한, 중세 조각과 그림 박물관인 클로이스터Cloisters에 가보라. 모든 아름다운 예술품은 성모 마리아나 아기 예수 또는 십자가에 달리신 예수에 관한 주제가 전부이다. 예수께서 보이신 제자도의 길이나 예수께서 행하신 치유와 오병이어, 그가 사용한 비유, 그리고 예언자적 가르침은 결코 찾아볼 수 없다. 사도신경도 마찬가지다. "동정녀 마리아에게 나시고, 본디오 빌라도에게 고난을 받으사 십자가에 못 박혀 죽으시고 …" 예수 그리스도의 길과 그의 모든 사역은 작은 콤마 아래로 다 숨어버린 듯하다. 그 후 종교개혁이 일어났다. 마틴 루터는 인생을 두 영역으로 나누었는데, 산상수훈은 오직 내면의 태도에만 적용되며, 예수의 가르침을 당신의 행동 지침으로

---

1) James William McClendon Jr., *Ethics* (Nashville: Abingdon, 1988).

삼을 수는 없다고 가르쳤다. 루터 이후로 경제적 탐욕, 전쟁, 인종 차별, 성차별이라는 기독교적 관행은 기독교 전통에 영향을 끼쳤고, 결국 대다수의 사람들은 예수의 가르침, 특히 복음서에서 가장 큰 부분을 차지하는 산상수훈을 경시하거나 간과하였고, 아니면 "고차원적 이상, 가르치기 불가능할 정도로 어려운 것"으로 받아들이게 되었다. 이러한 예수의 가르침에 대한 회피의 전통이 대부분의 그리스도인을 만들어나갔다고 말하면 내가 너무 지나친 것일까?

나는 기독교의 제자도를 산상수훈에서 예수께서 말씀하신 것으로 이해하고, 재연하고, 선포하는 전통에 굶주리고 목말라한다. 나는 메노나이트들과 아나뱁티스트 전통에 있는 이들이 그들이 소유하고 있는 산이 얼마나 특별한지 깨달았으면 한다. 아나뱁티스트-메노나이트 전통은 기독교의 제자도를 산상수훈에서 예수님께서 주창하신 것으로 이해하고, 선포하고, 재연하고 있다. 심지어 메노나이트 연합 신학대학원AMBS 2)은 산상수훈 채플실을 가지고 있을 정도다. 놀랍게 들리겠지만, 다른 기독교 전통은 평지에 살고 있기에 그들은 좀처럼 산을 보기 어렵다. 나는 현 시대의 메노나이트들이 그들이 소유하고 있는 그 산을 즐기고, 가르치고, 설교하고, 재연하고, 구현하기를 바라고 있다. 바로 그 말씀을 전파하기를 소망한다.

몇 년 전 나는 교회협의회NCC와 고등교육 가치 협회Society for Values in Higher Education에서 대학과 관련된 모범교회 연구를 위한 연구원으로 참여할 기회를 가진 적이 있었다.3) 내가 공부했던 대학 중 하나는 고센Goshen 대학이었다. 나는 그 교수진을 보고 엄청난 감명을 받았다. 왜냐하면 그들 대부분이 국외 어딘가에서 봉사와 선교 활동에 참여하여 사역하고 가르쳐왔고, 학생들 대부분은 라

---

2) 메노나이트 연합신학대학원(Associated Mennonite Biblical Semianry)는 2012년도에 아나뱁티스트 메노나이트 신학대학원(Anabaptist Mennonite Biblical Seminary)로 개명하였다. -역자주.

3) Robert Rue Parsonage, ed. *Church-Related Higher Education* (Valley Forge, Pa.: Judson Press, 1978).

틴아메리카나 그 밖의 다른 곳에서 가난한 사람들 사이에서 봉사활동을 하면서 한 학기를 보냈기 때문이다. 그들의 그리스도인으로서의 헌신과 학생들의 봉사 활동 성향, 그리고 그들의 가치관은 한마디로 드라마틱했다. 그 때 나는 아프리카계의 오순절 교단 학생을 한 명 만났다. 나는 생각했다. '아하! 만일 누군가가 고센대학의 부족한 면을 경험한 사람이 있다면, 바로 이 두가지 면에서 소수인 이 학생이 적격이겠군.' 나는 그 학생과 단둘이 점심식사를 하기로 약속하였다. 그러나 그 학생도 이 대학에 대한 칭찬을 늘어놓았다. 우리가 서로 친해지고 신뢰할만해지자 나는 그에게 말했다. "자네가 바꾸고 싶어 할 만한 무언가가 확실히 고센대학에 있을거야." 그러자 그가 대답했다. "한 가지 있죠, 나는 그들이 실천하고 있는 것을 조금 더 많이 알렸으면 하는 바람이에요."

다른 대학들, 다른 전통에 있는 사람들은 메노나이트가 행하는 경이로우면서도 믿기지 않을 정도의 선을 행하고 있다는 소식을 듣는다면 엄청나게 기뻐할 것이다. 메노나이트 교인들은 그들이 가진 산에 대해 감사해야 한다. 그들은 그것을 분명하게, 복음전도 차원에서라도 주창해야 한다. 그들은 전파할 메시지를 가지고 있다. 그들은 다른 그리스도인들이 그들이 소유하고 있는 산에 대해 이미 알고 있을 거라는 추측을 하면 안 된다.

최근에 존 로스John Roth, 스티브 딘터만Steve Dintaman, 테드 쿤츠Ted Koontz, 듀에인 섕크Duane Shank, 듀에인 프리즌Duane Friesen과 기타 다른 사람들로부터 메노나이트 신학에서 은혜를 보다 분명하게 강조하라는 요청이 있었다. 1994년 나는 엘리자베스타운 대학에서 개최된 아나뱁티스트 비전 재정립에 관한 훌륭한 컨퍼런스에 참석했었다. 엘리자베스타운 컨퍼런스에서 발표된 논문 중 일부는 해롤드 벤더Harold Bender와 존 요더, 그리고 기타 관심 그룹이 제자도의 행동 측면을 강조하다가 은혜, 즉 예수와의 개인적인 관계, 살아계신 그리스도의 임재, 우리의 일상에서 함께하시는 성령의 임재 등을 간과했다고 주장했다.

나는 존 하워드 요더에 대한 열광적인 지지자라 그에 대해 비판하려고 하는 것이 아니다. 벤더, 요더와 관심 그룹이 보여준 지대한 공헌을 폄하하고 싶지도 않다. 다만 거기에 무언가를 덧붙이고 싶을 뿐이다. 나는 메노나이트 형제들이 보여준 제자도 실천에 대해 깊이 감사하고 있어서 나의 바람이 메노나이트 전통의 아름다움과 장점을 희석시키지 않기를 바라고 기도할 뿐이다. 은혜가 필요하다고 하여 그것이 곧 메노나이트가 다른 어떤 전통을 채택해야 한다는 말은 아니다. 그들이 가지고 있는 산을 대신해 루터파나 복음주의, 또는 가톨릭이나 경건주의 혹은 오순절로 대체해야 한다는 뜻이 아니다. 단지 우리는 우리가 소유하고 있는 것을 알고 있듯이, 다른 전통으로부터 중요한 것을 배울 수 있다는 말이다. 메노나이트가 값싼 은혜와 값싼 신앙 전통을 채택할 필요가 없으며, 그들이 수행하는 복음에 충실한 선교, 모든 그리스도인과 비그리스도인에게 삶에서 구체적으로 예수를 따르라고 요청하는 선교를 포기할 필요가 없다는 뜻이다.

메노나이트들에게 산상수훈을 해석하는 방법을 제안하는 일은 침례교인, 심지어 아나뱁티스트 정신을 지닌 침례교인에게 있어서는 당돌하기 짝이 없는 일일지도 모른다! 그러나 널리 퍼뜨리고 싶은 말이 있다. 산상수훈이 인간의 노력이나 높은 이상, 또는 어려운 가르침이 아니라는 사실을 널리 알리기를 원한다. 산상수훈에서 제시하고 있는 예수의 길은 은혜에 기초한 구원의 길이다.

제한된 지면에서 나는 메노나이트와 기타 그리스도인들이 산상수훈을 은혜와 임재와 구원의 메시지로 선포하도록 돕기 위해 주석 작업을 하려고 한다.

산상수훈의 핵심 부분은 마태복음 5:21에서 시작하는데, 이 부분은 삼화음

triad 또는 삼중 가르침이라는 일관된 패턴을 가지고 있다. 성서적 삼화음에서 강조점은 세 번째 음에 도달했을 때 절정에 달한다. 다음 주석 작업을 통해 밝히고자 하는 핵심 주장은 절정 부분인 세 번째 음들은 항상 자비하신 하나님의 현존의 은혜와 우리 인간의 악순환으로부터 구원하시는 하나님의 은혜에 참여하는 것에 기초하고 있다.[4]

마태복음 5:23-25 첫 부분을 보자. 첫 부분은 전통적인 가르침으로 십계명에서 나온 것이다. "살인하지 말라." 두 번째 부분은 악순환에 대한 진단이다. 너희 형제나 자매에게 화를 내고 있으면 심판에 이르게 된다. 이 구절은 높은 이상이 아닌 우리가 갇혀 있는 악순환을 사실적으로 명명한 것이다. 이것은 명령형이 아니라 '화를 내고 있다'being angry라는 분사형participle이다. 세 번째 부분은 강조점이 위치한 절정 부분으로, 그곳에 이르러 드디어 명령형 문장이 온다. 그것이 바로 분노라는 악순환으로부터 우리를 구원하는 은혜의 방식이다. 예수께서 강조하시는 것은 우리가 화났을 때 우리는 가서 화해하고 그리고 돌아와서 경배하며 감사하라는 것이다. 이것이 바로 복음의 핵심에 참여하는 것이고, 하나님이 그리스도 안에서 우리를 향해 행하시는 은혜의 방법이다. 무언가가 우리와 하나님 사이에 찾아왔다. 하나님은 그저 높은 위치에서 명령만 내리시지는 않는다. 하나님께서는 그리스도를 통해 우리에게 찾아오셨고, 화해를 이루셨다. 당신이 당신의 형제나 자매에게 나아갈 때, 당신은 하나님께서 그리스도안에서 우리를 향한 하나님의 방식, 은혜의 방식에 참여하고 있는 것이다. 당신이 이 일을 행할 때 가장 먼저 이렇게 기도하라. "주님 나의 형제나 자매가 어디에서 오는지 들을 수 있게 도와주십시오. 그들이 느끼는 바를 느끼

---

4) *Just Peacemaking: Transforming Initiatives for Justice and Peace* (Lousville: Westminster/ John Knox Prss, 1992)에서 제안한 내용의 일부를 출판하였고, 조만간 몇 가지 논문에서 이러한 내용을 더 다룰 예정이다.

게 해 주십시오. 그들이 어디에 있는지 생각하게 하소서." 기도를 듣는 연습을 하라. 그 안에서 당신의 형제자매가 관심 갖고 있는 것을 느끼고, 생각하고, 보게 해달라고 기도하라. 다른 사람과의 대화 가운데서 하나님의 존재를 보게 해달라고 기도하라. 당신은 예수께서 개척하신 길, 은혜의 길, 하나님께서 그리스도 안에서 우리에게 오시기 위해 취하신 길을 당신이 따르도록 해달라고 기도하라.

우리는 은혜가 의미하는 바가 무엇인지 명확히 할 필요가 있다. 이것은 값싼 은혜가 아니다. 또한 이것은 "빈틈을 채우는 은혜"도 아니다. 이것은 우리가 아무 것도 할 수 없는, 수동적 장소에만 하나님께서 개입하신다는 데우스 엑스 마키나deus ex machina 5)도 아니다. 오히려 그것은 참여적 은혜이다. 그것은 하나님께서는 현존하시며, 그리스도 안에서 자신을 계시하시는 특별한 방식으로, 그리고 우리가 하나님께서 행하시는 일에 참여하도록 능력을 부여하신다고 말하고 있다. 이것이 악순환으로부터 우리를 구원하시는 구원의 은혜이다. 그리스도 안에서 하나님은 우리에게 오셔서 우리와 화해를 이루셨다. 그리스도 안에서 하나님은 원수에게 찾아 가셔서 화해를 이루셨다. 참여적 은혜는 하나님께서 가져다주시는 구원에 참여하는 은혜이다.

이것은 모호한 방식으로 하나님을 신뢰하는, 무정형의 은혜가 아니다. 그것은 특정한 형태를 가지고 있다. 하나님은 예수 그리스도 안에서 이러한 특별한 방식으로 행동하시며, 지금도 이러한 방식으로 역사하고 계시다. 우리는 하나님께서 일하시는 모습에 적합한 방식으로 그리스도 형상화Christomorphic의 은

---

5) 라틴어 'Deus ex machina'는 '신의 기계적 출현'을 의미한다. 이것은 극의 사건 진행 과정에서 도저히 해결될 수 없을 정도로 뒤틀어지고 비꼬인 문제가 파국(catastrophe) 직전 무대의 꼭대기에서 기계 장치를 타고 무대 바닥에 내려온 신의 대명(大命)에 의해 해결되는 기법이다. [네이버 지식백과] 데우스 엑스 마키나 [deus ex machina] (드라마사전, 2010, 문예림).

혜에 참여하도록 초대를 받았고, 부름을 받았다.

또는 마태복음 39~42절을 생각해보라. 여기서 다시 우리는 전통적 가르침을 접하게 된다. "눈은 눈으로… 갚아라." 그리고 보복, 복수, 폭력, 혹은 악한 수단으로 저항하는 악순환에 대한 진단이 등장한다.[6] 바울은 이것을 로마서 12:19이하에서 다른 말로 표현하고 있다. "여러분은 스스로 원수를 갚지 말고 … 악에게 지지 말고, 선으로 악을 이기십시오."

다시 한 번 강조점이 가르침의 세 번째 음인 은혜와 구원의 길에서 최고조에 이르게 되는데, 여기에서 평화사역의 네 가지 변혁적 동인을 제시하고 있다. 즉, 다른 뺨을 돌려 대라turning, 겉옷을 내주어라giving, 십 리를 같이 가주어라 giving, 네게 달라는 사람에게는 주어라giving. 이런 전략은 단순히 "굴복"이 아니라, 평화사역을 위한 변혁을 가져오는 결단력 있는 행동이며, 간디와 킹 목사가 가르쳤던 것과 동일한 가르침이다. 그 전략을 통해 우리는 폭력을 피할 수 있을 뿐만 아니라 평화사역의 주도권을 거머쥘 수 있다. 그것이 바로 불의와 지배체제에 비폭력적으로 맞서는 방법이다. 그것은 바로 관계를 맺는 또 다른 방식이요, 평화와 정의의 길이다. 그것은 인간에게 상호 존중과 샬롬의 새로운 관계로 초대한다.

울리히 루츠Ulich Luz는 이러한 결단력 있는 행동은 이 세상에서 충격과 놀라움을 야기했고, 그리고 일상적 행동과 대조적인 모습을 나타내게 하였다. 그것은 의도적인 항거이자 일반 행동을 뒤집어엎는 것이다.

---

6) 2000년 3월 이스턴 메노나이트 대학교 "Confronting the Powers" 컨퍼런스에서 진행된 심도 있게 논증을 펼쳤던 논문에서, 윌라드 스와틀리(Willard Swartley)는 마 5:39은 "악에 저항하지 말라"(do not resist evil)이 아니라 "악에게 보복하지 말라"(do not retaliate against evil)로 번역해야 한다고 설득력 있게 주장한다. 그것은 신약성서 전반에 걸쳐 반영되어 있고, 로마서 12장은 여러 예들 중 하나이다. 눅6:27-36; 살전 5:15, 벧전 2:21-23과 디다케 1:4-5도 보라.

따라서 그것들은 간접적으로 하나님 나라의 도래에 의해 결정된다. 그것은 예수의 종말론과 잘 들어맞는다. 예수께서는 계속 몇 번이고 반복해서 하나님 나라의 영향을 받은 매일의 삶에 대해(비유에서 언급하셨듯이) 말씀하셨다. 예수께 있어서 하나님나라의 도래는 백성들을 위한 하나님의 무한한 사랑으로 나타나며, 이것은 자신들 안에서 뿐만 아니라 심지어 원수를 향한 인간의 사랑을 가능하게 만들어 준다.

그것이 바로 하나님 나라의 은혜에 참여하는 것이다.[7]

월터 그룬트만Walter Grundmann은 잘 알려지지 않은 그의 연구에서 산상수훈 전체가 주기도문의 탄원과 일치하도록 구성된 것처럼 보인다고 통찰력 있게 주장한다.[8] 산상수훈에 나오는 팔복은 다가오는 하나님 나라를 기쁨으로 맞이하고 있다. 첫 번째 탄원은 이러하다. "그 나라를 오게 하여 주시며." 그것은 축복이요, 축하연이다. 우리는 축복받은 자들이다. 도래하는 하나님 나라의 은혜에 참여하게 되기 때문이다. 마태복음 5:21-48의 여섯 가지 3화음은 다음의 탄원과 상호 관련되어 있다. "그 뜻을 하늘에서 이루심 같이, 땅에서도 이루어 주시고." 여기에 핵심이 있다. 주기도문에서 하나님의 뜻은 무엇보다 우리가 하는 것이 아니라, 하나님께서 행하시는 일이요, 현재도 행하고 계신 것이다."그뜻을하늘에서이루심같이" 마치 "그 나라를 오게 하여 주시며"가 우리가 하는 것이 아니라 하나님께서 행하시는 일이며 그 분이 행하실 일인 것처럼. 주기도문은 구원을 베풀어달라고 하나님께 구하는 기도요, 하나님 나라가 오게 해달라는 기도이며, 매일의 양식을 달라고, 우리를 용서해 달라고, 유혹으로부터 우리를 구

7) Ulich Luz, *Matthew 1-7: A Continental Commentary* (Minneapolis: Fortress, 1989), 328.
8) Walter Grundmann, *Das Evanglium nach Matthus* (Berlin: Evangelische Verlagsanstalt, 1968).

원해 달라고 드리는 기도다. 여기서 예수님은 하나님의 구원과 그의 사랑과 뜻이 우리 가운데서 어떻게 일어날지 보여주신다. 원수를 향해 가지는 변혁을 가져오는 결단력 있는 행동을 취하는 것이야말로 하나님께서 그리스도 안에서 가져다주시는 구원에 참여하는 것이다.

예수께서 여기에서 가르치신 위의 4가지의 결단력 있는 행동들은 이사야 50:4-9에 있는 고난 받는 종에 관한 70인 역의 '저항하다, 철썩 때리다, 뺨, 고소하다, 외투, 주다, 물리치다'의 7개의 헬라어와 동일한 단어를 사용하고 있음을 주목할 필요가 있다. 이사야 50:4-9은 참여하는 은혜에 관한 구절로서, 그 은혜 안에서 주 하나님께서는 구원을 베푸시고, 그 종의 행동들은 하나님의 구원에 참여하신다.

> 주 하나님께서 나를 학자처럼 말할 수 있게 하셔서, 지친 사람을 말로 격려할 수 있게 하신다. 아침마다 나를 깨우쳐 주신다. 내 귀를 깨우치시어 학자처럼 알아듣게 하신다. … 나는 나를 때리는 자들에게 등을 맡겼고, 내 수염을 뽑는 자들에게 뺨을 맡겼다. 내게 침을 뱉고 나를 모욕하여도 내가 그것을 피하려고 얼굴을 가리지도 않았다. 주 하나님께서 나를 도우시니, 그들이 나를 모욕하여도 마음 상하지 않았고, 오히려 내가 각오하고 모든 어려움을 견디어 냈다. 내가 부끄러움을 당하지 않겠다는 것을 내가 아는 까닭은, 나를 의롭다 하신 분이 가까이에 계시기 때문이다. … 주 하나님께서 나를 도와주실 것이니, 그 누가 나에게 죄가 있다 하겠느냐?

더 나아가 위에서 언급한 4가지 결단력 있는 행동들은 각각 예수의 십자가 처형을 예견하고 예수의 십자가 길에 우리가 참여하도록 제안하는 것처럼 보인다. 데이비스Davies와 앨리슨Allison은 이렇게 썼다: "예수께서 친히 얻어맞고, 뺨을 맞으셨고2627rapidzo, 그의 옷 2735himatia은 빼앗겼다. 만일 그를 따르는 자들이 그 때 다른 뺨을 돌려대고, 원수가 옷을 가져가도록 허용한다면, 그들이 과연 주님을, 특히 고난 중에 계시는 주님을 기억하지 못하는 것이었을까?"9) 그리고 "억지로 시키다"compel라는 단어는, "누가 너더러 억지로 오 리를 가자고 하거든"에서처럼, 구레네 시몬이 예수의 십자가를 억지로 메고 가야 했고, 따라서 예수의 십자가에 참여할 수밖에 없던 장면마2732을 묘사할 때 사용했던 단어와 동일한 헬라어를 사용하고 있다. 말에 대해 생각해 보자. 예수는 우리를 위해 목숨을 버리셨다. 우리가 평화사역을 위한 결단력 있는 행동으로서 십리를 걸어갈 때, 가난한 사람들에게 베풀 때, 우리는 우리를 위해 십자가에 달리신 예수께서 걸어가신 길에 참여한다. 우리는 십자가의 은혜에 참여한다.

　　나는 원수를 비폭력적으로 만나는 자리에서 은혜를 이중으로 만나는 경험을 했었다. 1980년 대 나의 친구 안드레아스 주마크Andreas Zumach는 캘리포니아 이주 노동자들 사이에서 대체복무를 하는 동안 서독의 기독교 대안 봉사기구인 행동 화해/평화 봉사Action Reconciliation/Peace Service 단체에 몸담고 있으면서 정기적으로 폴란드와 동독으로 가서 세자르 차베스와 마틴 루터 킹으로부터 배운 비폭력적인 직접 행동의 실천을 가르쳤다. 마틴 루터 킹의 저술들은 독일어로 번역되었고, 많은 단체들이 그것들을 교회에서 공부했다. 나는 그곳에서 킹 박사의 저술들을 보았고, 여러 교회에서 걸려 있던 킹 박사의 사진을 보았으며, 예수의 길과 평화 운동 전략이 서로 연관되어 있음을 알게 되었다. 사람들은

---

9) W. D. Davies and Dale C. Allison Jr., A Critical and Exegetical Commentary on The Gospel According to Saint Matthew (Edinburgh: T & T Clark, Ltd., 1988), 1:546.

비폭력적 시위가 일어나는 모임에서 그들이 어떻게 기도했는지 말해주었다. 1987년 몇몇 나의 학생들과 함께 했던 여행을 마칠 무렵 우리는 커피와 쿠헨 Kuchen10)을 먹고 마시기 위해 교회 지하에서 만났다. 그 모임은 동독의 침례교 인들과 우리 미국 침례교인들이 둥글게 둘러 앉아 자발적으로 각자 기도를 하는 것으로 끝이 났다. 학생들과 나는 동독 침례교인들이 그들의 경건주의 전통에 충실한 모습으로 기도를 통해 보여준 열정과 감사하는 마음에 깊은 감명을 받았다. 1989년 나는 그곳을 다시 방문했다. 그때는 비폭력 수단이 폭력을 비폭력으로 전환하는데 결정적이었고, 가혹한 독재자인 에릭 호네커 정권은 붕괴되고 장벽이 열린 시점이었다. 그들은 "우리 승리하리"We Shall Overcome라는 노래를 영어로 불렀다. 나는 하나님의 은혜에 압도되어overcome 눈물을 흘렸다.11)

나중에 미국에 돌아와서 나의 A 유형 성격12)의 특징인 조급함과 분개심 때문에 비폭력 행동에 여러 차례 도전을 받았다. 또한 가나안 그리스도 침례교회에서 예배드릴 때 교인들의 감사 간증과 나를 끔찍한 사고로부터 구원해 주신은혜와 충언을 아끼지 않았던 좋은 친구와 마찬가지로 솔직하게 이야기해 주었던 상담사, 나의 사랑하는 아내의 격려, 그리고 침례교 평화 펠로우십 여름 컨퍼런스의 조이스 홀리데이 성경 공부 모임에 의해 도전을 받았다. 비폭력 저항이 나의 고집불통의 마음속으로 뚫고 들어오기까지는 오랜 시간이 걸렸다! 그 컨퍼런스에서 나는 자리를 떠나 듣는 기도listening prayer를 연습했고, 어느 부분을 변화시켜야 할지 하나님께 물었으며, 한 학술지에서 다루었던 주제로, 그

---

10) 건포도를 넣은 독일식 과자 - 역자주.

11) 나는 이 일에 대해 "A Visit to East German Churches: Schooling for Democracy," The Christian Century (1989년, 12월): 20-27에서 말한 바 있다. 그리고 Just Peacemaking: Transforming Initiatives for Justice and Peace (Westminster/ John Knox, 1992), 7-15, 20-31을 보라.

12) 적대적이고 경쟁적이며 다양한 대상에 관심을 갖고 그것을 획득하려는 성급한 성격.-역자주

보다 오래 전에 이미 헌신했어야 할 제자도에 헌신하기로 결단했다. 그 후 저녁 예배 시간에 침례교 평화 펠로우십의 사무국장인 켄 시헤스티드가 다른 사람들이 각기 다른 언어로 기도할 때, 나에게 독일어로 기도해 해달라고 요청을 했다. 이 때 나는 동독 침례교인들의 열성적인 기도가 떠올랐다. 나는 분노를 깨끗이 몰아내고 감사하는 마음이 생기게 해 달라는, 마음의 전환을 위해 간절히 기도했다. 예배가 진행되는 동안 나의 옛 제자들이 너무나 우스꽝스러운 감사의 선물을 나에게 주었을 때 깜짝 놀랐다. 갑자기 나의 마음에서 자주 일어나는 분노가 감사로 전환되기 시작했다. 이것은 생명을 구할 만한 변화였고 오래 지속되었다.[13] 이런 은혜와 변화의 경험에 공헌한 모든 다른 종류의 행동들, 즉 비폭력적 파업,시위등의 직접 행동, 저항, 애정 어린 지원, 죄의 고백, 새로운 헌신, 그리고 내가 아끼는 이들로부터 온 선물들을 생각해 보라. 예수께서는 이런 모든 종류의 은혜에 대해 가르치셨고, 그것들은 모두 나에게 일어났다.

마태복음 5:44-45를 보라. "그러나 나는 너희에게 말한다. 너희 원수를 사랑하고, 너희를 박해하는 사람을 위하여 기도하여라. 그래야만 너희가 하늘에 계신 너희 아버지의 자녀가 될 것이다. 아버지께서는, 악한 사람에게나 선한 사람에게나 똑같이 해를 떠오르게 하시고, 의로운 사람에게나 불의한 사람에게나 똑같이 비를 내려 주신다." 여기서 우리가 원수를 사랑하고 원수를 위해 기도하는 것이야말로 하나님의 은혜에 참여하는 방법임이 더욱 명백해진다. 우리는 하늘에 계신 우리 아버지의 자녀이다. 하나님은 악한 사람에게나 선한 사람 모두에게 해를 떠오르게 하시고, 의로운 사람이나 불의한 사람에게 모두에게 똑같이 비를 내리시기 때문이다. 하나님은 이미 그곳에 계시며, 우리의

---

13) 이 경험에 대한 보다 자세한 내용은 다음을 참조하라. Glen Stassen, D. M. Yeager, John Howard Yoder, *Authentic Transformation: A New Vision of Christ and Culture* (Nashville: Abingdon, 1996), 202쪽 이하.

원수에게 은혜를 베푸신다. 하나님은 이미 이곳에 계시며 죄인인 나에게도 은혜를 베푸신다. 악한 일을 한 사람이 나 자신임을 너무나 잘 알고 있는 나에게 말이다. 사회에서 편안하게 살았기에 내가 얼마나 불의한 지 인식하지도 못하는 나에게 말이다. 내가 나의 원수를 사랑하고 원수를 위해 기도할 때, 나는 하나님께서 매일 베푸시는 은혜로운 축복에 참여하는 것이다. 그리고 예수를 십자가에 못 박으면서도, 그들이 무슨 일을 하는지 알지도 못한 원수를 용서하신 예수님의 행동에 동참하는 것이다. 예수의 제자들이 그를 배반하고 그의 옆에도 있지 않으려 했다. 이것은 우리의 인생 이야기의 한 부분이기도 하다. 우리는 그를 배반하고 그의 옆에 함께 하지 않았다. 하지만 예수님은 그가 제자들을 용서한 것처럼 우리를 용서하시고, 베드로에게 그 사명을 주신 것처럼요21:15 이하, 그의 양을 먹이는 사명을 우리에게 맡겨 주신다.

마지막 구절인 "그러므로 하늘에 계신 너희 아버지께서 완전하신 것 같이, 너희도 완전하여라"마5:48는 도덕적인 완전함이 아니다. 성경적 언어로 우리는 "하나님께서 도덕적으로 완전하신 것같이"라는 말을 할 수 없다. "그러므로"라는 단어는 하나님께서 원수조차도 햇빛과 비를 누릴 수 있게 해주신다는 것을 가리킨다. 이것은 하늘에 계신 우리 아버지께서 원수에게 베푸신 은혜에 참여하게 된 자들로서 우리가 모든 사람을 포용하는 사랑을 베풀어야 함을 의미한다. 누가복음 6:35-36은 명확하게 밝히고 있다. "… 너희는… 더없이 높으신 분의 아들이 될 것이다. 그분은 은혜를 모르는 사람들과 악한 사람들에게도 인자하시다. 너희의 아버지께서 자비로우신 것 같이, 너희도 자비로운 사람이 되어라." 이것은 도덕적 완벽함과 행위를 통한 의로움을 뜻하는 것이 아니라, 하나님의 자비하시고, 모든 사람을 포용하시며, 구원하시는 사랑을 뜻하는 것이다.

이러한 가르침에서 하나님의 사랑이 해석학적 열쇠다. 5장은 의로운 사람과 불의한 사람 모두를 동일하게 사랑하시는 하나님의 사랑, 즉 모든 사람을 포용하시고, 은혜가 충만한 하나님의 사랑을 언급함으로써 이 장의 핵심이자 절정에 다다른다. 전체 산상수훈의 핵심은 황금률로 요약되고 절정에 이른다. 마태복음 7:12과 22:37-40에서 예수께서는 우리에게 모든 율법과 에언서는 사랑에 의해 결정된다고 말씀하셨다. 자비가 마태복음의 중심 사상임이 확연해진다.[14]

다시 한 번 우리는 "아무도 두 주인을 동시에 섬기지 못한다. ⋯ 너희는 하나님과 재물을 아울러 섬길 수 없다"마6:24-33라는 전통적인 가르침을 되새겨야 한다. 그리고 우리는 하나님을 신뢰하지 못하고 재물에 대한 염려, 무엇을 먹을까, 무엇을 입을까와 같은 악순환에 대한 진단을 되새겨야 한다. 우리가 먼저 하나님의 나라와 하나님의 정의를 추구하는 일에 우리 자신과 우리의 돈을 투자하는 것이야말로 변혁적 동인이다. 하나님의 나라는 하나님의 은혜, 하나님께서 하늘에서처럼 이 땅에 베풀어 주신 구원, 우리를 하나님의 통치와 구원에 참여하는 축복을 누리도록 하신 것에 대한 이야기다. 하나님의 통치를 예언하고 있는 예언서와 시편의 구절들을 살펴보면 네 가지 특징을 가지고 있다. 하나님 현존의 빛, 하나님의 구원의 기쁨, 하나님의 평화사역의 안도감, 그리고 하나님의 구원을 베푸시고, 공동체 회복을 위한 정의의 구원이 그것이다. 하나님의 통치와 정의에 우리 자신을 투자한다는 것은 바로 하나님의 통치, 즉 하나님의 나라의 구원과 공동체에 참여하는 것이다. 그것이 바로 은혜에 참여하는 것이다.[15]

---

14) 마12:7, 11-14; 15:15-20; 23:23-26; Luz, *Matthew* 1-7, 52-3.
15) *Just Peacemaking*, 39쪽 이하.

산상수훈 끝 부분에서 우리는 다시 한 번 하나님의 은혜에 참여하는 변혁적 동인에 대한 표현을 만나게 된다. "구하라, 그리하면 하나님께서 너희에게 주실 것이다. 찾아라, 그리하면 너희가 찾을 것이다. 문을 두드려라, 그리하면 하나님께서 너희에게 열어 주실 것이다. … 너희가 악해도 너희 자녀에게 좋은 것을 줄줄 알거든, 하물며 하늘에 계신 너희 아버지께서 구하는 사람에게 좋은 것을 주지 아니하시겠느냐?"마7:6-12 황금률은 선물을 베푸시는 하나님의 은혜에 기반을 둔다. 타인에게 주는 것은 곧 우리에게 베푸시는 하나님의 은혜에 참여하는 것이다.

듀에인 프리즌은 그의 책 『예술가, 시민, 철학자: 도시의 평화를 찾아서: 아나뱁티스트 문화 신학』Artists, Citizens, Philosophers: Seeking the Peace of the City: An Anabaptist Theology of Culture 16)에서 내가 쓴 일부분을 의역 및 인용하고 있다. 독자들이 프리센의 책이 우리가 살고 있는 도시 생활의 복음적 변혁을 위한 날카로운 지침을 제공해 주고 있기에, 이 책에 관심을 기울여주기를 바라는 마음으로 조금 길지만 그 부분을 인용하고자 한다. 그러나 그의 인용문은 내가 말하려던 바를 정확히, 구체적으로 파악했고, 오히려 내가 말하려는 것보다 나의 의도를 더 잘 간파하고 있다.

> 마태복음의 산상수훈은 실행이 불가능하거나 어려운 추상적이고도 이상적인 것이 아니다. 산상수훈은 일련의 14가지의 명령 혹은 구체적이고도, 실천적이며, 행동으로 옮길 수 있는 하나님의 구원의 은혜에 의해 가능한 변혁적 동인으로 구성되어 있다. 그 명령들 중 하나가 기도로의 초청이다.

---

16) Duane Friesen, Artists, Citizens, *Philosophers: Seeking the Peace of the City: An Anabaptist Theology of Culture* (Scottdale, Pa.: Herald Press, 2000), 51-2.

산상수훈에서 얼마나 자주 기도에 대한 언급이 등장하는지 알게 되면 놀랄 것이다. ··· 기도는 산상수훈에서 세 번 나온다. 원수를 위해 기도하고 우리를 박해하는 이들을 위해 기도하라는 명령(마5:44), 그리고 '은밀하게 기도하라'와 주기도문을 포함해 기도하는 방법에 대한 명령(마6:5-13), 그리고 자신의 요구를 하나님께 아뢰라는 명령(마7:6-11). ··· "기도는 하나님의 구원의 은혜가 일어나도록 간구하는 것이다. 그리고 이것이 바로 하나님의 은혜와 구원에 참여하는 것이다." 이것은 우리 안에 존재하는 악을 직면하는 것을 포함한다. 이것은 우리가 말하는 것일 뿐만 아니라 하나님의 성령이 우리 안에서 기도하는 것을 의미한다. 주기도문에서 우리는 하나님의 통치(하나님의 정의와 평화의 변혁적인 힘)가 "하늘에서 이루어짐 같이" 땅에서도 이루어 주시길 기도한다. 그리고 기도의 두 번째 부분에서 우리는 "하나님이 우리를 굶주림, 빚, 유혹과 악이라는 네 가지 구체적인 위협으로부터 구원해주시기를 기도한다(마6:11-13)." 기도는 행동을 대체하는 것이 아니다. 오히려 기도는 인간의 행동과 책임을 하나님의 변혁적 힘의 틀 안에 놓는다. 마틴 루터 킹은 기도란 본질적으로 인간이 정의를 위해 투쟁할 때 우주적 동지 관계를 갖게 되는 것이라고 확실하게 표현하고 있다.

마태복음 전체와 산상수훈은 하나님의 현존에 관한 것이다. 울리히 루츠[17]는 마태복음이 예수의 이름이 임마누엘, 즉 하나님이 우리와 함께 하신다로 시작하고 있음을 통찰력 있게 지적하고 있다. 그리고 마태는 "내가 세상 끝 날까지 항상 너희와 함께 있을 것이다"로 마무리된다. 예수 안에 나타난 하나님의

---

17) Ulich Luz, *The Theology of the Gospel of Matthew* (Cambridge: Cambridge University, 1993), 31-3.

현존이란 주제가 마태복음서 전체를 통해 반복해서 등장한다. 예수께서는 하나님의 나라가 하나님의 현존이라고 선포하신다. 반복해서 예수께서는 "남모르게 보시는 네 아버지"마6:4,6,18라고 가르치신다. "너희 아버지께서는 너희가 구하기 전에 너희에게 필요한 것이 무엇인지를 알고 계신다."6:8 하늘에 계신 너희 아버지께서 의로운 자나 불의한 자에게 모두 비와 햇빛을 내려주신다. 너희 아버지께서 공중의 새를 먹이시고, 들의 백합화를 입히신다. 너희 아버지께서 구하는 자들에게 좋은 것을 베풀어 주신다.

마틴 루터 킹은 투쟁하다 절망에 빠졌을 때인 영혼의 어두운 밤의 시기에 대해 이야기하였다. 그는 부엌에서 뜨거운 기도를 하다가 하나님의 구원의 은혜가 그에게 임한 것이 생의 전환점의 핵심이었다. 그 후 어두운 밤이 지나고 희망의 새벽이 밝아왔다고 킹은 말하였다.

나는 나 자신을 마틴 루터 킹과 비교하려는 것은 아니지만, 그래도 나누고 싶은 간증이 있다. 나의 인생에는 몇 가지 대전환점이 있었다. 하나님의 은혜를 힘입어 나를 절망에서 소망으로, 또는 불신앙에서 회개로, 또는 나의 마음을 분노에서 감사로 바꾸신 그런 시간들이 그렇다. 때로는 누군가가 나에게 형제나 자매로서 나에게 해준 권고가 전환점이 되기도 한다. 또는 패배의 어두운 밤이 나의 한계와 우리가 사는 죄 많은 이 세상의 한계를 직시하게 해주기도 한다. 그러나 그 은혜는 거의 언제나 하나님 현존 안에서 간절히 기도할 때 찾아 왔다. 이것은 종종 하나님의 현존 가운데서 침묵하고 있을 때 그 분의 음성을 듣는 기도를 통해서였고, 하나님 앞에서 염려들을 내려놓고, 하나님께서 하시는 말씀과 하나님께서 주시는 비전이 무엇인지를 들을 때 찾아왔던 것이다.

산상수훈에서 나타난 예수님께서 제시한 방식대로 사는 제자들은, 숨어서 우리의 염려를 들으시며, 우리가 인식하지 못할 때조차도 우리와 함께 하시고,

우리의 기도 가운데 함께 하시며, 은혜로 우리를 인도하시고, 자기의와 분노를 감사로 바꾸시는 하나님의 은혜 가운데서 살게 될 것이라고 확신한다. 비은사주의자들은 16세기 아나뱁티즘이 급속도로 퍼져 나갔듯이, 우리의 삶 한가운데서 임하시는 하나님의 현존을 강조함으로 세계 곳곳에 확산되고 있는 오순절교단으로부터 이러한 하나님의 현존을 배워야 할 점이 아닐까? 비성례전주의자들은 미사에서 그리스도의 임재를 느끼는 것을 중시하는 가톨릭으로부터 하나님의 임재를 배워야 하지 않을까? 다양한 사역과 봉사 프로젝트 한가운데 서 있는 것을 감사하는 것이야말로 하나님의 임재를 느끼는 것은 아닐까?

나는 위대한 아나뱁티스트 전통의 식탁에서 떨어진 부스러기를 통해 덕을 본, 그저 부족하기 짝이 없는 침례교인이다. 나는 내가 왜 메노나이트를 지지해야만 하는지도 사실 잘 모른다. 그러나 나와 마찬가지로 낮은 곳에서부터 온 메노나이트 교인들이 아나뱁티스트 전통에서 얻게 된 아름다운 산을 주신 하나님께 감사하라고 격려하고 싶다. 자비하신 하나님의 통치, 하나님의 나라, 예수 그리스도의 길, 산상수훈에 참여하지도 않으면서 은혜에 대해 거론하는 일부 값싼 은혜 전통을 추구하다가 그들이 가진 전통을 경시하는 일이 있어서는 안 될 것이다. 메노나이트 교인들은 그 산을 찾기 위해 다른 곳에 갈 필요가 없다. 그들은 이미 소유하고 있는 놀랄 만큼 아름다운 산이 있는 것에 감사해야 한다. 그들은 예수를 따르는 길을 가르치고 설교해야 한다. 그리고 예수께서 걸어가신 길을 걷는 것이 곧 침투해 들어오고 있는 하나님의 나라의 은혜에 참여하는 길임을 가르치고 설교해야 한다. 메노나이트 교인들과 이 세상에 보여 준 아나뱁티스트–메노나이트 증언에 하나님의 참여적 은혜의 축복이 함께 하시길 기도한다.

6장. 라틴 아메리카와 아나뱁티스트 신학

새뮤얼 에스코바

1960년대 아르헨티나 대학생들에게 파송된 페루 선교사로서 나는 황홀경과 더불어 혁명기의 분노를 동시에 맛보았다. 분위기는 혁명의 노래들로 충만했고, 사회주의자들이 주장하던 유토피아가 모퉁이만 돌아서면 우리를 기다리고 있을 것처럼 보였고, 쿠바에서 로맨틱한 게릴라 전사로 변신했던 아르헨티나의 의사 체 게바라는 열정적인 수많은 젊은이들의 영웅이었다. 그리스도인들은 급변하는 사회 속에서 자신들의 역할이 무엇인지를 재빨리 설정해야만 했다. 그 시대의 분위기는 당시 해방신학의 발전에 관한 고전적인 책 첫째 장에 잘 반영되어 있었다. 그 책은 저자인 호세 미구에스 보니노와 우루과이의 젊은이들의 대화로 시작한다. "… 누군가 질문을 했다, '그러면 누가 예수 그리스도입니까?' 그 그룹의 한 사람이 즉각적이면서도 즉흥적으로 맞받아쳤다, '우리에게 예수 그리스도는 체 게바라입니다.'"[1] 그와 같은 폭발적인 반응을 돌

---

1) José Míguez Bonino, *Doing Theology in a Revolutionary Situation* (Minneapolis: Augsburg Fortress, 1975), 2.

사무엘 에스코바(Samuel Escobar)는 이스턴 침례신학대학원에서 쏜리 우드(Thornley B. Wood) 교수로 재직하면서 선교학을 가르쳤으며, 『벽을 넘어 열방으로』(IVP)의 저자이자 Missiology라는 학술지의 편집장으로 일하고 있다.

아보면서 미구에스 보니노는 그것들 중 한 가지 발언은 설득력 있는 진술이라고 쓰고 있다. "우리가 게바라에게서 발견한 것은 예수 그리스도의 이름과 관련되어 있다. … 즉, 자유와 혁명이 복음에 대한 정당한 표기다."[2]

그러한 분위기에서, 복음주의 학생그룹과 그 당시 내가 편집장으로 일했던 정기간행물 「세르테자」Certeza 잡지사에서 아르헨티나 코르도바에서 열린 "혁명과 기독교 윤리"에 관한 강의를 위해 두려움과 떨림으로 존 하워드 요더를 초청했다. 1970년 당시에 그는 우루과이의 몬테비데오에 있는 메노나이트 신학대학원과 아르헨티나 부에노스아이레스의 아르헨티나 연합신학대학원에서 방문 교수로 강의를 하고 있었다. 수많은 학생들과 목사들 그리고 기독교 지도자들이 그가 강의했던 다운타운에 있던 감리교회의 객석을 가득 메웠다. 요더는 스페인어를 배웠기에 살짝 프랑스어 악센트가 뒤섞인 스페인어로 강의를 진행했지만, 두 시간 가량을 청중들의 질문에 답하면서 쉽게 자신의 뜻을 전달했다. 나는 그 강의를 기록해서 이듬해에 그것을 책으로 출간했다.[3] 그 내용은 동일 제목의 책의 제1장인 "근원적 혁명"[4]의 구조를 많이 따르고 있는데, 나중에『예수의 정치학』IVP에서 이 주제의 일부를 발전시켰다.

코르도바에서의 그 강의가 끝난 후 저녁에 나의 아내 릴리와 나는 요더를 집에 초대해 저녁 식사 후 자정을 넘어서까지 진행된 아르헨티나식의 길고긴 대화를 나누면서 우리는 그의 인생과 사상에 관해 조금 알게 되었다. 그는 그가 2차 대전 후 프랑스에서 5년간 활동했던 MCC[5] 사역과 바르트와 쿨만 지도하에 연구하던 시절의 이야기를 들려주었다. 요더와의 길고도 깊은 우정은 볼

---

2) 앞의 책, 3쪽.
3) "Rovolución y ética evangélica", *Certeza*, (Cordoba, Argentina) 3 (1971): 104-10.
4) 역자주:『근원적 혁명』(대장간)을 참조하라.
5) 역자주: MCC는 메노나이트 구호 단체인 '메노나이트 중앙위원회'의 약자이다.

리비아의 코차밤바에서 몇 주 후인 그해 12월에 설립된 중남미 신학협회LATF의 복음주의자들뿐만 아니라, 나 자신의 기독교 경험과 신학을 풍부하게 해주는 발로가 되었다.[6] LATF는 부분적으로는 1969년 12월, 콜롬비아 보고타에서 열린 제1회 라틴아메리카 복음주의 회의CLADEI의 결과물이었다. LATF의 설립자로서 우리는 복음주의 유산에 충실하면서도 우리 시대가 직면하고 있는 중대한 상황에 적실성을 유지함으로써 라틴아메리카의 혁명기라는 도전에 반응하기 위해 노력했다.

요더와 라틴아메리카 신학협회(LATF)

"라틴아메리카 교회의 사회적 책임"에 관해 라틴아메리아 복음주의 회의 CLADEI에서 내가 발표한 논문은 나중에 영어로 출판되어 그 후 몇 년간 몇 군데의 복음주의 모임에서 초대를 받아 발표할 기회가 있었다.[7] 내 의견 중 두 가지가 아나뱁티스트 신학과 가교 역할을 하는 요소가 되었다. 우선, 이 세상에서의 그리스도인의 존재는 성서가 말하는 예수 그리스도의 모본에 의해 형성된 것으로, 변혁적 성향 때문에 사회적인 적실성이 있다. 둘째로 문화적으로 로마 가톨릭 사회에서 개신교 소수자로서 겪고 있는 우리들의 경험이 기독교제국Christendom의 쇠퇴와 복음의 급진-변혁적 성격을 인식하는 독특한 근거를 제공해준다. 나는 여전히 요더를 읽고 그와 대화하면서 그가 우리에게 제공한 아

---

6) LATF에 관한 간략한 역사와 초기 십년의 평가에 대해서는 Anthony Christopher Smith, "The Essentials of Missiology from the Latin American Perspective of the Fraternidad Teológica Lantinoameriana", (Ph.D. Diss., Southern Baptist Theological Seminary, Louisville, Ky., 1983)을 참조하라. 보다 최근에는 LATF 설립 25주년을 기념하기 위해 헌정한 *Bolet n Teológico*(1995): 3-4를 참조하라.

7) 내 논문의 영어판은 브라이언 그리피스(Brian Griffiths)가 편집 출간한 *Is Revolution Change?*(Downers Grove, Ill.: InterVarsity, 1972)로, 이 책은 르네 빠딜라와 알렌 크라이더의 글도 실려 있다.

나뱁티스트의 풍부한 사상 지평을 경험하며 느낀 흥분을 잊을 수 없다. 침례교인으로서 나는 미국에서 건너온 침례교 선교사들이 결코 명백하고 적실성 있게 만들지 못했던 감추어진 아나뱁티스트의 유산을 발견할 수 있었다. 심지어는 내가 아르헨티나에서 만난 대부분의 메노나이트 교인들도 요더의 입장에서 두드러지게 나타나 있는 아나뱁티스트 전통의 핵심 교리조차 인식하지 못하였다.

성경의 권위에 매우 높은 가치를 두는 복음전도자들에게 있어서 나는 요더의 그러한 접근방식이 매력적이라고 생각했다. 왜냐하면 그의 책은 성경의 내용을 통합적으로 진지하게 수용, "그 자신만"의 독해를 제공하기 때문이다. 『근원적 혁명』 또는 『예수의 정치학』을 꼼꼼히 읽어보면 누구나 알 수 있는 것이 요더의 접근법은 신약에서 묘사된 교회뿐만 아니라 오늘날의 교회에 관한 사회학적 이해로부터도 정보를 가져왔다는 것을 알 수 있다. 사회학자들이 학문적으로 쓴 글을 단순히 인용한 것이 아니라 요더 자신이 직접 역사와 제도를 분석할 정도로 그의 사회학적 인식은 명쾌하다. 요더가 성서를 읽는 방식은 또한 제자도의 실천을 목적으로 함으로써 기독교계의 통상적 지혜에 대해 과감하게 의문을 제기한다. 그러나 요더는 그가 대표하는 메노나이트의 전통에 대해 자만하지도, 그렇다고 자아도취에 빠지지도 않았다.[8] 그는 라틴아메리카의 개신교 마이너리티 경험과 유럽과 북미에서 마이너리티로서 "유별난 사람들" 경험을 했던 메노나이트 사이의 유사점을 발견하였다.

LATF의 회원이 되어 달라는 초대를 받았던 요더는 1972년 리마에서의 제2차 회담에서 논문을 발표했다. 회담의 주제는 "하나님 나라"였고, 요더가 기고

---

8) 존 하워드 요더, "Anabaptist Vision and Mennonite Reality," in *Consultation on Anabaptist Mennonite Theology*, A. J. Klassen, 편저 (Elkhart, Ind.: Council of Mennonite Studies, 1970), 1-46쪽에서 메노나이트가 북미에서 어떻게 발전했는지에 관해 소개한 이 분석이 참으로 유용했다.

한 글은 "하나님 나라에 대한 메시아적 기대와 적절한 동시대적 해석학의 중요성"이었다. 내가 그의 논문을 스페인어로 편집하기 위해 그와 작업을 하고 있었을 때, 그는 의미의 정확성을 위해서 이렇게 긴 제목을 고수했다. 그 모임에 내가 준비한 글은 하나님 나라와 사회 정치적 윤리에 관한 것이었다.[9] 그 논문에서 나는 프랭클린 리텔Franklin Littell의 접근법에서 나온 몇 가지 요소를 이용해 나의 개신교 경험을 분석했다.[10] 나의 논제는 라틴 아메리카의 개신교는 비록 아나뱁티스트 선교사나 학문적 자료와 직접적인 연관성이 없다 할지라도 아나뱁티스트 자세를 견지하고 있다는 내용이었다. 결과적으로 우리는 우리의 정체성을 정의하고 상황 신학에 관해 연구할수록 풍부한 아나뱁티스트의 유산을 깊이 탐구할 필요가 있었다.

리마에서의 회담이 진행되는 동안 공방이 매우 치열하고 뜨거웠던 논점중의 하나는 정치 구조에 대한 교회의 관계성이었다. 브라질에서 온 일부 참가자들은 그들 나라의 권력 내에서 보수 우파적인 군사정권에 개신교가 협조한 것을 웅변적인 말로 변호하였다. 그들은 칠레 출신의 참가자들과 충돌하였는데, 살바도르 알렌데Salvador Allende의 사회주의 실험에 대한 열광적인 지지자들인 칠레 출신 참가자들과 충돌을 빚었다. 양쪽 진영 모두 자신들의 입장을 위해 신학적 설명을 애썼다. 요더는 우리에게 두 가지를 생각해 보라고 요청했다. 우리가 개별적으로 카이사르의 애국심 넘치는 투사가 되는 대신에 서로에게 어떻게 더 좋은 증인이 될 수 있는지 알기 위해 함께 도와야 하지 않을까? 그의 간단하고 당황스러우면서도 매우 기본적인 것을 묻는 냉철한 방식은 참가자들

---

9) C. 르네 빠딜라, 편저, *El Reino de Dios y América Latina* (El Paso: Casa Bautista de Publicaciones, 1975). 요더와 에스코바가 쓴 챕터 외에도 이 책은 Emilio A. Nuñez, René Padilla와 José Míguez Bonino가 참여한 꼭지도 포함하고 있다.

10) Franklin H. Littell, *The Origins of Sectarian Protestantism* (New York: Macmillan, 1964).

에게 격렬한 논쟁에서 반성적인 침묵의 지점에 이르게 했다.

이 회담 후에 요더는 LATF의 회원들을 위한, 심지어는 그의 아나뱁티스트적 관점을 수용하지 않는 이들을 위한 핵심 대화 상대이자 동료 순례자가 되었다. 그의 글은 나중에 영향력을 행사하게 되었다. 비록 안타깝게도『예수의 정치학』스페인어판의 발행이 1985년까지는 불가능했지만 말이다.[11] 스페인의 아나뱁티스트 출판사인 세밀라-클라라는 그때부터 그 외의 책들과 글들 중 몇 편을 이용 가능하게 만들었다.

요더와 로잔 운동

1974년 미국의 복음주의자 빌리 그래함과 몇몇 복음주의 계열 선교사들과 전도 기관이 전 세계적인 규모로 선교활동을 조직하고 양성하기 위해 복음전도를 위한 로잔 회의를 개최하였다. 주류 개신교단이 주도한 선교활동은 2차 세계대전 후 쇠퇴하였으나 대신 복음주의 및 독립 선교 기관이 폭발적으로 늘어났다. 1974년 로잔 대회는 그러한 활동을 평가하기 위한 기회였다. 주최 측과 조직위원들이 전 세계에 미국식 선교 방식을 가르치기 위한 기념행사이자 시간이 되게 하려고 계획한 애초 의도와 달리 진지하고도 자기 비판적인 반성의 시간이 되었다.[12] 회의가 진행되는 동안 이루어진 합의는 20세기의 위대한 선교학적 문서 중 하나인 "로잔언약"에 잘 정리되어 있다. 세계의 여러 곳에서 온 복음주의자들은 서구 복음주의의 선교학적 의제에 사회적 책임을 부여하였다. 그들은 세상 속에 그리스도인들이 존재할 때 갖추어야 할 자질은 선교 사역의 양과 메시지의 정통성만큼 중요할 뿐만 아니라, 어쩌면 그보다 훨씬 더

---

11) 존 하워드 요더, *Jesús y la realidad política* (Buenos Aires: Certeza, 1985).
12) 로잔 운동에 관한 간략한 역사와 평가를 위해서는 존 스토트 편저, *Making Christ Known: Historic Mission Documents from the Lausanne Movement*, 1974-1989 (Grand Rapids: Eerdmans, 1996).

중요한 문제라고 주장했다.

로잔 언약은 신학자 르네 빠딜라가 케리그마 선포와 디아코니아, 디다케와 코이노니아를 분리했던 "비성경적" 이분법에 대한 회개를 잘 표현했다.[13] 레이튼 포드Leighton Ford의 리더쉽 아래에서 로잔 회의를 조직화한 프로그램 위원회의 회원이었던 나는 존 하워드 요더를 그 회의에 포함시키자고 추천했다. 그는 그곳에 참여해 라틴 아메리카 사람들과 유럽 사람들, 그리고 호주 사람들과 팀을 이루어 "로잔에 대한 응답"을 작성했다. 이것은 일종의 로잔 언약에 대한 "급진적" 논평이자 첨언으로, 일부 참가자들이 그 언약이 약간 부족하다고 느꼈던 부분을 지적하는 내용이었다. 로잔 이전에 이미 요더는 로잔 회의에서 급진적 복음주의자들을 강력히 반대했던 "교회성장" 운동의 신학적 평가에 개입한 적이 있었다.[14]

1977년 요더는 브라질의 이타이치에서 열린 제3회 LATF 회담 기간 "내용과 진행과정에 관해 형제로서의 논평"을 부탁받았다. 요더는 신약성서 윤리나 제자도를 시끌벅적할 정도로 지지하면서도 우리 중남미 사람들의 남성우월주의가 어떤 모습을 보여주고 있는지 돌아보도록 청했다. 1990년 12월 키토Quito에서 열린 LATF의 20주년 기념행사에서 요더는 "폭력과 비폭력"이라는 주제로 논문을 발표했다.[15] 우리가 심사숙고한 의제는 폭력과 비폭력, 가난과 청지기직, 압제와 정의, 권위주의와 권력 등에 관한 연구와 저술 활동을 통해 초점을 맞추

---

13) C. 르네 빠딜라, 편저, *The New Face of Evangelicalism* (Downers Grove, Ill.: InterVarsity Press, 1976), 11-13.

14) 존 H. 요더, "Church Growth Issues in Theological Perspective", in *The Challenge of Church Growth. A Symposium*, Wilbert Shenk, 편저 (Elkhart, Ind.: Institute of Mennonite Studies, 1973), 25-47을 참조하라.

15) 존 H. 요더, "Violencia y no violencia", 호세 미구에즈 보니노에 대한 대답, Boletín *Teológico* 42/43 (1991): 79-91.

어 왔던 지난 20년간의 활동에 대한 평가였다. 사회-정치적 운동에 복음주의 진영의 참여는 이제 "실천에 대한 신학적 성찰"을 요구한다. 우리 중 일부는 라틴 아메리카 상황에서 개혁주의와 아나뱁티스트 전통간의 대화를 계속해서 확대해 나갈 필요가 있다고 확신했다. 요더가 어떠한 형태의 복음주의적 사회 윤리를 만들 필요가 있다는 것에 동의하면서 사회-정치적 활동에 의해 제기된 목회적 이슈를 다루는 지점에 이르는 것이 가장 중요하다고 강조했다.

나는 1973년 11월 말경 시카고의 YMCA에서 론 사이더와 몇몇 복음주의 지도자들이 개최한 추수감사절 워크숍에 참석할 특권을 거머쥐게 되었다. 그 당시 나는 캐나다에서 기독학생회IVF 임원으로 사역하고 있었다. 요더는 "복음주의의 사회적 관심에 관한 시카고 선언"을 만들어 냈던 워크숍에 대한 집중 대화에 기고한 이들 중 한 사람이었고, 이것은 나중에 론 사이더가 이끌었던 "사회참여를 위한 복음주의 운동"Evangelicals for Social Action의 태동이 되었다. 워크숍이 끝나고 나는 요더와 함께 에반스톤 근처에 있는 리바플레이스Reba Place로 이동했으며, 그곳에서 나는 버질 복트Virgil Vogt를 만나 미국에서 가장 오래된 아나뱁티스트의 의도적 공동체에서 지낸 하루에 관해 나누었다. 그러고 나서 우리는 운전해서 내가 묵었던 요더의 동네인 엘카르트로 이동했고, 고센 대학뿐만 아니라 메노나이트 연합신학대학원AMBS를 방문했다. 얼굴만 알고 지냈던 코넬리우스 딕Cornelius Dyck과 같은 사람들과 친구가 되었고, 딕은 나중에 메노나이트 연구소에 나를 초청해 강의를 맡기기도 하였다. 그 강연의 내용들은 나중에 존 드라이버가 한 챕터를 덧붙여 책으로 출판되었다.[16]

존 드라이버는 라틴 아메리카에서 신학교수로 일하면서 동시에 LATF에서

---

16) 사무엘 에스코바와 존 드라이버, *Christian Mission and Social Transformation* (Scottdale, Pa.: Herald Press, 1978).

활동적으로 사역했다. 화기애애하면서도 길게 진행된 대화도중 존 드라이버는 요더가 자신의 저술에서 간략하게 개요를 설명했거나 제안했던 아나뱁티스트의 유산 중 교회론과 목회적 차원을 인식시켜 주었다. 내가 스페인에서 박사학위를 밟고 있었을 때 그 나라에서 작은 개신교 마이너리티로 발전했던 수많은 플리머스 형제단 회중과 가까이 지냈다. 형제단의 교회론은 당연히 아나뱁티스트 교회론과 연결되어 있다. 따라서 존 드라이버가 업무 차 갔을 때, 그는 처음으로 형제단과 손을 잡고 일을 하게 되었다. 그 때는 프란시스코 프랭코의 독재 정권 말기로, 거의 중세 사회가 급격하게 자유주의적이고 세속화되는 때였다. 1977년 드라이버와 나는 마드리드에서 개최된 회중교회 연례 컨퍼런스에서 가르치고 있었다. 거기서 교회의 생활에서의 리더십 스타일, 질서, 그리고 민주주의 등에 관한 셀 수 없이 많은 질문들이 쏟아져 나왔다. 드라이버는 교회의 본질에 관한 내용을, 그리고 나는 교회의 선교에 관한 내용을 발표했다. 우리 두 사람 모두 미공개 조찬 회의에서 회중교회 장로들이 제기했던 어려운 목회상의 질문을 다루려고 노력했다.

내가 지난 30년간 라틴아메리카에서 실시했던 선교에 대한 신학적 성찰을 해보았을 때, 아나뱁티스트 신학이 토착화 접근을 위한 가장 풍부한 원천 중 하나였음이 확연해진다. 포스트 크리스텐덤 문화 안에서 성장하고 있는 마이너리티 종교로서, 복음주의 목회자, 선교사, 그리고 신학자들이 새로운 목회적, 선교학적 질문에 대한 해답을 찾는 일에 관여했다. 우리는 신학을 하는 새로운 방법을 찾아야만 했다. 우리가 다른 곳에서 말한 것처럼, 한편으로는 "제네바 출신의 에큐메니칼 진영은 쇠퇴하고 있는 유럽 개신교에 대한 불확실성과 피로감을 반영하려는 입장과 분위기에서 형성되었다." 그리고 다른 한편으로는 "가톨릭에서 나온 해방신학이 라틴 아메리카가 '기독교 대륙'이었다는 가정에 지나치게 의존했다."[17] 그러한 어려운 상황에서 요더의 창조적 성서 읽기는 귀중한 선물이었다. 그의 저술들은 오늘날의 기독교 선교에 대한 신약성서적 패러다임이 어느 정도 적실성이 있는지 재고해 보기 위한 새로운 길을 제안했다. 나는 이 에세이의 두 번째 부분에서 그의 사역에 집중해보려 한다. 처음에 볼 때는 아나뱁티스트 사상이 사회 윤리학 발전을 위한 통찰력과 틀, 그리고 메타포를 제공했던 것처럼 보였으나, 지금은 결국 교회론적, 선교학적 활동과 성찰에 가장 지속적인 영향을 미쳤다고 확신한다.

창조적 긴장 속에서의 선교

기독교 선교에 대한 질문들은 요더의 신학에서 빼놓을 수 없는 부분이다. 이것은 왜 그가 라틴 아메리카에서 복음주의 신학자들과 적극적으로, 그리고 의도적으로 관계를 형성했는지를 설명해 준다. 왜냐하면 선교학적 의제가 그들의 성찰의 핵심적이고도 결정적인 내용이기 때문이다. 그들은 라틴 아메리카에서의 그들의 존재를 선교하는 존재 이외의 그 어떤 것으로 이해할 수 없었다. 실제로 1960년대 초 이후 요더는 선교적 이슈에 관해 글을 써왔는데, 이것은 예를 들어, 『관심』Concern이라는 "기독교 갱신에 대한 질문을 위한 소책자 시리즈"에서 그가 쓴 글과 메노나이트 선교부의 자문위원으로 그가 활동했던 것에서 명백하게 드러난다.

여기에 요더의 성찰에서 그가 가지고 있는 두 가지 전제를 강조하고자 한다. 첫 번째 전제는 이러하다.

---

17) 사무엘 에스코바, "The Search for a Missiological Christology in Latin America", in *Emerging Voices in Global Christian Theology*, William A. Dyrness, 편저 (Grand Rapids: Zondervan, 1994), 199.

아나뱁티스트 비전은 신자들의 교회(Believers' Church)를 요구한다. 외부와 관련해서 교회(the Church)는 선교라고 정의할 수 있다. … 사람들을 성도의 교제 속으로 초대하는 곳이 교회(church)다. 성도의 교제 속에서 태어나지 않았던 남자들과 여자들은 성인의 자유로운 결단으로 하나님의 사랑과 고난의 선포에 대한 반응에 들어가도록 초대받았다.[18]

그의 두 번째 전제는 이러하다. "실재에 대한 성서적 비전에 대해 어떤 하나의 동시대적 세계관의 틀 속으로 떠밀려 들어가기를 거부하지만 우리 시대, 또는 모든 시대의 문화적 기능과 창조적 긴장 관계에 서 있는 차원이 있을 수 있다."[19] 교회는 성서적 비전으로 살아가는 공동체이다. 교회는 우주의 존재와 인간의 역사는 오직 그리스도 안에서 성령의 능력으로 드러나는 하나님의 목적 안에서만 이해될 수 있다고 선포한다. "예수 그리스도께서 오심으로써 인류를 분리시킨 모든 장벽들은 무너지고 이제 새로운 인류가 교회 안에서in 그리고 교회를 통해through 형성되고 있다."[20] 왜냐하면 교회는 그 자신의 존재를 성서적 비전이 성취된 것으로 보고, 그 비전에 따라 살아가는 곳이기 때문이며, 따라서 교회는 모든 모순과 그와 관련된 고통과의 창조적 긴장을 구현하는 공동체가 되어야 한다.

선교의 역사는 선교사들이 그 "창조적 긴장"의 한복판에 서있는 예언자적 목소리가 되어 시대마다 존재하는 삶의 딜레마와 고통을 자기 안에서 구현해

---

18) Yoder, "Anabaptist Vision and Mennonite Reality", 4.

19) *The Politics of Jesus* (Grand Rapids: Eerdmans, 1972), 5. 『예수의 정치학』 (IVP)

20) C. Ren Padilla, *Mission Between the Times* (Grand Rapids: Eerdmans, 1985), 142. 『복음에 대한 새로운 이해』 (대장간)

내는 전이과정을 포함하고 있다. 사도바울에 관한 고전적인 예를 한 가지 들어보자. 요더는 바울의 글을 정확히 이해하려면 항상 신약성서 해석자들의 선교적 상황을 고려해야 한다고 우리를 상기시켰다. 따라서 고린도교회에 바울이 보낸 편지를 예로 들면, "마치 그것들이 신학 체계 속으로 통합될 준비가 되어 있는 정교하게 주조된 문장의 원천을 의미하는 것처럼," 이해해서도 안 되고, "그가 자신의 삶을 신앙의 빛으로 바라보듯 믿는 자의 자기 이해에 관한 일련의 진술"[21]로 이해해서도 안 된다. 바울의 저술들은 그것들이 실제로 저술될 당시의 모습, 즉 이교도적 세계에서 참된 교회가 되는 법을 배워야 할 교회를 개척한 선교사의 선교편지로 받아들여야 한다고 요더는 주장한다. "그는 특히 선교적 교회가 이방세계에서 유대교의 메시지를 선포하고 구현해 내면서 발생하는 문제들에 관심을 기울이고 있다."[22]

　바울의 신학적 탐구는 단순히 학문적 호기심에서가 아니라 선교적 상황에서 온 것이라는 사실, 즉 바울의 가르침의 요지는 선교적 문맥 안에서 바라볼 때 제대로 이해할 수 있다. 일부 윤리학자들이 제기해 왔고 다른 사람들이 당연하게 받아들여 왔던 바울의 사회적 보수주의 혐의 이슈를 예로 들어 보자. 교회의 일상생활이 노골적인 불의에 의해 영향을 받는 선교적 상황에서 그러한 보수주의적 입장은 당혹스러울 뿐만 아니라 심지어 가증스러워 보인다. 바울이 노예제도에 대해 침묵한 점, 또는 더 나쁘게는 가정의 질서, 하우스타펠른haustafeln [23]에 복종하라고 읍소하면서 했던 요청은, 한 자유주의 신학자가 말

---

21) John H. Yoder, "The Apostle's Apology Revisited", in *The New Way of Jesus, Essays Presented to Howard Charles*, ed. William Klassen (Newton, Kan.: Faith & Life Press, 1980), 117.

22) 앞의 책.

23) 하우스타펠른(Haustageln)은 일반적으로 가정 법전(house code)으로 번역되는데, 이는 당시 가정과 사회에서의 행동 양식들이 포함되어 있다. - 역자주

했듯이, "가난한 자들을 해산하는 것"이란 비난을 면할 수 없는 것처럼 보인다. 요더는 바울 서신들을 콘스탄틴의 현상유지 관점에서 이해하고 있는 일부 윤리학자들이 "예수 자신이 분명하게 제시하는 사회적 급진성"에 대해 바울이 수정안을 제시했다는 부분을 분석했다.[24] 그들은 예수의 실천이 당면한 팔레스타인 상황 밖에서는 윤리적 구상의 기초가 될 수 없다는 것을 전제로 했다.

성경 본문을 주의 깊게 분석하면서 요더는 우리 시대에도 타당한 메시아적 윤리의 가능성을 일관되게 주장하는 것이 가능하다는 사실을 증명했다. 그의 업적은 또한 진지하게 예수와 바울을 오늘날의 선교를 위한 모본으로 받아들이는 선교학적 개혁의 문을 열어 놓았다. 요더는 예수뿐만 아니라 바울의 가르침과 실천 사이에 밀접한 연결고리를 만든 주석학적 경로를 발전시켰고, 문화적, 역사적 상황에서뿐만 아니라 예수와 사도들의 선교적 실천의 관점에서 그 가르침의 의미를 이해하였다. 『예수의 정치학』에서 요더는 그의 구상에 대해 자세히 설명한다. "우리는 가르침보다는 사건들, 핵심내용보다는 개괄적 내용을 살펴볼 것이다."[25] 그는 또한 다른 글에서도 그것을 창의적으로 따르고 있다. 바울 문헌에 대한 요더의 주석은 "혁명적인 복종"이라는 그의 표현에서 확연히 드러난다. 바울의 가르침은 그 자신의 선교적 실천과 정확히 일치했다. 실제로 그 내용은 아래와 같다.

> [바울의 가르침은] 예수 자신의 모본과 가르침에서 나온 것이다. … 혁명적 복종, 즉 군림하는 대신 자발적 섬김이라 부르는 그의 모토는, 한편으로 사회의 종속적 위치에 있는 사람에게 분노를 품지 않고 자신의

---

24) Yoder, *The Politics of Jesus*, 21. 『예수의 정치학』(IVP)
25) *Ibid.*, 25.

신분을 받아들이면서 그 안에서 살아가는 것을 가능하게 하며, 동시에 상류층의 사람들에게 자신의 신분을 이용하여 지배하려는 습관을 버리고 폐기할 것을 요구한다.[26]

바울의 선교적 실천과 가르침에 대한 요더의 언급은 라틴아메리카의 신학 발전에 있어서 중요한 요인이 되었던 예수의 실천과 가르침에서 나온 것이다. 나는 그것을 복음주의 선교 운동의 구원론적 기독론을 매우 진지하게 받아들일 뿐만 아니라 그것을 넘어서려는 선교학적 기독론을 연구했던 다른 책에서 설명했던 적이 있다.[27] 르네 빠딜라는 예수 그리스도라는 인물을 중심으로 하는 기독교 메시지의 종말론과 구원론적 차원을 주장해왔다. 그 분 안에서, 그리고 언약과 성취의 유형을 통해, 구약과 신약이 연결된다. 빠딜라는 기독론적인 핵심 내용을 중심으로 복음서를 세세하게 주석함으로써, "사도들의 선교가 예수 그리스도로부터 나온 것"이라는 결론을 내렸다. 예수는 복음의 선포의 모범이자 목표요 내용이다.

이 연구를 통해 얻은 한 가지 결과는 성서적 총체성을 상실한 선교학의 극단적인 개인주의에 대한 중요한 평가이다. "복음이 선포하는 구원은 하나님과 인간의 화해에만 국한되는 게 아니다. 이것은 인간 실존의 모든 차원에서 인간을 재창조하는 것과 관련되어 있다. 이것은 하나님의 원래의 창조목적과 일치한 온전한 인간성의 회복과 관련되어 있다."[28] 이러한 복음의 총체적 차원의 복음은 우리로 하여금 선교 상황에서 제안했던 인간의 본성에 관한 신약의 가르침을 이해할 수 있도록 해준다. 이것은 본문에 우리 시대의 문화 가치의 의

---

26) *Ibid.*, 190.

27) Escobar, "The Search for a Missiological Christology", 199-227.

28) Padilla, 『복음에 대한 새로운 이해』 *Mission Between the Times*, (대장간, 2012).

미를 지나치게 부여하려는 해석학적 과정의 함정에 빠지지 않도록 보호해 주는 중요한 안전막이 되어 준다. 이러한 성서적 가르침에 근거하여 빠딜라 뿐만 아니라 요더도 미국의 교회성장학파에 속한 선교학자들이 제안한 "동질집단 원리"[29]를 비판적으로 평가했다. 이러한 이해는 인종차별주의가 21세기에 선교사역이 직면하고 있는 가장 어려운 문제 중 하나가 된 현 상황에서 특히 적합한 비판이다.

고린도후서 5:17을 연구하면서 요더는 선교적 상황 안에서 본문을 독해해야 한다고 말함으로써 수정안을 원상태로 회복시키는 탁월한 예를 제시한다. 그는 이 본문에 대한 그 자신만의 번역을 제시한다. "누구든지 그리스도 안에 있으면, 하나님께서 새롭게 창조하신다."[30] 바울이 선포하고 있는 "새로움"이란 이방인들을 위한 선교사가 된 유대인으로서 그 자신의 선교 사역과 밀접하게 연관되어 있다. "그는 사람들을 유대인이나 헬라인으로 인식하지 않고 그리스도안에서 거듭난 새로운 백성으로 보았다. 왜냐하면 그리스도는 모든 사람을 대신하셨기 때문에 이제 그리스도의 형상 안에서 모든 사람들을 보아야 한다."[31] 정확히 바울이 하는 일은 교회,즉 복음에 의해 알려진 거듭남을 표현하는 새로운 사람들의 공동체를 짓는 일이었다. 새로움은 고립된 개별 신자들 안에서는 인식될 수 없다. "'새로운 인류'안에서 유대인과 이방인간의 화해는 첫 번째로 공동체적 사건이다. 이것은 단독자에게는 일어날 수가 없는 일이다. 개인적 변화를 위한 전제조건은 들어가야 할 새로운 상황이다. 이방인은 유대

---

29) 동질단위에 속한 사람들은 자신들의 인종적, 언어적, 계급적 장벽을 허물지 않은 채 기독교인이 되기를 원하기 때문에 동질단위끼리 모일 수 있도록 해주고, 동질집단과 관계를 끊지 않은 상태에서 그리스도인이 되도록 해야 효과적인 선교가 이루어진다는 이론. -역자주
30) Yoder, "The Apostle's Apology", 131.
31) Ibid.

인을 만나야만 아브라함을 찾을 수 있다. 유대인은 이방인을 환영함으로써만 메시아 시대를 축하할 수 있다."[32]

'주변부'로부터의 선교

1961년에 출판된 소책자에서 요더는 놀랍게도 선교사역에 영향을 약간 미치기는 하지만 20년 후에나 대부분의 선교학자들에 의해 받아들여질 수 있었던 추세를 이미 알고 있었다. 1961년에 요더는 이렇게 말했다. "최근 깜짝 놀랄 만한 발전이 있었는데 - 그 자체로 읽어볼 가치가 있는 소책자다 - 이것은 비서구 교회들이 브라질 또는 인도로 가는 일본인들과, 태평양 제도諸島로 가는 인도네시아 사람들과, 앙골라로 가는 브라질 사람들과 함께 선교사 파송에 참여한다는 사실이다."[33] 이러한 추세는 선교학자 앤드류 왈스Andrew Walls가 "기독교 세계의 구심점이 지구의 남쪽을 향해 거대하게 변화하고 있으며 대표적인 기독교 영토가 이제 라틴아메리카, 사하라 사막 이남, 그리고 남반구 대륙에서 출현하고 있다"[34]라고 말했던 틀 안에서 20세기 마지막 10년 간 괄목할 정도로 증가했다. 제3세계라고 불리는 지역에서 교회가 번성하게 되면서 옛 유럽이나 북미의 교회들은 하나님의 말씀을 새롭게 바라보고 일련의 새로운 질문들에 직면하게 되었다.

신학적 의제가 변화하고 있다. 왜냐하면 새로운 목회적 상황들과 신학적 질문들이 기독교제국과 이슬람 사이의 경계선에 있는 교회들, 애니미즘이나 주요 민족종교 문화 한가운데 자리 잡고 있는 교회들, 세속화된 서구 도시의 빈곤 지역 한가운데 위치한 이민자 교회들, 라틴 아메리카나 후기 마르크스주

---

32) Ibid., 133.
33) John H. Yoder, As You Go. The Old Mission in a New Day (Scottdale, Pa.: Herald Press, 1961), 9.
34) Andrew Walls, The Missionary Movement in Christian History (Maryknoll, N.Y.: Orbis, 1996), 9.

의가 장악했던 동유럽에 있는 성장하고 있는 교회들로부터 나오고 있기 때문이다. 이러한 교회들이 바로 오늘과 내일의 선교적 사명을 감당하는 교회들이다. 선교학자들은 하나님의 말씀에 귀를 기울일 뿐만 아니라 그들의 메시지와 그들의 노래, 그들의 신음 소리에 귀를 기울여야 한다. 새로운 선교 유형이 발전하고 있으며, 이러한 새로운 상황에 대한 이해가 어떻게 전 지구적인 요청에 부합하는 일관된 선교학이 될 수 있는지에 대한 미래의 신학적 성찰을 위한 의제를 찾아내게 될 것이다.

1984년에 이르러 요더는 논평했다. "한 때 '분파적'이라고 불리던 교회의 경험과 교회론적 비전을 일부 주류 교단이 지지하기 시작했다는 사실은 금세기 있어 경이적인 발전중의 하나이다."[35] 아마도 그리스도인들과 교회들이 예수 그리스도께 선교적 사명을 위해 더욱 충실하게 복종하려고 노력함에 따라, 점점 더 그들은 기존의 "공식적" 기독교 정체성을 간직하고 있는 사회에서 자신들이 해체되고 있음을 발견하게 된다. 그들은 과거의 "분파들"처럼 "거주 외국인"resident aliens으로 살아야 함을 발견한다.

다른 한편으로는 올란도 코스타스Orlando Costas는 라틴 아메리카에서와 북미의 소수민 라틴 교회에서 배운 경험으로부터 "주변부" 교회들, 즉 정치적, 경제적, 그리고 기술권력의 중심부와는 거리가 먼 교회의 경험을 표현할 수 있는 선교학의 발전을 위해 노력했다. 코스타스는 일명 "갈릴리인 모델"을 사용해 자신들이 속한 사회와 전 세계적 규모의 선교사역에 참여하는 교회들의 선교활동을 해석했다. 마가복음에 집중하면서 코스타스는 예수의 사역에 뿌리내리고 있는 복음전도 모델을 연구하였다. 그는 "주변부로부터 온 상황적 복음

---

35) John H. Yoder, *The Priestly Kingdom: Social Ethics as Gospel* (Notre Dame: University of Notre Dame, 1984), 5.

전도 모델"36)을 복음주의적 유산의 특징이라고 보았다. 그는 민족적, 문화적 교차점인 갈릴리를 선교의 베이스로 설정한 예수의 선택에 특별한 관심을 기울였다. 그는 또한 예수가 갈릴리 사람이라는 정체성과 복음전도의 랜드마크이자 열방을 향한 선교의 출발점으로 갈릴리를 선택한 것에 우주적 함의를 부여한 의미를 연구하였다. 자기가 속한 시대적 상황에 대한 코스타스의 이해는 "주변부" 지역에서 오늘날 기독교가 더욱 역동적이라는 사실을 강조했다.

어떤 면에서는 요더가 언급한 "분파주의" 비전은 가톨릭과 개신교 역사의 주변부로부터 온 것으로, 현시대 세계의 주변부에서 선교적 사명을 감당하는 교회들로부터 제기된 풍부한 신학적 질문들을 접할 수 있을 것이다. 요더의 말을 다른 말로 표현하자면, 새로운 "공동체가 되는 사건"은, 이것을 신학화 할 때, 그들이 "새로운 인류"가 된다는 것이 무슨 의미인지를 경험하게 되고, 그것은 지구의 북반구와 남반구 그리스도인들의 화해에 있어서 반드시 필요한 것이라고 말할 수 있게 된다.

---

36) Orlando E. Costas, *Liberating News* (Grand Rapids: Eerdmans, 1989), 49.

7장. 아나뱁티즘과 급진적 기독교

크리스토퍼 롤랜드

이 에세이를 부탁받고 생각해보니 내가 2년 전 영국에 있을 때 참여했던 과제를 다시 하게 되었음을 알게 되었다.[1] 당시 우리는 아나뱁티스트 전통이 가진 매력에 대해 토론하도록 요청받았었다. 우리는 짐 맥클랜던이 그의 조직신학에서 강조했던 신학적 과제에 대해 이야기식 접근을 제공하기 위해 토론에 임하였다.

내 이야기는 1987년으로 돌아간다. 그 때는 급진적 기독교에 관한 책을 읽기 위한 준비 단계의 독서를 하는 중이었고,[2] 나는 런던 메노나이트 센터에 가서 20세기의 아나뱁티스트들을 만났다. 거기서 아나뱁티즘이 교회사 책 속에만 갇혀 있는 현상이 아니라 실제로 지금도 살아 움직이는 기독교 실천임을 발

---

1) 참조. 알렌 크라이더와 스튜어트 머레이, *Coming Home: Stories of Anabaptists in Britain and Ireland* (Kitchener, Ont.: Pandora Press, 2000).
2) C. Rowland, *Radical Christianity* (Oxford: Polity Press, 1988).

크리스토퍼 롤랜드(Christopher Rowland)는 딘 아일랜드(Dean Ireland) 교수로 재직하면서 성서 주석을 가르치고 있으면서 영국국교회 사제다. 그는 *Liberating Exegesis: The Challenge of Liberation Theology to Biblical Studies* (John Knox 1990)와 *Revelation* (Epworth Commentaries, Trinity Press 1997) 등을 저술하였다.

견했다. 그 해에 나는 알렌과 앨리노 크라이더 부부와 우정을 쌓기 시작했다. 그들은 나를 지지해 주었고 안내자 역할을 해주었으며, 기독교 제자도의 유형을 볼 수 있도록 도와주었다. 이런 유형의 제자도는 평생 성공회 신자로 있으면서, 그 누구로부터도 들어본 적이 없었던 것이었으나, 이미 전 세계의 수많은 사람들이 공유하고 있던 것이었다. 나는 평화주의와 평등주의적 교회구조에 대해 이제 막 전념하기 시작했고, 성서적 지혜에 대해 접근하면서 그때나 지금이나 제자도에 대한 다른 견해를 가진 전통의 기독교 비전에 참여하고 있음을 깨달았다. 나는 산상수훈에서 예수의 말씀이 그 시대의 사람들에게 영향을 주고 깨우치기 위한 것이었고 실천적 제자도의 주된 요소였다고 생각하는 사람들을 만났다. 그들은 평화 뿐 아니라 그것을 실천할 수 있는 방법에도 기여한 사람들이다. 그들은 국가와 국가의 이데올로기 대해 건전한 의심을 가진 사람들이었다. 또한 그들은 기독교 신앙을 이해하기 위한 필수적 요건으로 실천적 제자도를 최우선 순위에 두고 있는 사람들이었다. 나는 20세기에 신학적이면서 동시에 영적인 '안식처'를 발견했던 것이다. 나는 더 이상 디거스Diggers: 1649년 찰스 1세의 처형 후 영국 내전 기간에 활동했던 기독교 급진주의자들나 과거 아나뱁티스트들의 사상만을 회상해야 하는 영적인 망명자가 아니었다. 나는 오늘날에도 정의와 평화에 대한 신학과 헌신을 가르치고 있는 사람들을 찾을 수 있었다. 나는 알렌과 엘리노 크라이더 같은 아나뱁티스트 전통의 친구들로부터 많은 것을 배웠다. 나는 그 두 사람을 나의 친구일 뿐만 아니라 안내자이자 멘토라고 여기고 있다. 그러나 나는 또한 최근 몇 년 전에 알게 된 짐 맥클랜던으로부터 지혜와 통찰력을 얻었다. 조직신학에 대한 그의 독창적 접근에 박수를 보내며, 그의 통찰과 지혜와 용기로부터 나는 이루 말할 수 없는 혜택을 받았다.[3]

---

3) James W. McClendon Jr., *Systematic Theology*, Vol. 1: Ethics (Nashville: Abingdon, 1986); Vol. 2:

아나뱁티즘에 대한 커져가는 나의 관심은 해방신학으로 전환했던 계기와
도 정확히 일치했다.[4] 이렇듯 두 신학 전통의 융합이 아나뱁티즘에 영향을 받
은 사람들에게는 전형적인 모습이 아닐 수 있기 때문에 나는 그것이 어떤 관련
성을 맺고 있는지 설명을 하고자 한다. 두 가지 일이 20년 전 브라질에서 열린
기초 교회 공동체CEB의 기독교적 의식에 대한 나의 최초의 경험이 되었다. 먼
저 나는 설화narrative가 성서 이야기, 특히 예수 그리스도 이야기의 기초이며, 현
대의 이야기와 상호작용하고 지식을 전달해 준다는 사실을 깨달았다. 제자도
의 증언은 아나뱁티스트 신학화 작업에서 중요한 부분이다. 현시대의 생활 경
험들은 예수의 영이 지금도 역사하고 있다는 증거요, 제자들의 고대의 증언을
이해하는데 지침이 된다. 누군가가 라틴아메리카의 풀뿌리 공동체 공부에 참
여하고 두 권의 책, 즉 "삶"이라는 교과서와 성경이라는 교과서에서 강조하고
있는 바를 듣는다면 이러한 요소는 자명해진다.: 인생의 내용과 성경의 내용이
그것이다.[5] 그리스도의 길을 이해하는 것은 활동적인 제자도와 기도하는 자의
반응에 의해 이루어진다. 내가 배워온 아나뱁티스트 해석학의 흔적 중 하나는
가난하고 약한 자들을 섬기는 그리스도의 길에 대한 헌신은 신학을 위한 필수
적 요소라는 것이다.

이런 면에서 아나뱁티즘과 자유주의 신학에 대한 통찰은 뜻을 함께 한다.

Doctrine (Nashville: Abingdon, 1994).
4) C. Rowland, ed., *The Cambridge Companion to Liberation Theology* (Cambridge: Cambridge University, 1999), 1.
5) C. Boff, Theology and Praxis와 Rowland와 Corner가 토론했던 *Liberating Exegesis* (London: SPCK, 1990), 55. 또한 Tim Gorringe, "Political Readings of Scripture," in J. Barton, ed., *Cambridge Companion to Biblical Interpretation* (Cambridge: Cambridge University, 1998), 67-80; Gerald West, "The Bible and the Poor: A New Way of Doing Theology," in Rowland, *Cambridge Companion to Liberation Theology*, 129-52, 그리고 보다 최근에는 G. West, *The Academy of the Poor: Towards a Dialogical Reading of the Bible* (Sheffield: Sheffield Academic Press, 1999)를 보라.

성경해석의 설화체적 영역은 성경 한장 한장마다 정보를 제공하고 살아숨쉬는 생명력을 불어넣는, 세계에서 일하는 성령으로부터 동시대를 통찰하는 지혜를 자유롭게 주는데, 이는 나의 성경해석작업에 잠재적인 힘이 되고 있다. 나는 브라질을 처음 방문하고 나서 기독교 안에는 급진적 전통이 풍부하다는 점을 발견했다. 브라질은 설화와 자서전의 우월성이 받아들여지고, 과거와 현재, 영과 문자 간의 변증법問답이 제자리를 찾아가는 곳이다.

둘째로 브라질의 CEB에서 나는 평범한 사람들과 어린아이들이 현자나 식자보다 하나님의 방법을 더 잘 이해한다는 예수의 말씀을 모두가 진지하게 받아들이는 데에 놀랐다.[6] 나는 친구 알렌 크라이더가 나에게 내가 브라질에서 경험한 매우 많은 것들을 완벽하게 예증하고, 나의 인생의 해석방식에 끊임없이 도전해왔던 『순교자의 거울』이라는 책에 있는 구절을 가리키던 것이 자주 생각난다.

플랜더스에서 16세기 중반 자콥이라는 잡화상이 그의 아나뱁티스트 활동으로 인해 감금되고 지방 법정에서 수도사에게 심문을 받았다. 심문을 받는 동안 자콥은 그의 견해를 뒷받침하기 위해 계시록을 인용했다. 그것은 심문관을 극도로 흥분하게 했다.

> "당신은 요한 계시록에 대해 무엇을 이해하고 있소?" 수도사가 자콥에게 물었다. "어느 대학에서 공부했소? 베틀짜는 곳에서 공부라도 했단 말이요? 내가 알기로는 당신은 지금처럼 설교를 하고 재침례 활동을 하기 전까지는 가난한 방직공이자 잡화상이었을 뿐인데 …. 나는 루벤에 있는 대학을 나왔고…. 오랫동안 성스런 것에 관해 공부해 왔소. 그런

---

6) "Apocalyptic, the Poor and the Gospel of Matthew," *Journal of Theological Studies* 45 (1994): 504-18.

데도 요한계시록에 관해서는 아직까지 아무것도 이해가 안된단 말이요. 이게 바로 현실이오." 이에 자콥은 이렇게 대답한다. "그러므로 그리스도는 그의 하늘에 계신 아버지께 그가 진실을 밝히고 그런 것이 아이들에게도 알려지고 오히려 세상의 현자들에게는 숨길 수 있었음에 감사하셨습니다. 마태복음 11:25에도 나와 있지 않습니까?" "그렇소." 수도사가 대답했다. "하나님은 베틀짜는 직공에게, 벤치에 있는 구두수선공에게, 그리고 풀무 수선공에게, 등불 땜장이, 가위 가는 사람, 놋쇠장이, 지붕 이는 사람 그리고 모든 종류의 천민들, 가난뱅이들, 더럽고 천한 거지들에게도 진리를 밝히셨나 보군. 그리고 우리 같이 젊을 때부터 밤낮없이 공부를 해온 성직자들에게는 그것을 숨기시고 말이지."[7]

나는 나의 옥스포드[8] 대학 교수 취임 강의에서 "낮은 곳에서부터의" 연구를 도전하기 위해 위의 글을 인용했다. 그러나 강의를 할 때 나는 이 글이 나의 학문이나 가르침에 대해 의미하는 바를 완전히 깨닫지는 못했다. 지금 나는 신학의 하향식 모델에 대해 더 잘 이해하게 되었는데 그것은 수세기에 걸쳐 지배적 역할을 해왔고, 아나뱁티스트와 많은 다른 이들이 항거했던 것이다. 하향식 모델은 더 보완해야 하고 여전히 모든 하나님 백성 가운데의 성령의 활동을 둘러싸고 있는 사람들이 더 많이 그리고 더 쉽게 참여하는 신학적 체계를 따라야 한다. 이것은 고대 아나뱁티스트들의 증언에서 성직 활동의 모델로서 고린도전서 14장에 나오는 더 많은 사람들이 참여하는 교회모습을 설득하기 위해

---

7) Thieleman J. van Braght, *Martyrs Mirror* (Scottdale, Pa.: Herald Press, 1950), 774-75.

8) "Open Thy Mouth for the Dumb': A Task for the Exegete of Holy Spirit" (1992년 5월 11일 아일랜드대학 성경주해교수 학장으로서 취임사 강연), *Bibilical Interpretation* 1(1993): 228-41.

강조되었다.[9] 아나뱁티스트 역사가 시작되는 모습은 종교개혁의 또다른 이면에는 대학교 신학과정에서는 들을 수 없는 매력적인 운동이 있다는 것을 생각나게 해 준다. 그것은 현대 신학적 논쟁과 연관되어 생동감이 가득한 내용으로 넘쳐난다.[10] 그리고 우리는 일상적으로 그러한 것들을 명심해야 한다.

나의 신학적 환경에서 아나뱁티즘은 긍정적인 면보다 부정적인 이미지를 더 많이 내포한다. 확실히 오늘날에는 교회가 주님과의 친밀한 관계에 대한 건강한 회의론과 더불어 비폭력 복음에 대한 더욱 철저한 헌신이 있다.

결과적으로 아나뱁티스트 전통의 헌신은 복음서의 예수의 부르심에 대한 적절한 반응으로 크리스챤의 제자도의 많은 방법들을 제공해왔다. 그럼에도, 한 가지 매우 중요한 사실은 그것이 사람들을 불편하게 만든다는 것이다. 아마도 사람들이 생각하는 그 중심에는 주류 침례교 신학의 반응에 대한 걱정이 자리잡고 있을 것이다. 아나뱁티즘이란 별명은 더욱 분파적인 선택과 다른 제자도에 비해 치러야 할 대가가 큰 제자도라는 사실에 대한 동감을 나타낸다. 우리는 그것을 솔직히 인정해야 한다. 그 결과로 교리적, 실질적 어려움이 내 아내와 나에게 몇 년에 걸쳐 크게 다가왔는데, 특히 나 자신과 다른 이들의 자녀들에 대한 세례에 관한 문제가 그러했다.[11]

---

9) Shem Peachey and Paul Peachey, eds., "The Answer of Some Who Are Called Anabaptists -Why They Do Not Attend the Churches: A Swiss Brethren 소책자," *The Mennonite Quarterly Review* 45 (Jan. 1971):5-32; 더 폭넓은 해석학적 의미에서, Stuart Murray, *Biblical Interpretation in the Anabaptist Tradition* 『아나뱁티스트 성서해석학』(대장간)을 보라.

10) Peter Matheson, *The Imaginative World of the Reformation* (Edinburgh: T & T Clark, 2000)과 C. Arnold Snyder and Linda A. Huebert Hecht, *Profiles of Anabaptist Women: Sixteenth Century Reforming Pioneers* (Waterloo: Wilfrid Laurier U. Press, 1996)을 보라.

11) "Response: Anglican Reflections," in P. Fidees, ed., *Reflections on the Waters. Understanding God and the World Through the Baptism of Believers* (Oxford: Regent's Park College, 1996), 117-34.

세례를 소중하게 생각한다면 초기 기독교의 '분파주의' 유산 안의 장점을 인식하고 알아 볼 필요가 있다는 것을 의미한다. 이런 예는 가톨릭의 세례 의식이 가장 잘 보여준다. 열려있으나 아직은 힘든 방법으로 기독교의 복음에 신실하고자 하기 때문에 나는 이런 유산에서 배우고 확신하고 싶다. 기독교의 분파적인 특징은 우리가 너무 자주 그리고 조용히 무시하는 것이 되었다. 콘스탄틴 이전의 기독교가 분파주의적 정신에 의해 특징지어졌다는 사실을 망각하면서 말이다. 세례에 지원하여 준비하는 일은 길고 철저한 여정이었다. 세례를 준비하는데 있어서 철저하지 못한 우리의 모습을 부끄럽게 하는 부분이다.[12] 모든 세례칭례 핵심은 예수 그리스도를 왕의 왕이자, 주의 주로 받아들이면서 어떤 통치 영역에서 다른 통치 영역으로 넘어갔다는 분명한 메시지에 있다. 기독교의 의식들은 기독교의 본질이라고 말할 수 있는 분파주의적 정신을 생생하게 지켜준다. 신약본문에 대해 매우 놀랄만한 것은 정치적 힘이 거의 또는 아예 없는 이들에 의해 이 신약책이 쓰여졌다는 것이다. 그럼에도 불구하고 신약의 저자들은 세상에 편만한 사상과는 분명하게 다른 비젼을 말하고, 그들의 평범한 생활을 모든 인류의 생활 방식이 되어야 한다고 주장한다.[13]

자기의에 대한 유혹은 항상 종말신앙이나 분파주의의 영향을 받은 이들에 자주 나타나며 아나뱁티스트의 이야기 가운데에서 그 예를 찾는 것은 어렵지 않다. 그들은 신실한 사람들의 모임과는 대조되는 교회나 세상을 '바깥에 있는' 부패한 존재로 여겼다. 내가 평생동안 연구해 온 유대교와 기독교의 종말론적

---

12) Alan Kreider, *The Change of Conversion and the Origin of Christendom* (Harrisburg: Trinity, 1999), Ch.3을 보라. 『회심의 변질』(대장간)

13) Alan Kreider, *Worship and Evangelism in Pre-Christendom* (Cambridge: Grove Books, 1995) and Tim Gorringe, *The sign of Love: Reflections on the Eucharist* (London: SPCK, 1997)을 보라.

인 글은 독자들에게 화려한 세례식에 대한 확신을 주지 않았다. 그 대신 잘 견디며, 특히 요한계시록에서는 더욱 불의하고 오만한 제국에 대하여 예언자적인 비판에 참여하라는 도전을 주고 있다.[14] 신약은 이중 언어가 가득한데 처음 기독교인들은 하나님께서 믿는 사람들의 공동체와 함께 계셨고 따라서, 그 공동체는 어떤 의미에서 완벽하고 죄가 없는 것이라고 생각했을지도 모른다.

그러나 기독교 공동체는 하나님의 영이 활동하시는 곳이라는 우월적인 위치를 계속 점유할 수는 없었다. 하나님의 영은 교회의 전유물이 아니다. 왜냐하면 교회도 역시 하나님의 심판 아래에 있고 하나님의 자비가 늘 필요하기 때문이다. 그의 영이 오시면 죄와 의와 심판에 대해 세상을 책망하신다고 하셨다. 그러나 믿는 자들의 공동체는 비록 그들의 하나님 이야기가 계속 전수되는 곳이라는 사실로 말씀을 이해하기 가장 잘 준비되었음을 의미한다고는 해도 그 사실이 기독공동체가 의를 독점하고 있다는 것을 의미하지는 않는다. 이 사실은 종교적 모임이 매우 쉽게 유혹을 받는 바로 그 우월성과 편안함의 느낌에 대해 균형을 맞추어주는 데 필요한 것이다. 가톨릭 신앙의 지혜 중 일부는 세상에 있는 하나님 왕국에서는 완전한 사람들의 교회라는 것에 대해 회의하도록 훈련해 왔다는 점이다. 어거스틴이 쓴 '하나님의 도시'는 책 제목이 기독교 통치조직에 대한 최종적인 말이 아니라, 자기의와 스스로를 속이는 모임의 경향에 대해 건강한 회의를 갖도록 해준다. 구원의 신비 앞에서 겸손은 근본적인 그리스도인의 미덕이다. 메노나이트 전통이 소중히 여긴 그 겸손은 신학자마저 스타덤에 올려 놓는 시대에서 신학자로서 우리의 과제에 어떻게 접근해야 하는지를 건강한 방식으로 인도해 준다.

『순교자의 거울』을 계속 읽다보면, 저항하고 인내하는 증인들을 만들어

---

14) The Book of Revelation, New Interpreter's Bible, vol. 12 (Nashville: Abingdon, 1998).

낸 성경의 중요한 부분을 볼 수 있는, 아나뱁티스트 전통의 용감한 남녀에 관한 예들을 찾아볼 수 있다. 이 보물은 이성과 논쟁에 우위를 뺏긴 채 선택사항으로서가 아닌, 설화와 이야기들이 중심이 된 신학에 대한 접근법을 가리킨다. 아나뱁티스트 신학은 맥클렌딘이 우리에게 상기시켰듯이 다르다. 아나뱁티스트 신학은 모든 사람들이 그들의 이야기를 듣고, 그들 안에서 하나님의 손이 일하고 계시다는 것을 발견하도록 한다. 물론 아나뱁티스트들만이 그런 이야기식 신학의 중요성을 이해하고 있는 것은 아니다. 지난 20년간 나는 많은 사람들을 만나왔다. 역사책과 세상의 다른 곳에 있는 공동체도 만나왔다. 늘 같은 일을 하면서 말이다.

내가 기독교 신학자로서 할 수 있는 가장 중요한 일 중 하나는 묵상을 하는 것이다. 이는 급진적 제자도의 삶을 찾는 이들이 믿음 안에서 서로 교제하며, 자신의 신앙의 조상들과도 조우하게 한다. 아나뱁티스트적 경험 안에서는 교회와 세상을 위해 근본적으로 중요한 그 무엇인가가 있다. 그것은 예수 그리스도의 복음의 핵심에 있고, 관심을 기울인다면 그것은 세상을 새로운 천년의 출발점에 놓을 수 있으며 실천적 제자도와 예수 그리스도의 복음을 아주 잘 이해할 수 있도록 신학을 더욱 비옥하게 만들 수 있을 것이다.

8장. 대화 파트너로서의 아나뱁티즘

스튜어트 머레이

    아나뱁티스트들과 종교개혁자들은 성경의 권위에 대해 동의하면서도 왜 성경이 의미하는 바나 성경을 그들의 삶과 사회에 적용하는 방식에는 그렇게 다른 반대의견을 가지게 되었을까? 특히 왜 교회론과 윤리에 대해 서로 다른 결론을 지었을까? 도대체 어떻게 성경을 읽었기에 그들은 같은 성경을 읽으면서도 다른 결과를 도출해 냈고, 종교개혁자들은 아나뱁티스트들을 두려워하며 박해하게 되었던 것일까?

    이러한 질문들로 인해 나는 1980년대 후반에 아나뱁티스트 해석학을 연구하게 되었고, 그 결과 그 주제를 가지고 박사학위논문을 썼다.[1] 논문을 쓰면서 발견한 것은 주변화된 접근법으로 이는 기독교제국주의 아래에서 이미 받아들여진 해석학의 표준과는 급진적으로 다르며, 동시에 북아프리카의 도나투스

---

1) 원제목은 "Spirit, Discipleship, Community: The Contemporary Significance of Anabaptist Hermeneutics," 였던 이 논문은 최근에 Stuart Murray의 *Biblical Interpretation in the Anabaptist Tradition*『아나뱁티스트 성서해석학』(대장간)으로 다시 개정되어 출판되었다.

스튜어트 머레이(Stuart Murray)는 영국 런던의 스펄전 칼리지의 교회개척과 복음전도부의 오아시스 디렉터로 재직하고 있으며, 『이것이 아나뱁티스트다』(대장간 역간), 『아나뱁티스트 성서해석학』(대장간 역간) 등을 저술했으며 영국의 학술지인 Anabaptism Today의 편집자이기도 하다.

파, 프랑스 왈도파와 영국의 롤라르드파와 같은 일부 반체제운동이 성경을 읽던 방식과 유사한 특성을 지닌 것이었다는 점이다.

이것은 권력과 신분의 왜곡된 영향력에 의문을 제기하며, 일반 그리스도인들에게 해석가로서 권한을 부여하고, 적극적으로 성령의 인도하심을 따라 회중들이 해석하도록 권장하고 지적 토론을 넘어 적용까지 강조하는 접근법이었다. 이 접근법은 또한 예수를 매우 진지하게 받아들이는 것이었고, 기독론적Christological이라기보다는 그리스도 중심적Christocentric이라고 해야 적절한 표현이라 할 수 있겠다. 종교개혁가들이 성서를 예수의 사역, 특히 이신칭의의 교리와 연관지어 해석했던 반면 아나뱁티스트들은 예수 자신, 즉 그의 삶과 그의 가르침에 관심을 가졌다.

이와 같은 성서를 읽는 관점이 의미하는 바를 더 연구하고 숙고해 가면서 점차로 아나뱁티스트 해석학은 역사적으로 관심이 가는 주제일 뿐만 아니라 현시대에 있어서도 그 중요성을 가진다고 확신하게 되었다. 16세기의 아나뱁티스트들과 종교개혁자들 그리고 영지주의자들이 벌인 논쟁의 몇 가지 쟁점들은 여전히 미결상태로 남아있다. 그러나 이러한 쟁점들에 대해 아나뱁티스트들이 기여한 공헌은 좀처럼 충분한 관심을 받지 못했던 것이 사실이다. 더군다나 20세기에 들어서면서 세계 교회에 세 가지 중대한 변화가 일어났는데, 이들은 모두 중요한 해석학적 의미를 가지고 있다. 그리고 각각에 대한 아나뱁티스트 관점을 제시해 보고자 한다.

첫째, 유럽과 북미에서 기독교제국의 꾸준한 몰락은 신학, 선교학, 교회론과 성경 해석 영역에서 생존 가능한 후기-기독교제국 대안을 요구하고 있다. 교회는 주변으로 밀려 났고, 우리가 여전히 기독교제국시대에 머물고 있는 듯 생각하거나 행동할 여지를 남겨 놓지 않는다. 둘째로 교회의 무게 중심은 제1

세계에서 제3세계로 옮겨갔고 대다수 그리스도인들은 서구인이 아니고, 백인도 아니고 더군다나 부유하지도 않다. 성경을 다른 시각에서 해석하고 읽는 방법이 제3세계에서 발전되어 왔다. 비록 많은 서구 신학자들이 여전히 그런 것들을 그저 "주변부에서 나오는 목소리"[2]로 간주하고 있지만. 셋째, 최근 오순절교단의 폭발적 성장과 은사주의 기독교는 성령의 사역을 주변화하고 지성적 용맹과 학문 연구에 지나치게 의존하는 전통적인 해석 방법의 적절성에 대해 의문을 제기하고 있다.

내가 믿기로는 아나뱁티즘은 중심에서가 아니라 주변부에서 힘겹게 사투를 벌이는 후기 기독교 해석자들, 그들의 원리와 관점이 16세기 급진주의자들을 아주 강력하게 떠올려 주는 제3세계 신학자, 성경과 그들의 경험을 성찰할 때 성령과 말씀을 조화시킬 수 있는 방법을 찾는 은사주의 그리스도인들과의 유용한 대화 파트너가 될 수 있을 것이다. 거의 5세기 전에는 주변부의 접근방식이 지금은 주류 종교 개혁자들의 실천과 결론이 점점 유용하지 않은 듯한 현실 속에서 놀라울 정도의 적실성을 지닌 듯 하다.

그러면 나는 어떻게 아나뱁티스트를 발견했는가? 이러한 전통은 영국 역사에서 찾아보기 힘들었을 뿐 아니라, 가족 중에는 아나뱁티스트와 관련된 사람이 아무도 없었다. 나의 뿌리는 복음주의 플리머스 형제단에 있었고, 내가 다닌 학교는 영국 성공회였으며, 감리교회를 통해 신앙을 갖게 되었고, 런던에서 법학과 학생으로 공부할 때는 은사주의 운동에 영향을 받았다. 대학 졸업 후 나는 영국에서 가장 가난하고 문화적으로 가장 다양한 도시 공동체 중 하나인 타워 햄릿Tower Hamlets으로 이사하였다. 거기에서 교회 개척자와 다문화 선교

---

2) 이 주제에 관한 유용한 문집은 Rasiah Sugirtharajah의 *Voices from the Margins* (London: SPCK, 1991)이다.

사로 12년간 사역했다. 비록 교회가 성장했고, 사역에서 고무적인 현상들이 많이 있었지만, 복음주의와 은사주의 유산은 내가 만난 도전들에 충분한 대답을 주지 못했다. 나의 목회적 상황을 형성했던 가난, 불의, 구조적 악, 폭력, 그리고 공동체 붕괴 등의 거대하고 복잡한 쟁점에 대해 응답하고 해석하려는 나 자신을 발견했다.

때로 도움이 되는 글이나 책들을 발견했는데 이 책들 중 일부는 메노나이트들에 의해 저술된 것을 알게 되었다. 메노나이트는 누구란 말인가? 그리고 전형적인 시골 분위기를 가진 전통이 평화, 정의, 공동체 그리고 삶의 방식에 대해 도시 교회 개척자에게 무슨 할 말이 그리도 많았을까? 한 친구를 통해 알렌과 엘리노 크라이더 부부를 만났다. 그들은 메노나이트 선교사들이었고, 그들을 통해 런던 메노나이트 센터라는 자료를 다루는 리소스 센터를 알게 되었다. 도시선교를 쉬고 대학원 공부를 해보라는 제안을 받았을 때 나는 메노나이트 영감의 원천인 아나뱁티스트의 전통에 대해 연구하기로 결심했다.

아나뱁티스트 운동을 연구하면서, 그리고 수 세기를 거슬러 급진적 전통을 추적하고, 기타 반체제 운동이 남긴 반향에 귀를 기울이면서 나는 유럽의 기독교와 유럽의 그리스도인들이 행한 선교 사업이 끼친 압도적이고 해로운 콘스탄틴 체제로의 전환을 알게 되었다.[3] 지난 10년간 책, 소논문과 학문적 연구서적들을 통해 나는 우리 시대의 후기 기독교 시대 상황에 놓인 교회를 위한 중요한 통찰과 관점을 제공하는 다양한 요소를 지닌 대안적 전통을 발견하려 노력했다.

지난 8년간 나는 4대 영국 침례교 신학교 중 가장 큰 스펄전Spurgeon 대학에

---

3) 이로 인해 "Radical Christian Groups and Their Contemporary Significance."라고 불리는 오픈 신학 대학교를 위한 모듈을 만들게 되었다.

서 교회 개척과 복음전도 책임자로서 신학교육과 목회 형성 과정을 책임 맡은 적이 있었다. 이 부서에서 영국 교회 개척 운동에 깊게 관여하게 되었다. 나는 영국의 많은 지역을 방문하면서 트레이너, 멘토, 전략가와 컨설턴트로서 일을 했고, 다양한 형태의 새로운 교회 개척을 시도하는 일을 도왔다.[4] 그러는 와중에 두 가지 질문이 끊임없이 나의 머릿속을 맴돌았다. 우리 사회에서는 과연 무엇이 복음인가? 그리고 어떤 종류의 교회들이 이러한 복음을 성육신화 하는가? 이러한 질문들과 씨름하고 학생들과 거기에 대해 토론하고 복음전도와 교회 개척에 관해 책을 쓰면서 아나뱁티스트 전통에 몹시 심하게 그리고 기꺼이 이끌리게 되었다.[5]

어떤 선교학자들은 16세기의 아나뱁티즘을 선교운동의 고전적 예로 본다. 교회 역사에서 종종 나타난 현상과 달리 아나뱁티즘 선교운동은 선교학과 교회론을 분리하지 않았다. 교회들이 기독교제국으로부터 출현해 왔고, 선교적 공동체로서 그들을 재정립할 필요를 인식하고 있는 영국 상황에서 아나뱁티즘은 유익한 패러다임을 제공해 준다. 소수의 사람들만이 기독교의 역사를 알고 있는 반면 많은 사람들은 천국행 티켓이 아니라 본질적으로 삶의 방식을 찾고 있는 문화에서 예수의 삶과 인격, 그리고 인생에서 그를 따르라는 부름을 강조하는 것 또한 유익한 도전이 된다.

나는 또한 콘스탄틴 체제로의 전환이 미친 왜곡된 영향에 관한 사례연구와 아나뱁티스트 전통이 기여한 내용의 책을 썼다. 예를 들어 교회 훈련이라는 주

---

4) 런던에 교회가 가장 적은 지역 일부에서 자비로 충당하는 미션팀을 배치하는 "Urban Expression"중의 하나가 핵심원리 속에 아나뱁티스트의 핵신 가치를 인용해 왔다.

5) 두 개의 최근 책은 Stuart Murray, *Church Planting- Laying Foundations* (Carlisle: Paternoster Press, 1998 and Scottdale, Pa.: Herald Press, 2001)과 Stuart Murray and Anne Wilkinson- Hayes, *Hope from the Margins* (Cambridge: Grove Books, 2000)이다.

제는 보통 대개의 경우 그리스도인들 사이에서 매우 부정적인 반응을 이끌어 냈고, 심판적인 자세, 징계, 교회 권력행사의 의미를 지니고 있다. 이것은 교권주의, 종교재판과 강제력을 행사하던 기독교제국 시대와 관련해서 생각해 보면 그리 놀랄 일도 아니다. 그러나 급진 종교개혁 전통은 마태복음 18장과 신약성서 곳곳에서 기술하고 있는 과정이 제자 공동체 형성에 있어서 필수적인 것임을 주장해 왔다. 비평가들이 종종 지적하듯이 경험과 좋은 실천의 본보기가 결여되었던 반대파 그룹들은 이 과정을 제대로 처리하지 못했다. 그러나 아나뱁티스들과 다른 이들은 적어도 지역 교회 생활에서 간과한 부분의 실험이라는 도전적인 유산을 남겨왔다. 만일 우리가 점차로 낯선 환경에서 믿음이 충실한 제자도를 길러줄 사랑하는 공동체를 형성해 나가려면 이러한 유산을 인식하고 개발해야 할 것이다.[6]

아나뱁티즘 중에 가장 불편한 요소 중의 하나가 영성과 경제가 서로 속해 있다는 주장이다. 후터라이트의 공동소유나 메노나이트의 상호협조와 같은 것을 통해 사유재산이라는 자본주의의 신성한 개념에 대해 아나뱁티스들이 의문을 제기하는 것은 동시대인들에게 매우 위협적이고 또한 개인주의와 소비문화에 대한 강력한 도전이었다. 이런 것을 고찰해 보건대, 나는 스위스의 아나뱁티스트들이 격렬하게 반대하고 신약이나 콘스탄틴 이전 교회에서도 발견하기 쉽지 않은 십일조라는 지배적인 기독교제국의 전통에 대해 조사하기로 결정했다. 4세기경부터 시작되어 오늘날까지 이어진 십일조에 관한 유감스런 역사를 추적해보는 것은 유익한 것이었다. 정치 경제적 요구에 순응하는 성경해석법과 콘스탄틴적 반응인 후기 기독교제국주의의 교회의 특징들은 모두 걱정

---

6) Stuart Murray, Explaining Church Discipline (Tonbridge: Svereign World, 1995)을 보라.

스런 예들이다.[7] 희년이나 성도의 교제(koinonia)같은 성경적 원칙을 재발견하여, 초대 교회의 경제활동과 급진적 전통으로부터 배우는 것은 가난한 이들에게 복음이 될 교회를 세우고 통합적인 사역을 감당하는 교회의 형성에 있어서 중요하다.

지난 8년간 나는 「아나뱁티즘 투데이」의 편집인이었는데 그것은 영국 아나뱁티스트 네트워크의 언론이었다. 넓은 영역의 전통으로부터 나온 기독교 연계망은 학술단체를 후원하고 컨퍼런스를 운영하고 아나뱁티스트 전통으로부터 현시대의 급진적 제자도에 관심이 있는 이들에 이르기까지 후원을 아끼지 않았다. 지난 10년간 그것의 성장과 영향은 4세기동안 아나뱁티스트 영향이 결여된 나라에서 괄목할 만한 것이었다. 증가하는 기독교인들은 아나뱁티스트들과의 만남을 "고향에 돌아오는 것"[8]으로 기술하고 있다. 아나뱁티즘이 일반적으로 교과서의 무시되기 쉬운 각주 정도로 분류되는 상황에서는 이러한 네트워크의 필수적인 신학적 기반은 알렌 크라이더가 주최한 아나뱁티스트 신학 써클과 침례교와 아나뱁티스트 연구를 하는 스펄전 대학의 대학원 과정이(과정은 지금 프라하에 있는 국제 침례신학교에서 공개강좌과정으로 제공되고 있다)의 발전으로부터 더 공고해졌다.[9]

「아나뱁티즘 투데이」의 기사와 다른 언론들은 나에게 아나뱁티스트 전통과 현시대의 대화상대로서의 중요성에 관한 심화된 연구를 할 수 있는 기회를

---

7) Stuart Murray, *Beyond Tithing* (Carlisle: Paternoster Press, 2000)을 보라.
8) Alan Kreider and Stuart Murray, *Coming Home: Stories of Anabaptists in Britain and Ireland* (Waterloo, Ont.: Pandora Press, 2000)에는 이 떠오르는 운동을 해석하는 많은 논문들과 함께 이런 기독교인에 의해 쓰여진 60개의 이야기가 들어있다.
9) 나와 프라하에 있는 침례와 아나뱁티스트 연구소의 디렉터인 Ian Randall이 쓴 3권의 모듈 워크북은 *The Origins and Early History of Anabaptism*, *Baptist and Anabaptist Views of the Church and Anabaptists*, *Authority and the Bible*에서 이용가능하다.

주었다. 매노나이트 역사가들로부터 부적절한 관심을 받은 듯한 전통 중 하나는 16세기 아나뱁티스트 모임의 카리스마적 부분이었다. 성령의 인도하심과 능력주심, 간섭하심에 대한 기대는 몇 가지 아나뱁티스트 문건으로 보아 명백한 은사주의적 현상이 그의 변두리뿐만 아니라 그 운동의 중심에도 있다는 것이 아나뱁티스트 모임의 보고서에서 나타나고 있다. 이 운동의 이러한 분야에 대한 사용은 아마도 비록 어떠한 써클에서는 들어맞지 않을지 몰라도 만일 아나배티즘이 동시대의 카리스마적 운동과 함께 상호 교육적인 대화를 발전시키려면 아나뱁티즘 운동의 이러한 분야에 대한 이해는 중요할 것이다.[10)]

또 다른 아나뱁티스트의 행동양식은 어떠한 의미에서는 그것이 반드시 초기 모임의 특징은 아니질라도, 엘리노 크라이더가 불렀듯이 '교회 안의 많은 이들의 목소리'이다. 기독교에 있어서 일반인들의 목소리를 내는 것을 금하는 것은 성경적 해석뿐만 아니라 예배, 빵을 서로 나누는 것, 교회의 훈련, 전도, 목양 및 그 밖의 많은 것에도 관계가 있다. 초기 스위스의 형제 교회는 왜 그들이 주 연합 교회에 가입하지 못하는지 설명하면서 설교자들의 독선과 고린도전서 14장에서 바울이 강조한 교회에서 사람들이 만날 때는 모든 이들이 함께 참여해야 한다는 원칙이 지켜지지 않고 있다고 불만을 토로했다.[11)] 그리하여 내가 글쓰기와 실천을 통해 고안한 것은 '대화식 설교'이다. 거기에서는 성경을 배우며 많은 이들의 목소리를 듣고 서로의 생각을 나눌 수 있다.[12)]

2000년 9월부터 나는 1년간 안식년을 가질 예정인데, 독서를 통해 그리고

---

10) 아나뱁티스트 네트워크에 소속된 놀랄 만한 영국 기독교인의 숫자는 은사주의 교회에서 온 것이다. Stuart Murry의 "Anabaptism as a Charismatic Movement," *Anabaptism Today* 8 (Feb. 1995): 7-11을 보라.

11) Paul Peachey, "Answer of Some Who are called (Ana)baptists Why They Do not Attend the Churches: A Swiss Brethren 소책자," *The Mennonite Quarterly Review* 45 (Jan. 1971): 5-32을 보라.

12) Stuart Murray, "Interactive Preaching," *Evangel* 12 (Summer 1999): 53-7.

북미 메노나이트들과 세상 도처에 있는 신neo아나뱁티스트들과 상호교류를 통해 계속하여 아나뱁티스트의 전통을 배울 기회를 가질 것을 기대하고 있다. 지금 내가 이해하는 바로는 아나뱁티스트의 전통에서 도움이 되지 않고 또는 적어도 완전하지 못한 부분을 깊이 있게 탐구하고 싶다. 아나뱁티스트 해석학을 검토해본 결과 나는 예수께서 하시는 말씀을 듣는 것과 구약의 구절들이 신약의 가르침보다 더 우위에 있게 개혁가들이 하고 있는 것같은 되지 않도록 하는 방식에 중요한 가치를 두었다. 그러나 나는 구약을 다루는 아나뱁티스트들의 방법이 마음에 드는 것은 아니다.

내가 켈트 구성원들과 아나뱁티스트간의 네트워크를 통해 그들의 견해를 나누고 서로 배우는 최근의 회의인 "뿌리에 인생이 있다"에 의해 자극되는 영국 기독교인들 사이의 켈트적 전통의 인기를 생각해 보았을 때 또 다른 쟁점이 머릿속에 떠올랐다. 나는 개인적 영성을 위한 아나뱁티스트 자원이 켈트 전통과 비교했을 때 상대적으로 부족한 현상과 세상이 인정하는 켈트전통과 세상이 더욱 부정하는 아나뱁티스트적 접근의 대조되는 모습에 관해 곰곰이 생각해 보았다. 이것은 다른 대화상대들이 어떻게 후기 기독교에서 예수를 따를 것인지 발견하는 모험을 경험하도록 자극한다고 생각한다.

그러나 아나뱁티스트 유산은 나의 개인 대화 상대로서 계속 역할을 할 것으로 예견한다. 왜냐하면 나는 여전히 기독교가 나의 생각과 내가 아는 교회의 기대와 실천에 스며드는 영향에 대해 깊이 의심하고 있고, 아나뱁티스트와 더 넓게는 기존 교회의 반대파 전통의 또다른 면과 그것이 가진 콘스탄틴적 사상에 대한 저항이라는 유산에 대해 탐구하고 싶기 때문이다.

7장. 급진 종교개혁을 만나다

이오인 드 발드레이쓰(Eoin de Bhaldraithe)

나는 2차 세계대전 직전에 아일랜드 서부에서 태어났다. 우리는 종종 우리 교구에는 개신교도들과 경찰과 공공기관이 없다는 사실을 자랑하곤 했다. 요즘 시대의 말로 하면 우리는 민족적으로나 종교적으로 순종pure들이었다고 말할 수 있었다. 이 저널의 많은 독자들은 분명 우리를 "콘스탄틴적"이라고 부를 것이다. 내가 18살인 2학년 과정을 마칠 때에야 나는 비로소 처음으로 개신교도를 만났다. 그러나 우리는 유럽의 종교 전쟁 역사에 정통해 있었다. 우리는 우리가 누구인지 교육을 통해 배웠다. 아일랜드 가톨릭은 수세기 동안 개신교에 의해 탄압을 받았음을 배웠다. 실제로 이미 아일랜드는 가톨릭-개신교도의 분열로 세상에 잘 알려져 있다.

1956년 나는 시토회Cistercians 혹은 트라피스트 수도회에 가입했다. 시토회는 12세기 베네딕토회 개혁파인 반면 트라피스트 수도회는 시토회의 개혁파다. 라 트라페의 개혁적 수도원장인 아르망 드 랑세는 아일랜드에서 역사상 가장

이오인 드 발드레이쓰(Eoin de Bhaldraithe)는 시토회(Cistercian) 형제이자 아일랜드의 문(Moone) 지방의 볼튼 수도원의 원장이다. 저서로 *The High Crosses Of Moone And Castledermot : A Journey Back To The Early Church*(Rainsford Publishing, 2009)가 있다.

결정적인 가톨릭-개신교 전투 중 하나에서 개신교도 윌리엄 3세에게 패한 가톨릭교도 제임스 2세의 영적 지도자였다. 따라서 이러한 특정 수도회에 가입하기로 했던 나의 결정은 무의식적으로 그 시대의 분파주의적 정신과 일치한 것이었다. 그럼에도 불구하고 수도원에서 나의 그리스도인으로의 훈련은 교회일치에큐메니칼 운동에 가톨릭이 가입하면서부터 형성되었고, 그것은 급진적 종교개혁과의 만남을 의미하기도 한다. .

묵상훈련(Lectio Divina)

수도원 훈련을 통해 우리는 성서를 묵상하는 경건의 시간을 배웠다. 우리는 예전liturgy에서 낭독되는 수많은 구절들을 듣는 것 외에도 최소 매일 30분을 경건의 시간에 헌신했다. 아빌라의 성 테레사는 언젠가 관상기도할 때 필요한 것은 오직 "우리 아버지"라고 말하는 것이라고 말했지만, 그것을 그렇게 한 시간이나 말해야 한다. 거기에다 우리는 산상수훈을 한 달 동안 읽어야 했고 마태복음은 그렇게 1년을 읽어야 한다.

이것이 초대 교회의 전통인 렉시오 디비나 혹은 "거룩한 독서"였다. 그렇게 함으로써 성서는 하나님 자신이 보낸 메시지가 되며, 믿음과 순종으로 받아들이는 것이 된다. 제2차 바티칸 공의회는 다음과 같이 말하고 있다. "기도는 무릇 신성한 성경 읽기와 함께 해야 한다. 그렇게 함으로 하나님과의 대화가 이루어진다. …" 그 본문은 계속해서 성 암브로스가 인용하였다. "우리는 기도할 때 하나님께 말하고, 그의 거룩한 신탁을 읽을 때 그 분의 말씀을 듣는다."[1]

나는 마태복음만 1년 넘게 읽은 기억이 있다. 산상수훈은 계속 나의 관심을

---

1) A. Flannery, ed. Vatican Council II: The Conciliar and Post Conciliar Documents (Dublin: Dominican, 1975), 764.

끌어 당겼다. 나는 거기에 나오는 평화주의에 대해 궁금해지기 시작했다. 그것은 확실히 한 사람의 인생에 대한 가이드가 되었고 우리가 살고 있는 친밀한 공동체의 삶에서 실천할 충분한 기회가 있었다. 그러나 내가 가톨릭 교리 교육부에 인도 되었을 때에 나는 그것이 어떻게 교회 자체의 태도에 적용될 것인지는 생각해 보지 않았다.

우리의 신학적 훈련은 분파주의적 정신을 더욱 강화시키는 경향을 보였다. 나는 칼뱅의 예정론을 배우고자 하는 강한 열정과 얀센주의자들이 어떻게 그 교리를 얄팍한 가장 하에 가톨릭 교회로 도입하려 했는지를 배우고자 했던 강한 열정이 다시 용솟음쳤다. 교황 요한이 제2차 바티칸 의회를 소집했을때 나는 이 과정을 절반 정도 끝낸 상태였다. 그들은 가톨릭적 에큐메니칼 운동을 이제 막 시작할 참이었다. 서품식목사안수식 이후 나는 스위스의 에인시 에델론에서 온 매그너스 뢰러가 열정적인 에큐메니칼 분야에 도입한 교리 신학을 막 가르치기 시작한 로마의 베네딕틴 대학으로 가게 되었다. 지금까지의 나의 훈련은 중세신학과 반개혁신학에 대한 변증적인 소개였다. 그 때 우리는 어떻게 초대 교회의 글들을 읽어야 하는지를 배우고 있었다. 논쟁적인 접근은 그만두고 기독교의 메시지를 제시하면서 아버지 하나님을 보는 그런 정신이 필요하다. 1년 내내 나는 거의 지성적 회심과 다름없는 변화를 이루기까지는 헤매는 시간을 보내야 했다. 하나의 부작용은 "거룩한 독서"를 위한 많은 새로운 자료가 있었다는 것이다.

내가 로마에 있는 몇 년 동안 내가 다시 아일랜드로 돌아간다면 에큐메니칼 운동을 위한 광범위한 활동을 하게 될 것이라는 것이 명확하게 보였다. 그리고 내가 돌아왔을 때 '그 문제'는 아직 발생하기 전이었다.

그러나 개신교 목사들이 타종교간의 결혼에 대해 계속 불평을 했는데 이는 연구할 만한 가치가 있어 보였다. 가톨릭 교회는 배우자들에게 자녀를 모두 가톨릭식으로 길러야 한다고 요구했는데 이것은 모두에게 너무 가혹한 것이었다. 비록 변화는 법의 범위 안에서 만들어졌지만, 그것들은 다소 모호하고 영어권지역에서 마치 실제로는 아무런 수정이 없었던 듯이 진행되면서 한 방향으로 치우쳐 해석되었다. 많은 이들이 내가 아이 양육에 대한 변화를 강력히 주장하면서 가톨릭을 배반한다고 믿었다. 결국 새 방식이 전개되었고 지금은 아이들이 두 교회 모두에서 양육될 수 있게 되었고 이것을 '이중 귀속'이라고 부른다.

아일랜드 분쟁

그 기간 동안 나는 또한 아일랜드 분쟁을 고통스럽게 지켜 보았다. 그것은 미국의 시민운동을 모델로 평화적 운동으로 출발했다. 그러나 아일랜드에는 비폭력 저항운동의 전통이 존재하지 않았다. 간디가 전개한 운동은 사실상 알려지지 않았거나 자유를 위한 아일랜드인의 투쟁에 필적할 정도로만 비쳐졌다. 아일랜드 분쟁은 급속도로 폭력적으로 바뀌었다. 비폭력을 유지하겠다던 초기의 약속은 결국 끔찍한 폭력 사태라는 비극으로 이어졌다. 가톨릭 사제단의 조언은 아무런 효력을 발휘하지 못했다. 방법론은 잘못되었으나 대의는 정당하다고 교회는 말하는 것 같았다. 하지만 폭력은 정당화될 수 없다고 말하는 것은 또 다른 상황이나 누군가를 판단하는 말 같았다. 많은 가톨릭교도들은 IRA는 군인들이기 때문에 그들이 누군가를 살해하는 것은 살인이 아니라고 주장했다.

그 즈음 나는 예수회 정기간행물 *Theological Studies*에 기고된 존 하워드 요더의 『예수의 정치학』에 관한 서평을 읽게 되었다.[2] 진짜 평화주의자의 이 작품은 돈을 주고 구입할 가치가 있었다. 그가 인용한 방대한 성서 연구에 감명을 받았고 무엇보다 권력과 폭력에 대한 기독교적 접근 방식에 대해 요더가 제시한 귀중한 통찰력이 인상적이었다. 그 때 읽었던 또 다른 책은 스탠리 윈다스Stanley Windass가 쓴 책으로, 가톨릭 교회에서 평화주의자 입장을 옹호하는 것은 공식적으로 이단이라고 말하던 17세기 예수회 신학자인 수아레즈Suarez를 인용하고 있었다.[3] 수아레즈의 신학은 "폭력 철학에 있어서 논리적"이면서도 "단호했다."[4] 수아레즈의 가르침은 1970년대까지 가톨릭의 공식적 입장이었다.

꾸준히 신약성서를 읽으면서, 그리고 공동체 삶과 북아일랜드의 가톨릭 형제들이 보여준 필사적인 행동을 통해 점점 더 예수의 제자는 평화주의자가 되어야 한다는 사실을 확신하기에 이르렀다. 이러한 정서적 준비에 요더와 같은 부류의 책들은 견고한 지적 지지를 제공해 주었다.

교황 요한 바오로 2세

1979년 새롭게 선출된 교황이 아일랜드를 방문했다. 아일랜드의 가톨릭 주교들이 그 동안 했던 얘기와 비교했을 때 교황 요한 바오로 2세는 아주 강력한 평화주의 노선을 취했고, 나는 그의 연설에 대해 장문의 주해를 썼다.[5] 훗날 아일랜드 주교단 지도자가 된 카할 데일리Cahal Daly는 아일랜드 상황에 대한 그의 연설문을 두 권의 책으로 출판했는데, 이 책으로 말미암아 데일리와 교황을 비

---

2) John H. Yoder, 『예수의 정치학』(IVP)
3) S. Wildass, *Christianity versus Violence: A Social and Historical Study of War and Christianity* (London: S&W, 1964).
4) *Ibid.*, 78; on "the pacifist heresy," cf. 84.
5) "All who take the Sword: The Pope on Violence," *Doctrine and Life* 30 (1079): 634-55.

교하기 용이해졌다. 두 사람의 입장이 상당 부분 달랐음을 알게 되었다! 그러나 또한 나는 일종의 통제 수단으로서 요더의 책을 이용할 필요를 느꼈다. 교황은 이 순수한 평화주의자와 어떻게 비교할 수 있을까 데일리는 주류 교회가 주장했던 정당한 전쟁론에 대한 구태의연한 입장을 지지하는 것처럼 보였다. 교황은 그런 입장을 넘어섰다.

나는 요한 바오로 2세가 정당한 전쟁과 평화주의 논쟁에 있어 어떠한 특정한 입장을 취했다고는 말할 수 없다. 그는 아일랜드의 폭력에 크나큰 충격을 받았다. 특히 가톨릭의 폭력성에 충격을 받았다. 그래서 그는 그 상황에 대해 복음서 말씀으로 단순하게 말하려고 노력했다. 독자들은 아마 그가 도착하기 전 그 주간에 가톨릭 민병대들이 북부에서 17명의 군인들을 살해했고, 남부에서는 마운트배튼 경을 암살했던 것을 기억할 것이다. 나는 기본적으로 평화주의자이면서 정당한 전쟁 이론을 '중간윤리', 다시 말해서 분쟁이 진행 중일 때 폭력의 한계를 설정하는 것이 도움이 될 수 있다는 것을 주장하는 글을 썼다. 다음 구절이 그 당시 나의 태도를 설명해 줄 것이며, 이는 가톨릭 공식 입장이 되었다.

그 당시에 세 가지 신학적 선택 사항이 있는 것 같이 보였다. 당신은 정당한 전쟁을 주요 원칙으로 삼을 수 있다. 당신은 평화주의를 선택하고 정당한 전쟁은 잘못된 것이며 일고의 가치도 없는 것으로 받아들일 수 있다. 또는 당신은 후자를 "중간윤리"로, 실제 전쟁 상황에서는 어떤 가치를 지니고 있는 것으로 여기면서 여전히 예수의 가르침을 규범으로 여길 수도 있다.

마지막 두 사례 중 하나의 입장에서 당신은 항상 최대한으로 복음을 설교할 수 있을 것이다. 혁명이나 전쟁을 결코 아름답게 치장할 필요도 없다. 첫 번째 안을 선택한다면 당신은 설교하는데 제한을 받을 수밖에 없다. 당신은 언제 폭력을 정당화할 것인지를 평가할 때에만 교전국가와 차이를 보일 수 있을 것이다. 당신은 폭력이 증오의 한 방법이라고 다시는 말하지 못할 것이다. 왜냐하면 그것이 언젠가는 사랑의 방법이 될지도 모른다고 믿기 때문이다. 칼sword-말씀word은 당신이 쓰는 어휘의 목록에서 더 이상은 없을 것이다. 죽이는 것보다 죽임 당하는 것에 대한 초기 기독교의 선택을 반복하는 것은 불가능할 것이다. 당신은 복음의 반쪽만을 설교하거나 복음을 설교하다 마는 것이다.[6]

그 글이 출판되었을 때 나는 요더에게 복사본을 보냈다. 그는 더블린에 사는 새로 형성된 메노나이트 단체에게 편지를 써서 그들로 하여금 나에게 연락하라고 귀뜸해 주었다. 첫 번째 편지에서 돈 루쓰 넬슨Dawn Ruth Nelson은 그들이 나의 "복음을 설교하다 마는 것"이라는 표현이 특히 인상적이었다고 했다. 이 일로 말미암아 나는 역사적으로 중요한 평화주의자들이 모이는 교회를 제대로 알게 되는 계기가 되었다. 첫 단계로 나는 일 년에 한번 그들의 주일 예배에 참석할 수 있었고, 주교는 흔쾌히 나에게 설교할 수 있도록 허락해 주었다.

미카엘 자틀러(Michael Sattler)

메노나이트 교회와 더 폭넓은 관계를 맺기 위한 또 다른 단계는 미카엘 자틀러 전기 신간을 선물로 받은 것이었다.[7] 여기에는 아일랜드에서 우리가 매

---

6) *Ibid.*, 648-9.

7) C. Arnold Snyder, *The Life and Thought of Michael Sattler* (Scottdale, Pa.: Herald Press, 1984).

우 잘 아는 다른 개혁과 함께 발전했던 급진적 종교개혁에 관한 내용이 들어 있었다. 이 책에 대해 길게 쓴 서평에서 나는 이 책을 발견한 것에 대한 흥분을 기록했다.[8] 나처럼 베네딕토회 회원이었던 그는 1525년 블랙 포레스트 수도원을 떠났고, "재침례를 받았고", 가톨릭에 의해 처형당하기 전에 슐라이트하임 고백서를 저술했다. 요즘에는 우리 모두가 그가 "순교자"였다는 사실에 동의할 것이다.

특히 가톨릭에 깊은 인상을 준 슐라이트하임 교리는 다음과 같은 내용을 포함하고 있다.

- 부활에 참여하고 성숙한 신앙을 갖기를 갈망하는 사람들만 침례를 받아야 한다.
- 그리스도인은 전쟁 무기를 소지해서는 안 된다. 왜냐하면 그리스도 께서 그것을 사용하지 않으셨기 때문이다.
- 그들은 정부의 칼을 사용해서는 안 된다. 왜냐하면 그리스도께서 그들이 그를 왕으로 삼는 것을 허락하지 않으셨기 때문이다. 가톨릭은 로마서 13:3-4절을 선한 치안관을 위한 행동 지침으로 간주하는 경향이 있다. 반면 요더는 그것을 그리스도인에게 권력에 복종하라는 권면으로 해석했다.[9]

또한 놀라운 사실은 사도전승과 규범서에는 치안판사와 무기 소지자에게

---

8) "Michael Sattler, Benedictine and Anabaptist," *The Downside Review* 105 (1987):111-31.
9) Schleitheim Confession에는 성만찬과 파문 및 맹세에 대한 글귀 또한 있다. 그러나 성만찬에 관해 쓰여진 것은 매우 흥미로운 것이나 아나뱁티스트들에게 그렇게 특별한 것은 아니다. 왜냐하면 가톨릭교도들이 거의 다른 모든 교단들과 성만찬에 대하여 논쟁을 했기 때문이다.

는 침례를 베풀어서는 안 된다는 구절이 등장한다는 점이다. 더욱 놀라운 것은 이러한 금지사항이 1983년도까지 서품식에 대한 장애 요인으로 가톨릭 정경법에 남아 있다는 사실이다! 심지어 십자군 신학자이자 십자군 기사단 신학자인 끌레르보의 베르나르도 또한 칼을 휘둘러서는 안 된다고 말했다.[10]

자틀러에게 "성경의 계명들"은 "삶의 규칙"이었다. 이 "규칙"은 실제로 그 당시 모든 종교적 명령에 존재했던 "엄격한 준수사항"으로서, 열정적으로 준수해야 했던 것이다. 어떤 이들은 이를 성경에 대한 "수도원화 된" 견해라고 부른다. 트리테미우스는 자틀러가 살았던 시대 직전에 책을 쓴 사람인데 그는 수도원 개혁의 두 가지 방법은 베네딕트 규칙the Rule of Benedict으로 돌아가는 것과 성경을 직접 연구하는 것이라고 했다. 종교개혁에 대한 가톨릭의 반응이 발전되면서 가톨릭은 베네딕트 규칙 준수만을 거의 전적으로 강조했다.

그러나 제2차 바티칸 공의회를 따르면서 우리 가톨릭은 "종교 생활의 마지막 규범은 복음서에서 우리 앞에 계신 그리스도를 따르는 것이기 때문에 모든 기관들은 그것을 최고의 규칙으로 받아들여야 한다"[11]고 배웠다. 우리가 이것을 유대교적 의미로 행하는 것으로 받아들이지 말기를 바란다. 우리가 어떤 선한 일을 할지라도 하나님은 우리가 선한 일을 행하도록 하기 위해 창조하셨다. 베네딕트 규칙 제4장은 우리에게 "선한 일의 도구들" 목록을 제시하고 있다. 그 목록은 실제로 일반적 그리스도인들을 위해 만들어진 초창기 규칙이자 지금까지 유효한 아일랜드 수도회 규칙과 밀접한 관계를 맺고 있다.[12] 또한 퀴리

---

10) "Adversus Hostilem tyrannidem, quia lanceam non liceret, stilum vibrarem"; *Patrologia Latina* 182: 921. "적의 독재자에 대항하여 나는 펜을 휘두를 것이다. 왜냐하면 칼을 휘두를수 있도록 허락되지 않았기 때문이다."

11) Flannery, Vatican II, 612.

12) U.O Maidin, *The Celtic Monk: Rules and Writings of Early Irish Monks* (Kalamazoo, Mich.: Cistercian, 1996)을 보라.

니우스에게 보낸 키프리안 서신 제3장을 상기시켜 준다.[13]

급진 종교개혁으로부터 우리는 평화에 대한 그리스도의 가르침에 대해 배울 점이 많이 있다. 아무리 우리가 전쟁이 발발할 때 전쟁을 다룰지라도, 그리스도의 말씀의 구속력으로부터 벗어날 수 있는 사람은 아무도 없을 것이다. 그분 안에서 우리는 폭력을 통해서가 아니라 극복함으로써 승리할 수 있다. 성인 침례를 실시함으로써, 명목상의 그리스도인을 배제한 참된 신자들의 공동체를 만들어 낼 수 있다. 그러나 나는 유아 세례를 받은 사람들이 진정한 그리스도인이라는 말은 받아들이기 어렵다. 가톨릭은 성만찬을 이미 그리스도의 몸인 사람들이 기념하는 연합의 식사로 바라본다.

아나뱁티즘

아나뱁티스트들이 그리스도인으로서 해야 할 일에 대해 매우 분명한 견해를 가지고 있는 반면 그 규칙들을 따르지 않는 매우 깊은 기독교영성을 가진 사람을 만나는 것은 때로 당황스러운 일임에 틀림없다. 내가 로마에서 막 돌아왔을 때 그리스도의 교회 성도 한 사람이 내가 진정한 그리스도인이 되려면 "재침례"를 받아야 한다면서 나를 설득하려 했다. 나는 그의 결론을 받아들이지 않았으나 그의 주장은 나에게 큰 영향을 미쳤다. 어떤 이들은 최소한 나에게는 중요하다 생각하는 그런 규칙들을 따르지 않음에도 그리스도에 깊이 헌신하고 있다. 교황 비오 12세는 로마 가톨릭 교회만이 그리스도의 몸이라고 주장했었다. 제2차 바티칸 공의회는 이것을 수정해서 "교회"는 우리 교회 밖에서도 찾을 수 있다고 말해야 한다고 생각했다. 일부 아나뱁티스트들은 나를 제대

---

13) 알렌 크라이더가 잘 해설한 책, "The Religious Teaching of Cyprian's School," in *the Change of Conversion and the Origin of Christendeom* (Harrisburg: Trinity, 1999): 29-32. 『회심의 변질』 (대장간)

로 된 그리스도인으로 여기지 않는 것처럼 우리 교회도 그들을 그리스도의 몸에 온전히 소속된 자들로 받아들이기 어려워한다.

어쩌면 내가 개신교도들과 접촉할 때에 가장 염려되는 점은 복음전도의 태도가 아닐까 한다. 특히 원조 개혁주의 비전을 고집하는 사람들에게는 사실이다. 그들은 처음의 강한 열정을 보유하고 있기 때문에 반가톨릭 정서가 매우 강하다. 우리 가톨릭은 지난 40년간 엄청난 변화를 도모해 왔기 때문에 보다 온건하게 판단을 받아야 한다. 이것은 아직도 에큐메니칼 운동이 감당할 영역이 많이 남아있음을 의미한다. 도처에 회개와 용서가 필요하다.

조셉 리히티Joseph Liechty는 공동체 차원의 회개가 필요하며, 이는 아일랜드에서 매우 중요하다고 주장한다. 왜냐하면 만일 공정하게, 그리고 지속적으로 평화를 유지하려면 우리는 분파주의 유산을 다루어야만 한다. 나는 더블린의 원조 메노나이트 공동체 회원인 리히티가 우리 아일랜드인에게 가장 효과적인 회개를 선포하는 설교자 중 한 사람이라고 쓸 수 있어 기쁘다. 외부인으로 그는 가톨릭과 개신교도 모두에게 치우침이 없이 설교할 수 있는 유일무이한 위치에 있는 사람이다.[14] 그 과정이 공동체적 특성을 지니기 때문에 최소한의 죄책감을 가진 사람들이 공동체를 위해 회개할 수 있는 최적의 사람이다. 회개에 관한 리히티의 글이 출판되고 몇 개월 후 캔터베리의 대주교 캐리Carey는 더블린에서 설교하면서 아일랜드 사람들에게 "우리가 자주 잔혹하게 지배했던 것"에 대해 용서를 구했다. 몇 개월 후 캔터베리에서 설교하던 데일리 추기경은 영국인에게 가한 많은 잘못에 대해 용서를 구했고, 특히 지난 25년간의 분

---

14) J. Liechty, "Repentance and Hope of peace in Ireland," *Doctrine and Life* 44 (1994): 67-74; 가톨릭과 영국국교회와 장로교의 반응으로, "Corporate Repentance and Hope for Peace," ibid., 579-88.

쟁 기간에 대해 용서를 구했다. 더욱 중요한 것은, 개신교인측이 그것을 더 환영했기 때문에 윌리엄 왈시 주교는 타종교 결혼mixed marriage법 때문에 끼친 고통과 상처에 대해 사과했다.[15]

회개라는 주제는 지금은 더욱 보편화되었다. 최근에 사순절 첫 번째 주일 예배에서 교황은 가톨릭이 저지른 죄에 대해 용서를 구했다. 해당 자료가 바티칸 국제신학위원회에 의해 발간되었다. 비록 매우 신중했음에도 불구하고 그것은 다음과 같은 진술을 포함하고 있다.

> 제2차 바티칸 공의회 폐막으로부터 오늘날까지 그 메시지에 대한 저항은 확실히 하나님의 영을 슬프게 했습니다(참조. 엡4:30). 일부 가톨릭 교도들이 연대를 방해하는 장애물을 제거하는데 아무런 일도 하지 않으면서 과거의 분리 상태에 매여 있는 것에 만족하고 있기에 분열의 죄 가운데서 연대를 말하는 것이 당연합니다(참조. 고전1:10-16). 이 상황에서 교회 일치에 관한 교령((Decree on Ecumenism)의 몇 구절을 상기해야 합니다. "겸손한 마음으로 우리는 우리가 우리에게 죄 지은 자를 용서했듯이, 분리된 형제들개신교를 지칭-역자주의 용서를 구하는 기도를 올립니다."[16]

교단들이 태동하고 상호 비난 속에서 분리 성장했기 때문에 돌아가는 길은 하나님 앞에서의 자기부죄自己負罪self-incrimination인 듯하다.

---

15) M. Hurley, *Christian Unity: An Ecumenical Second Spring?* (Dublin: Veritas, 1998): 65-7에 있는 교재; Liechty, "Repentance and Hope," 60, 73에서 인용.

16) "Memory and Reconciliation: The Church and the Faults of the Past," *L' Osservatore Romano*, English edition, March 15, 2000, VI.

대화

1985년 엘카르트의 연합 메노나이트 신학교에 방문했을 때 사람들이 가톨릭과의 대화에 거의 관심이 없었다. 그러나 그 이후 공식 대화들이 시작되었고 로다노John A. Rodano는 이미 개최된 두 개의 회의에 관해 기술한 바 있다.[17] 그도 나와 마찬가지로 고전적 종교개혁과 급진적 종교개혁 간의 차이에 대해 놀라움을 금치 못했다. 급진주의자들은 '콘스탄틴 체제의 타락을 자주 언급하는 경향이 있다. "가톨릭은 전全역사를 통해 사도적 교회와의 연속성을 주장한다"고 그는 말하고 있다. 가톨릭 지도자들이 사과한 후에 아마도 이 말은 조금은 덜 단정적인 것으로 들어야 한다. 로다노는 그 대화그룹의 구성원들은 유아의 상태에 대해 다른 관점을 가지고 있으며, 이는 세례 신학에 대한 보다 깊은 연구를 필요로 한다는 것을 말해 준다.

실제로 나는 이러한 대화들 가운데 세례와 평화주의에 관한 성명서 작성을 위한 대화에서 놓쳐서는 안 될 유일무이한 기회를 포착했다. 1983년 영국 성공회와 로마 가톨릭 국제 위원회는 은총과 구원에 관한 문헌을 작성해 달라는 요청을 받았다. 헨리 채드윅과 그 외 다른 이들의 조언을 토대로 그 위원회는 개별적으로 그 문제에 대해 연구하지 않고 동일 사안에 대한 루터교와 가톨릭 대화의 주요 결론을 채택하기로 결정했다. 왜냐하면 성인 세례와 평화주의는 지금까지 한 번도 공동 연구의 주제가 된 적이 없었기 때문에 그들은 이 그룹의 토론에 유일한 기회를 제공한다. 그러한 토론에 대해 가톨릭의 주요한 공헌은 다음과 같다.

---

17) "Catholic-Mennonite Dialogue: Common Confession of the Apostle's Creed," ibid, March 8, 2000, 10.

세례

우리 가톨릭은 세례, 성유식과 성찬을 포함하여 성인들의 입교[18]를 위한 새로운 의식을 만들었다. 이것에 대해 다른 교회들이 많은 칭찬을 아끼지 않았을 뿐만 아니라 그것을 따라 했던 것으로, 비록 "평범한" 아이들은 몇 년이 지나야 성유를 받을 수 있지만 이 의식은 가톨릭교도가 되기를 원하는 7~8세의 어린 아이들에게까지도 사용되었다. 그러나 메노나이트 관점에서 보면 우리는 여전히 유아들에게 세례를 주고 있는 것이다. 하지만 우리 교회는 오늘날 자녀들이 그리스도인으로 양육되기를 원하는 확고한 소망이 없다면 자녀들에게 세례를 베풀어서는 안 된다고 주장하고 있다.[19] 따라서 우리는 무분별한 세례를 금해 왔다. 비록 일부 지역에서는 여전히 시행되고 있지만, 그렇다고 이것이 교회의 정책은 아니라는 말이다. 많은 부모들은 자녀들이 대학 캠퍼스에서 불가지론적 태도를 접할 청년기에 접어들기 전까지는 세례를 받아서는 안 된다고 믿고 있다. 그들은 그 단계에서 이르러서야 결단을 내릴 수 있는 허락을 받을 수 있다. 세례를 주어야 할지 말지의 여부는 또 다시 부모의 태도에 달려 있음을 보여주는 대목이다. 그러한 발전은 전통적인 유아세례자와 아나뱁티스트 사이의 격차를 줄여주고 있다.

세례의 역사에 관하여서는, 몇 년 전 바티칸이 실시한 교육에 따르면 초대교회에서는 성인과 유아 세례 모두를 받아들였다고 주장했다. 비록 유아세례에 대한 증거로 사도전승을 인용했다 할지라도 최근 학자들은 이런 종류의 진술을 덜 의존하고 있다. 특히 사도전승의 다른 부분은 성숙한 개인을 상정하고 있다. 또한 그 자료는 유아들이 죽음에 직면했을 때 비상시 세례를 언급하고

---

18) 크라이더의 평가를 보라, 『회심의 변질』
19) Flannery, Vatican II (Dublin 1982), 2:29, 31.

있음을 인정하지 않은 채 초창기 기록의 증언들을 인용하고 있다.[20] 단언컨대 우리 이전의 신앙의 길을 걸어왔던 선배들로부터 우리 모두는 배울 것이 아주 많다는 사실이다.

평화

평화주의가 더 이상 가톨릭의 이단이 아니라는 점에 하나님께 감사를 드린다. 그러한 변화는 주로 토마스 머튼의 영향 때문으로,[21] 그에게 강한 영향을 끼친 퀘이커교도인 어머니의 영향을 받았다. 그러나 그가 롤랜드 베인튼Roland Bainton의 글을 읽고 난 후 최종적으로 가톨릭교회는 어거스틴 사상을 따르는 것이 경솔했음을 확신하게 되었다.[22] 머튼의 사상과 특히 베트남 전쟁에 대한 그의 반대 입장은 미국 주교들의 목회 서신을 도출해 내는 계기가 되었다.[23] 비록 이 문서가 전체적으로 정당한 전쟁론을 제공하고 있지만, 가톨릭이 평화주의 관점을 지지할 자유를 확보해 주었다.

투르크족의 패배 300주년을 맞은 해인 1983년 비엔나에서 교황 요한 바오로 2세가 이렇게 말했다.

> 우리는 무기의 언어가 예수 그리스도의 언어가 아니라고 이해합니다…
> 무장 전투는 기껏해봤자, 심지어 그리스도인들까지도 … 연루될 수도
> 있는 불가피한 질병일 뿐입니다… [그리스도께서는] 우리의 모든 원수

---

20) Ibid., 104. E. Ferguson, "Inscriptions and the Origin of Infant Baptism," *Journal of Theological Studies*, N.S 30 (1979): 37-46.

21) "St. Bernard, Thomas Merton, and Catholic Teaching on Peace," *Word and Spirit: A Monastic Review* 12 (1990): 54-79.

22) Roland H. Bainton, *Christian Attitudes to War and Peace* (Nashville: Abingdon, 1961).

23) *The Challenge of Peace: God's Promise and Our Response* (London: CTS, 1983).

를 우리의 형제로, 그의 맹렬한 공격에 맞서 우리 자신을 방어할 때 조
차도 우리의 사랑을 받을 가치가 있는 형제로 변화시키십니다.[24]

여기에서 전쟁은 "기껏해봤자, 불가피한 질병"일 뿐이다. 그러나 자기 방
어의 권리는 어거스틴과 아주 가깝다는 측면에서 지지를 받고 있다.

1991년 초반 걸프전이 발발했을 때 교황은 미국을 향해 전쟁에 반대한다는
입장을 밝혔다. 그 후 교황을 주요 저자로 하는 글이 하나 올라왔다.[25] 다음은
당시 전쟁에 대한 가톨릭의 공식 입장을 요약 정리한 것이다: 현대전이 너무
치명적이기 때문에 전쟁에 관한 과거의 견해는 더 이상 적절하지 않다. 오리겐
과 사도전승의 평화주의로 시작하는 역사적 흐름이 있었다. 그 후 콘스탄틴과
테오도시우스 치하에서 지대한 변화가 발생했다. 왜냐하면 그들에게 전쟁은
애석하지만 불가피한 일이 되고 말았기 때문이다. 중세에 교회는 전쟁에 반대
하는 입장을 공표했다. 그러나 십자군 전쟁은 정당했을 뿐만 아니라 칭찬받을
만한 조치였다. 한 측면에서 종교 전쟁1520-1700은 가톨릭교회와 관계된 것이었
다. 금세기약1915년에 들어서야 교황은 전쟁에 대한 전면 반대 입장을 발표했다.
그 후 정당한 전쟁론은 결코 가톨릭의 "공식" 가르침이 아니라는 주장을 표명
했다. 정당한 전쟁론의 목적은 전쟁을 제한하기 위함이었다. 그러나 실제나 거
기에 필요한 조건은 도달 불가능한 것이었다. 그 이론은 폐기되어야 한다. 전
쟁은 부도덕한 것일 뿐만 아니라 불합리한 것이다. 교회는 복음을 선포해야 하
고 "평화를 이루는 사람"은 복이 있다고 주장해야 한다. 왜냐하면 그들은 하나

---

24) *L'Osservatore Romano*, English edition, Sept. 19, 1983 (emphasis in original).

25) "Conscienza cristiana e guerra moderna," La Civilta Cattolica 111 (1991): 3-16. 이 글은 저자의 이름을
신지 않았다. 하지만 사고와 방식은 역사적인 부분에 대해 신학자의 도움을 받은 교황의 글이 거
의 확실하다.

님의 자녀들이기 때문이다. 그러므로 교회는 전쟁을 비난하고 평화를 촉진시켜야 한다.

이것이 정확히 평화주의 견해가 아니라는 것은 콘스탄틴주의의 돌연변이가 어떻게 정당화되는지를 보면 명확해진다. 하지만 가톨릭교회 측에서는 평화주의에 대한 무시 못 할 운동을 벌여왔다. 이 문제에 관해 평화주의자들과의 대화에 참여한다는 것은 우리들의 분명한 입장을 밝히는데 크게 유익할 것이다.

결론

퀘이커 교도들처럼 메노나이트와 후터라이트들은 그들의 숫자를 능가하는 영향력을 발휘해 왔다. 나는 그들이 우리가 속한 기독교 발전에 미친 영향력을 기술했다. 이제 우리가 속한 교회는 그들과 공식적인 대화에 임하고 있다. 이러한 만남이 가톨릭교회에 변화를 가져다 주고 그리스도에게 더 가까이 이끌어 주기를 바라마지 않는다.

10장. 아나뱁티스트-메노나이트 전통과의 만남에 관한 성찰

리처드 J. 마우

허먼 훅스마Herman Hoeksema는 뛰어난 기독교 개혁교회 목사이자 신학자였다. 그는 1920년대 칼뱅주의자들이 오랫동안 주장해 온, 하나님은 선택한 자들에게만 구원의 은총을 베푸실 뿐만 아니라 전체 인류에게 특별한 혜택을 베풀기를 기뻐하시기에 "일반은총"이 존재한다는 가르침을 비판했다. 1924년에 훅스마와 그의 제자들은 개혁교회에서 쫓겨나 그들만의 교단인 개신개혁교회 Protestant Reformed Church를 세웠다. 훅스마가 훗날 1920년대의 논쟁을 회고하면서 그의 신학적 견해에 대해 개혁교회의 지도자들이 특징지은 방식에 대해 특별한 안타까움을 표현했다.

"그들을 반대하고, 일반은총 이론을 신봉하지 않고 선포하기를 거부하는 것 때문에 그들은 우리를 아나뱁티스트라고 거만하고 경멸적으로 낙인찍었다."[1]

---

1) Herman Hoeksema, *The Protestant Reformed Churches in America: Their Origin, Early History and Doctrine* (Grand Rapids: First Protestant Reformed Church, 1936). 16.

리처드 마우(Richard J. Mouw)는 풀러신학대학원 총장을 역임했고, 기독교 철학을 가르쳤다. 국내에 소개된 저서로는 『무례한 기독교』(IVP), 『문화와 일반 은총』(새물결플러스), 『버거킹에서 기도하기』(IVP), 『왜곡된 진리』(CUP), 『칼빈주의, 라스베가스 공항을 가다』(SFC), 등이 있다

훅스마를 공격하기 위해 신학적으로 그를 반대하는 사람들이 쓴 수사법은 칼뱅주의 전통에서 일반적인 전술법이 되어왔다. 개혁주의 내부에서의 논쟁이 더욱 격렬해지면 양쪽 중 한쪽이 수사학적 무기를 들고 칼뱅주의자 한 사람이 상대방에게 던질 수 있는 최악의 모욕 중 하나로 보이는 말을 사용했을 것이다. "아나뱁티스트!"

개혁주의 사상가들은 그동안 아나뱁티스트 사상이 진지한 신학 작업에 있어서 위험하고 무가치하다고 묘사할 정도로 지나치게 예민했다. 이러한 경향을 잘 보여주는 가장 좋은 예로 1561년 벨기에 고백에서 36번 조항을 들 수 있겠다. 거기에서 개혁교회는 다음과 같이 분명하게 밝히고 있다. "아나뱁티스트들과 기타 선동적인 사람들을 혐오한다." 왜냐하면 그들이 "고위 권력자들과 행정관들을 거부하고 정의를 전복시키고, 재산공유를 도입하고 하나님께서 인간들 가운데 세우신 품위와 선한 질서를 혼란에 빠뜨리기 때문이다."[2]

나는 학교에 재직 당시, 이러한 적대감을 이해하려고 시도했으며 동시에 개혁교단 내의 이 적대감에 대응하려고 상당한 노력을 기울였다.

아나뱁티스트와의 만남

개혁주의-아나뱁티스트 관계에 대해 관심을 갖게 된 것은 사회에 실천적 참여를 시작하면서부터였다. 그것은 1960년대 내가 일반대학 캠퍼스에서 대학원 공부를 할 때였다. 시민권리 운동의 증언으로 정의와 평화 이슈에 민감한 관심을 가지면서 나는 동남아시아에서 미국의 군사적인 개입은 매우 잘못된 것이라 확신하게 되었고, 적극적으로 그러한 정책에 항의하였다. 이러한 정치

---

2) Cf. Philip Schaff, ed., *The Creeds of Christendom, with a History and Critical Notes* (Grand Rapids: Baker Books, 1996), 3:432-3.

적 개입은 그 시절에 지배적이었던 복음주의 분위기와는 전혀 맞지가 않는 것이었다. 그러나 1970년대 초반 우리들 중 많은 이들이 복음전도의 확신과 활동가 정신을 화해시키려고 고군분투했다. 우리는 서로 그리고 새로운 종류의 복음전도가 1973년 복음주의적 사회 참여에 관한 시카고 선언, *The Other Side*, *The Post-American*과 같은 잡지와 사회참여를 위한 복음주의운동 단체 등을 통해 표현되었다.

나는 이러한 새로운 복음주의 행동주의를 세심한 신학적 성찰로 뒷받침하고 싶었다. 칼빈대학교 철학부 교수가 되면서부터 개혁주의 전통을 연구할 최적의 기회를 얻게 되었고 실제로 많은 것을 얻었다. 분명히 장 칼뱅이 정치에 진지하게 개입한 것은 중요한 본보기를 제공한 것이었으나, 특히 19세기 후반 네덜란드의 대중의 지도자로 대두된 아브라함 카이퍼의 생애와 사상에 관심을 갖게 되었다. 여러 업적을 세운 후 카이퍼는 정당을 설립하고 곧이어 네덜란드의 국회의원으로서 일을 했고 심지어 몇 년간은 총리를 지내기도 했다.

카이퍼가 1898년 프린스턴 신학교에서 스톤강좌3)를 할 때였다. 그는 아나뱁티스트의 견해에 대해 다소 집중적인 맹비난을 퍼부었다. 특히 예수의 지상 사역이 우리에게 윤리적 모본을 제공해 주고 있으며 따라서 우리는 용인되고 있는 정치 참여citizenship로부터 일정 거리를 유지해야 한다는 아나뱁티스트의 주장을 거부하였다. 카이퍼는 예수께서 정의로운 정치righteous politics를 위한 구약의 기준을 새로운 형태의 윤리적 요구로 대체하기 위해 오셨다는 주장은 억측일 뿐이라고 주장했다. 카이퍼는 예수의 지상 사역이 새로운 도덕적-정치적 내용을 소개하는 것이라는 주장을 단호히 거부하였다. 예수는 이런 점에서 전혀 혁신자가 아니라고 카이퍼는 말했다. 그는 질문했다. "하나님께서 한 때

---

3) 역자주: 프린스턴신학교에서 매년 세계적 신학자들을 초대하여 개회하는 신학강좌

어떤 도덕질서로 만물을 통치하시기를 원하셨지만, 지금은 그리스도 안에서 다른 방식으로 통치하시기 원하신다고 상상할 수 있겠는가?" "참으로 그리스도는 인간의 죄로 얼룩진 한계가 이 세계 질서를 뒤덮을 때 사용한 먼지를 쓸어버리시고 이 세계를 원래의 찬란한 모습으로 다시금 빛나게 하셨다."[4]

카이퍼의 사상에서 이러한 주제들에 대해 연구하고 있을 당시 나는 또한 존 하워드 요더의 『예수의 정치학』을 읽었다. 현대 사회 윤리에 대한 그의 '그리스도를 본받아'imitatio Christi라는 요더의 논증을 전부 인정할 수는 없었지만, 그가 전개하고 있는 전체적인 주장에 흥미를 느끼게 되었고, 요더의 아나뱁티스트 윤리의 관점이 카이퍼와 기타 개혁주의 사상가들이 추론하는 것처럼 쉽사리 해체될 수 없는 것이라는 확신을 갖게 되었다. 나는 이러한 문제들에 대해 특히 1976년도에 출간한 *Politics and the Biblical Drama*에서 심도 있게 모색하려고 노력했다.[5] 그곳에서 나는 새로운 개혁주의-아나뱁티스트 대화를 요청했고 내가 생각하기에 존 요더의 입장에 대해 동의하는 부분과 동의하지 않는 몇 가지 생각을 우호적으로 제안했다.

놀랍게도 요더는 그것을 썩 달가워하지 않았다. 그는 나의 책에 대해 개인적으로 회람하던 대답이 담긴 사본 한 부를 보내 왔다. 거기에서 그는 내가 많은 핵심 사항을 심각하게 오해하고 있다고 주장했다. 또한 내가 그의 견해를 토론하는데 많은 지면을 할애했다는 사실에 대해서 불쾌한 심정을 드러냈다. 그는 내가 그의 책에 대해서 부정적인 비판을 하기보다 나 자신의 긍정적인 견해를 발전시킬 필요가 있다고 충고하였다.

다행히 아나뱁티스트 학술 공동체에 속한 많은 사람들이 나의 노력에 다

---

4) Abraham Kuyper, *Lectures on Calvinism* (Grand Rapids: Eerdmans, 1931), 71-2.
5) Richard J. Mouw, *Politics and the Biblical Drama* (Grand Rapids: Eerdmans, 1996).

른 평가를 해주었다. 그들은 나의 의도가 요더를 "반박"하기 위함이 아닐 뿐만 아니라 그의 저격수로 명성을 얻기 위함이 아니라, 칼뱅주의자 입장에서 보다 새롭고도 생산적인 아나뱁티스트−개혁주의 대화를 모색하기 위함이었음을 제대로 간파했다. 결과적으로 메노나이트 대학들로부터 순회 강연 초청을 받아 강연을 하고 대화에 참여하였다. 나의 책이 출간되자마자 몇 년 동안 나는 블러프톤Bluffton, 고센Goshen, 엘카르트Elkhart, 힐스보로Hillsboro와 노스 뉴턴North Newton을 방문하였다. 이 여행을 통해 나는 다양한 학문 분야에 있는 아나뱁티스트 학자들과 토론할 수 있는 멋진 기회들을 얻을 수 있었을 뿐만 아니라 메노나이트 게임 몇 가지를 배울 수 있었다!

그 기간 나에게 동기부여를 해 준 한 가지 사건은 캔자스시티에서 열린 심포지움이었다. 그곳에서 다방면의 전문 지식을 보유한 대표적 학자들이『예수의 정치학』에 대한 논평을 내놓았다. 나는 그 심포지움에 초대받은 몇 명 되지 않은 비−아나뱁티스트 중 한 사람이었고 존 요더는 나의 비판적인 견해에 대해 그 전보다 고마움으로 받아들이는 것처럼 보였다.

나중에 요더와 나는 개혁주의−아나뱁티스트 각 진영에서 다음과 같은 주장을 폈다. 칼뱅주의와 아나뱁티스트 논쟁은 근본적으로 신학적 유형간의 불일치 때문이 아니라고 말이다. 오히려 그것은 각 진영 내부에서 논의할 내용이라고. 이 논쟁은 매우 뜨거웠다. 왜냐하면 두 진영 간의 차이가 루터교나 가톨릭과의 논쟁보다 더 익숙해졌기 때문이다.[6]

이러한 평가를 내리는데 있어서 개혁주의 내에서 두 가지 자료로부터 도움을 받았다. 첫 번째는 16세기 상황에 대한 네덜란드 학자 빌렘 발케Willem Balke의

---

6) John H. Yoder, "Reformed Versus Anabaptist Social Strategies: An Inadequate Typology" and Richard J. Mouw, "Abandoning the Typology: A Reformed Assist," *TSF Bulletin* 8 (May-June 1985): 2-10.

세심한 연구였다.[7] 발케는 장 칼뱅이 아나뱁티스트에 대해 느끼는 절망감은 아나뱁티스트들이 최소 두 가지 점에서 개혁주의 교회들보다 칼뱅주의를 더 넘어섰기 때문이었다. 첫째로 교회의 훈련을 꼽았다. 칼뱅주의자들은 가톨릭과 루터교에 대해 매우 비판적인데 이유는 그들이 기독교 공동체에서 훈련을 경시하였기 때문이다. 그러나 아나뱁티스트들은 칼뱅주의자들보다 훨씬 더 심화된 훈련을 실시했다. 그들은 매우 엄격한 형태의 공동체 규율을 주장했던 것이다. 이러한 비판에 기분이 상한 칼뱅주의자들은 아나뱁티스트들을 '완전주의자'perfectionist라고 꼬리표를 붙이는 것으로 맞대응했다.

두 번째 점은 교회와 세상 간의 관계와 관련이 있다. 칼뱅주의는 인간의 타락을 준엄하고 단호하게 묘사하는 것으로 유명하다. 그러나 인간의 죄성에 대해 강하게 강조해 왔던 개혁주의 사상가들은 자주 헤르만 훅스마가 공격했던 "일반은총" 이론과 관련이 있는 수정안을 내놓음으로써 그들이 더 넓은 문화에서 진행하는 몇 가지 일들, 특히 시민 정부의 운영방침을 지지했다. 이 지점에서 또한 아나뱁티스트들은 그들이 일관성이 부족하다고 비난했다. 거듭나지 않은 인간 본성에 대한 부정적 평가는 세상과 분리하려는 엄격한 자세를 요구한다고 주장했던 것이다. 여기에서 칼뱅주의자들이 보여준 반응의 특징은 위에서 언급했던 벨기에 신앙고백의 조항에 나타나 있는 비난조의 언어였다.

나에게 큰 도움이 되었던 또 하나의 자료는 레오나르드 버두인Leonard Verduin의 저술들이었다. 그는 미국 크리스천 개혁교회 목사로서 아나뱁티스트에 대한 애정은 메노나이트 공동체에 잘 알려져 있다. 그는 아나뱁티스트와 가까운 개혁주의 공동체에 속해 있는 사람들이 "완전주의"나 "영적 교만"을 나타내기

---

7) Cf. Willem Balke, *Calvin and the Anabaptist Radicals*, trans. William Heynen (Grand Rapids: Eerdmans, 1981).

때문에 그들을 은밀한 아나뱁티스트라고 비난함으로써 개혁주의 사람들이 중요한 질문을 무시하는 것은 아무 소용이 없다는 사실을 확신시켜 주었다. 예를 들어 버두인은 아나뱁티스트들의 "신자들의 교회" 강조는 네덜란드 칼뱅주의의 "경험적" 긴장 안에서 다시 부상하고 있다고 지적했다. 메노나이트는 오직 회심을 경험한 사람들에게만 세례를 줄 것이다. 경험적 칼뱅주의자들은 회심 경험을 한 부모의 자녀들에게만 세례를 베풀 것이다.[8] 마찬가지로 네덜란드 칼뱅주의 경건주의자들이 "영토"territorial교회와 대비되는 "회중"gathered교회를 강력하게 선호한 것[9]은 아나뱁티스트 교회론의 중요한 특징과 맥을 같이 한다.

이 모든 것은 나에게 분류학적 관심 이상이다. 나는 개혁주의와 아나뱁티스트 사상가들이 벌이는 일반적인 논쟁이 동일 신학계 내에서 볼 수 있는 방식으로 나타나지는 것에 관심이 있는 것이 아니다. 이런 점들을 고려할 때 나는 또한 개혁주의 관점 내에서 일고 있는 이들 아나뱁티스트 경향에 대해 강한 공감을 할 수밖에 없었다. 그리고 전통적인 개혁주의 사고를 대표하는 경향을 확인하는 추세 속에서도 개혁주의 전통 위에서 아나뱁티스트를 보기보다는 좀더 자기 인식 속에서 다루려고 노력해 왔다. 간단히 말해 나는 "메노포비아"Mennophobia라는 꼬리표를 단 병리학에 영향을 받지 않는 칼뱅주의자가 되려고 했다.

---

8) Leonard Verduin, *Honor Your Mother: Christian Reformed Church Roots in the 1834 Separation* (Grand Rapids: CRC Publications, 1988), 21.

9) Cf. 이 부분을 위해서는 네덜란드 개혁파 경건주의 사상에 대한 현재의 고전적 설명이 된 F. Ernest Stoeffler의 *The Rise of Evangelical Pietism* (Leiden: E. J. Brill, 1965), 3장을 보라. 교회에 대한 두 가지 이해의 긴장이 네덜란드 칼뱅주의 교회 생활에서 어떤 식으로 구체적인 논쟁이 이루어졌는지를 보기 위해서는 Willem van't Spijker, "Catholicity of the Church in the Secession (1834)와 the Doleantie (1886)," in Paul Schrotenboer, ed., *Catholocity and Secession: A Dilemma?* (Kampen: J. H. Kok, 19920, 82-9를 보라.

계속되는 관심

그래도 나는 고백을 해야겠다. 개혁주의 전통에 서 있는 많은 사람들보다 아나뱁티스트 신학에 대해 더 개방적이 되려고 노력하기 위해 더 복잡미묘한 사상들과 더 많이 씨름해야만 했었다. 특히 위험스러운 것은 아나뱁티스트적인 견해에 대한 좀 아는 척하는 관심이다. . 우리 같은 아웃사이더들이 단순히 아나뱁티스트들에게 "도전을 받고", 급진종교개혁을 우리가 속한 공동체 내부의 성향에 대한 유용한 "교정책"을 제공하는 정도로 쉽게 여긴다. 아나뱁티스트 사상이 신학적 체계를 구축하고 있지 않는 것으로 당연시 하게 묘사할 때, 그들은 다른 신학체계를 수정하는 것을 자신들의 주된 가치라는 보충적 강조점을 제공하는 기능을 함으로써 계속해서 아나뱁티스트 관점을 주변화시키게 된다는 것을 알게 된다.

그러나 이러한 위험은 외부의 관찰자의 눈에만 보이는 것이 아니다. 초창기에 아나뱁티스트 학계를 돌아다니면서 나는 자주 "학문상의 격차" 때문에 좌절감을 느끼곤 했다. 나는 주로 조직신학적, 철학적인 사고에 대해 관심을 가지고 있었다. 그러한 형태를 권장하던 학문들은 메노나이트 캠퍼스에서는 높은 대우를 받지 못하는 것처럼 보였다. 메노나이트 학교의 신학적 쟁점은 주로 역사신학과 성서신학 분야에서 공부한 사람들이 논의를 주도해 나갔다. 그렇다고 그것이 나쁜 것만은 아니다. 나는 조직신학적 관심을 억지로라도 세부적인 교회사와 성서주석과 일치시킴으로써 많은 것을 배웠다. 아나뱁티스트의 삶과 사상에 대한 나의 이해는 예를 들어 "콘스탄틴적" 개신교도들에 의해 아나뱁티스트들이 받은 박해의 역사뿐만 아니라 우리 개혁주의가 너무 자세히 들여다보는 것을 좋아하지 않는 산상수훈의 실제적인 내용과 씨름하면서 더욱 풍요로워졌다!

그러나 토론을 위해서는 종합적이면서도 체계적인 질문들을 던지는 것은 중요한 일이다. 내가 보기에 우리가 많은 관심을 가져야 할 한 가지의 핵심 쟁점은 연속성의 문제가 아닐까 싶다. 우리 개혁주의 그리스도인들은 분열과 새로움보다는 연속성과 성취감을 더 좋아한다. 반면 아나뱁티스트들은 예를 들어 종교개혁 시대에 "콘스탄틴적" 과거와의 급진 개신교적 단절을 주장할 뿐만 아니라, 신약과 구약의 불연속성을 항상 강조해 왔던 것 같다. 이것은 칼뱅주의자와 아나뱁티스트들이 계속해서 토의할 문제들이다. 그리고 최고의 철학과 교의학 훈련을 받은 신세대 메노나이트 사상가들이 있으니 이러한 토론은 우리 시대에 새로운 삶의 국면으로 들어가게 해줄 것이다.

또한 과거보다 주의 깊게 연구할 주제들이 더 많이 있다. 예를 들어 일부 메노나이트 교인들이 기독론과 속죄론과 같은 문제들을 다루는 방식에 대해서 약간 염려스럽다. 존 하워드 요더가 『예수의 정치학』에서 제시한 십자가의 공로에 대한 견해는 나에게는 계속되는 관심사이다. 요더가 그리스도의 "정사와 권세"와의 조우가 갖는 윤리적 함의를 발전시켰던 것과 마찬가지로 그리스도의 고난을 본받아야 한다는 것에 강조점을 둘 때 우리의 관심사는, 죄인들을 대신해 최종적인 대속적 희생으로 어린 양 그리스도께서 자신을 단번에 모든 사람을 위하여 내어주심과 같이, 고전적 신학이 십자가의 공로의 "모방불가능한" 특성으로 이해했던 것으로부터 쉽사리 멀어질 수 있다는 점이다. 아나뱁티스트들은 우리들 중 많은 사람들이 이러한 차원을 설명하는데 사용해야 한다고 주장하는 법률적-형사처벌적 범주에 대해 곤란해 하는 것을 알고 있다. 그러나 나는 그러한 문제에 대해 아나뱁티스트들의 전전긍긍한 모습이 갈보리에서 일어났던 사건을 때로 자유주의 형태의 윤리화라는 방향으로 몰고 가는 것에 대해 염려한다.

그렇기는 하지만, 예수의 구속 사역에 대한 나의 이해는 아나뱁티스트 사상과의 조우를 통해 훨씬 풍성해졌다. 나는 칼뱅주의자들이 예수께서 모범이자 완성을 위해 오셨다는 이 새로운 시각에 대해 더 지속적인 관심을 기울일 필요가 있음을 깨닫게 되었다. 그리고 우리 칼뱅주의자들이 아나뱁티스트들과 연합하고 있음에, 그리고 오늘날 많은 다양한 그리스도인들이 우리가 살고 있는 현재 상황에서 제자도가 의미하는 것이 무엇인지 함께 연구하고 있음에 진심으로 감사를 드린다. 내가 메노나이트 혐오증을 극복하면서 급진 종교개혁의 아들딸들에게 지고 있는 빚은 실로 엄청나다.

11장. 공동체 안에서 복음을 구현하다

리처드 B. 헤이스

내가 급진적 개혁주의자들에게 배운 한 가지는 신학적 사상은 구체적인 공동체 안에서의 섬김과 예배를 통해 구현되어야 한다는 것이었다. 따라서 내가 급진적 개혁 신학을 다루면서 어떻게 나의 생각을 형성해 나갔는지 사람들이 물을 때마다 —내가 아나뱁티스트 전통으로부터 배운 아나뱁티스트 정신 안에서 급진적인 개혁 공동체를 만남으로 어떻게 내 삶이 변화했는지를 설명해줘야만 그에 대한 대답을 해 줄 수 있었다

공동체에 대한 순례

1971년 여름 나는 신학교를 자퇴하기로 결정했다. 써던감리교대학Southern Methodist University의 퍼킨스신학교에서의 1년은 나로 하여금 환멸을 느끼게 했다. 연합감리교회는 내가 그 안에서 자라났던 거대하고도 다루기 힘든 관료주의 그 자체였다. 신학과의 과친구들은 복음을 전하는 데는 관심이 별로 없고, 교단 내의 서열 속에서 어떻게 빨리 승진하는지에 혈안이 되어 있었다. 최소한

리처드 헤이스(Richard B. Hays)는 듀크대학교 신학부의 신약학 교수이다. 바울 서신과 신약 윤리에 대한 권위자이며 국내에 소개된 저서로는 『신약의 윤리적 비전』(IVP), 『예수 그리스도의 믿음』(에클레시아북스), 『고린도전서』(한국장로교출판사)와 다수의 저서가 있다.

이것이 그 상황 속에서 내릴 수 있는 평가였다. 결혼한 지 얼마 안 된 나의 아내 쥬디와 나는 디트리히 본회퍼가 쓴 '제자 훈련의 대가'라는 책을 함께 읽고 그것은 설득력있긴 하지만 우리가 경험했던 교회의 실제 생활과는 차이가 많다는 것을 느꼈다.

우리는 예수의 제자로서 영양분을 공급받고 자라도록 도전할 수 있는 모임을 달라스에서는 찾지 못했다. 안수받은 목회가 나에게 알맞은 직업인지 확신이 없었다. 나에게는 내가 해 온 일을 재평가하기 위한 휴식기간이 필요했다. 그래서 메사츄세스 롱 메도우에서 고등학생에게 영어를 가르칠 기회가 왔을 때 나는 그 기회를 놓치지 않았다.

메사추세스에서 우리는 의도를 갖고 기독 공동체를 시작하는데 관심이 있는 사람을 몇몇 만났다. 우리가 하는 일에 대한 뚜렷한 청사진은 없었지만 다양한 교단의 교회들 안에서 찾은 경험보다 더 강한 기독 공동체 경험을 바란다는 것을 알았다. 우리 중 6명은 스프링필드의 오래되고 넓은 집으로 이사갔다. 그곳을 방주라고 불렀다. 우리는 함께 식사를 하고, 매일 함께 기도하고, 함께 돈을 지출하고 나누는 방법을 발전시켰다. 우리는 모두 본회퍼의 작은 고전적인 책자인 '인생을 함께'를 읽었고 그의 고백과 용서, 상호책임에 관한 조언을 실행에 옮겼다. 우리의 일요일 저녁 성경 공부는 점차 친구들과 이웃들을 초대하기 시작하여 보통 50명 이상 사람들이 함께 모여 노래하고 기도하고 성경 공부를 하고 가져온 음식을 함께 나누어 먹었다. 형식을 따로 갖추지 않은 기도와 찬양 속에서 자연스런 교제가 이루어졌다.

이러한 좀 더 많이 모이는 주일 저녁 교제의 참가자 중 일부는 공동체 생활을 경험하는데도 관심이 있었다. 그래서 우리는 안내지침서를 찾기 시작했다.

우리는 클레런스 죠던의 코이노니아 농장 공동체와 스위스에 있는 프랜시스 셰퍼의 라브리에 대해서 알고는 있었으나 이것들 중 어느 것도 도시에서 할 수 있는 가정 교회 공동체의 모델이 되기에는 적합해 보이지 않았다.

얼마 지나지 않아 우리는 리바플레이스 펠로쉽에 대해 배웠는데 그것은 일리노이의 에반스톤에 있는 넓고 잘 조직된 확장된 형태의 가정 공동체였다.[1] 리바플레이스는 대부분이 매노나이트 공동체에 뿌리를 두고 있는 유사한 공동체들 간의 네트워크에서 중심역할을 했다. 우리는 그들의 지혜와 경험을 유용하게 끌어다 썼다. 우리의 작은 가정 교회 공동체가 형성되어 나아갈 때 리바플레이스는 우리를 방문하여 조언을 주기 위한 장로 대표단을 보냈고, 나는 우리 그룹의 다른 구성원들과 함께 그들의 공동체가 어떻게 활동하고 있는지 보기 위해 에반스톤으로 여행을 갔다

이것이 내가 폐부까지 통합된 급진 개혁 신학과 처음으로 마주친 계기였다. 나는 그 공동체의 깊은 헌신을 보았다. 그것은 내가 알던 열정을 잃은 주류 개신교도 모임과는 대조되었다. 뿐만 아니라, 공동 생활의 우아한 아름다움과 단순함, 그들의 오랜 시간의 헌신이 빚어낸 구성원들의 겸손과 성숙과 거룩함, 공동체 안에서 이루어지는 죄와 실패에 대한 정직한 대면과 고백, 궁핍하고 다른 인종의 이웃들에 대한 적극적이며 지속적인 도움의 손길을 건네는 헌신에 깊은 감명을 받았다. 내가 사도행전 2:42-47과 4:32-35 그리고 본 회퍼의 책에서 읽는 바울의 편지 공동체들과 뚜렷하게 연속선상에 있는 교회를 내 눈으로 직접 보았다.

---

1) 초기 1970년대 리바플레이스에서의 삶을 설명하기 위한 Dave and Neta Jackson, *Living Together in a World Falling Apart* (Carol Stream, Ill.: Creation House, 1974)을 보라. 더 확장된 역사를 위해서는 Dave and Neta Jackson, *Glimpses of Glory: Thirty Years of Community, The Story of Reba Place Fellowship* (Elgin, Ill.: Brethren Press, 1987)을 보라.

1974년 메사추세스에 있는 우리 공동체는 공식적으로 우리를 메타노이아 펠로우십이라는 기관으로 조직했고 거주하는 공동체는 원래의 한 가정에서 4개의 가정으로 자라났으며 15명의 아이들과 30명의 어른들이 넘는 인원이 되었다.

우리는 우리가 아나뱁티스트라고 생각하지는 않았다. 우리 구성원들에는 성공회도, 회중교회교인도, 복음주의자도, 감리교인들도 있었다. 그러나 공동체 생활에 있어서 아나뱁티스트 비전은 우리의 노력을 급진적 제자도의 단순한 삶으로 이끄는 영감을 제공해 주었다.

요더의 『예수의 정치학』의 영향

나는 메타노이아의 목회자 중 한명으로 인식되어 곧 신학 교육을 더 받아야 할 필요를 깨닫고 나의 M.Div 학위를 계속하기 위해 파트타임 학생으로 예일 신학교로 통학하기 시작했다.

거기에서 공부하는 동안 나는 존 하워드 요더의 『예수의 정치학』을 처음으로 읽었는데 그 책은 나의 상상력을 강하게 사로잡았다. 복음을 구현하길 원하는 반문화적인countercultural 공동체에 살고 있기 때문에 나는 주류 개신교의 윤리에 대한 요더의 비평과 윤리의 기준으로 예수에 대한 그의 건설적인 제안이, 우리공동체가 따르고자 하는 제자도를 이해하고 위탁하는 나의 노력에 아주 큰 도움이 된다는 것을 발견했다. 요더의 사상은 나의 신학적 기저의 한 부분으로 크게 자리 매김을 하고 있다. 물론 '예수의 정치학'이 25년 전에 나의 사고에 영향을 준 모든 세세한 부분을 기억할 수는 없지만 말이다.

적어도 다음의 5가지 요소들은 상당히 중요했다.

1. 요더는 나의 신학공부에 대해 미심쩍다고 생각되어지는 부분에 대해 명쾌한 진단을 내려주었다. 그는 아주 많은 개신교 신학이 현상유지를 위한 변증학 정도로 밖에 보이지 않는 타협에 대해 정확히 지적했다. : 니부리안Niebuhrian 전통 안에서 신학적 윤리는 예수와 복음을 세상에 대해 소리를 내지 않고, 관련이 없는 것으로 만들었다. 따라서 교회가 그 자신을 그 주위환경의 정치적 경제적 관습들에 순응하는데 구속받지 않게 만들었다. 일단 진단이 되면 치료법은 명백했다: 교회는 신중하게 계산된 사랑과 정의의 이상향에 근접하는 것이 아니라 예수의 가르침과 본보기를 보여준 그대로 따르면 되는 것이다. 나는 이런 관점이 주류교회 뿐만 아니라 나의 대학생 시절 나의 사상을 형성해 준 좌파에 대한 근본적인 비평을 함축하고 있다는 것을 보게 되었다.

2. 요더의 책을 읽음과 동시에 나는 또한 칼 바르트의 '교회 교리론신조론'과 한스 프레이의 사상도 함께 탐독하고 있었다. 한스 프레이는 신학을 위한 적합한 체계로서 성경의 설화문학을 재해석하는데 이바지 한 사람이다. 요더와 더불어 바르트와 프레이와의 결합은 성찰을 자극하는 기반을 제공했다.

나는 요더의 신학읽기가 복음이 묘사한 예수를 뒤로 하고 역사적 예수의 복원을 요구하는지, 아니면, 만약 요더가 프레이와 함께 예수 그리스도의 정체성이 정경에 나타난 설화 속에서만 나타난다고 주장할 때, 그의 윤리적 입장이 더 견고해 지게 되는 것인지 궁금했다. 반면, 내가 배운 설화처럼 형성된 "예일 신학"이 공동체 안에서의 제자도를 주장하는 아나뱁티스트와 함께 연결될 때 더 영향력있고 더 온전해질 것인지도 궁금했다. 여하간 어느 쪽이든, 바르트와 요더가 우리를 심판하시고 변화되도록 부르시는 우리가 고안해 낸 말이 아닌 하나님의 말씀을 신선하게 접하도록 교회를 일으키는 예언자적인 소리를 낸다는 것은 더 명확해 졌다.

3. 요더의 책을 읽으면서 나는 종교와 정치 사이의 현대적 이분법적인 사고가 전혀 말이 되지 않는다는 것을 보았다. 오히려 복음에 역행하는 질서의 논리 안에서만 말이 된다. 나는 예수가 정치적인 의미를 가졌든, 가지지 않았든 종교적인 사상을 설교한 인물이 아니라는 것을 더 온전하게 이해하기 시작했다. 오히려, 그는 그의 제자들을 새로운 나라polis의 건설을 필연적으로 수반하는 삶의 자리로 초대했다. 하나님의 나라는 단순히 설교 속에 있지 않았다. 그것은 이 세상에서 좀더 구체적인 하나님의 통치를 드러내는 데 있다. 이 통찰은 나의 지속된 관심이 신학과 윤리는 절대 분리될 수 없으며 제자도의 문제는 더 많은 주요 신학적 확신 중의 부수적인 의미로 다루어질 수 없는 것이라는 것을 드러내는 데 도움을 주었다.

4. 특별히, 요더가 바울이 말한 믿음을 통한 은혜에 의한 칭의 메시지를 가지고 논의한 부분이 내 주의를 끌었다. 요더는 바울이 칭의를 '서로 다른 종류의 사람들 간의 화해에 집중하는 사회적 현상'으로 이해했다고 주장한다.[2] 이 점에서 요더는 여러 신약학자특히 크리스터 스텐달, 마커스 바르트, 한스 워너 바슈, 폴 미어들의 연구에 의존했다. 그러나 나는 바울에 대한 이런 해석을 요더를 통해서 처음 보았고 신약의 메시지를 더 폭넓게 해석하도록 돕는다는 것을 깨달았다. 이런

---

2) John Howard Yoder, The Politics of Jesus (Grand Rapids: Eerdmans, 1972), 230.

엄청한 발견은 내가 바울서신을 읽는데 새로운 혁신을 일으켰고 이것은 바울과 예수님 사이의 전통적인 이분법적 사고를 극복하는 잠재력을 가지고 있었다. 요더의 책을 읽으면서 처음으로 깨달아진 통찰력을 더 계발하기 위해 나는 여러 방식으로 바울에 대한 나의 연구를 이어 나갔다.[3]

5. 결국 나는 요더의 '예수의 정치학'의 주해가 정경으로 신약의 전체 메시지에 대한 설득력있는 해석을 도출해 내는 방식에 매료되었다. 정경으로서의 통일성과 다양성의 문제가 성서 학자들에게는 지독히도 어려운 문제이다. 요더의 직설적이고 강력한 글들은 신약 속의 다양한 목소리를 한데 모아 죽임을 당하시고 자신의 삶을 우리의 삶의 모본으로 보여주시는 어린양을 찬양하는 합창으로 이끌어 낸다.

공통점이 전혀 없는 누가복음, 로마서 에베소서, 요한계시록과 같은 책은 요더의 지도 하에 서로 보완적인 목소리를 들려주는 책이 된다. 요더는 신약신학의 통일성과 다양성의 문제의 해결책을 보여주고 있다.

나의 학문적 성향에 익숙한 독자들은 요더로부터 형성된 통찰력들이 나의 사고와 글 속에서 어떻게 엮어져 나왔는지를 볼 수 있을 것이다. 그러나 나는 요더에 대한 나의 관심이 진공상태에서 일어난 것이 아님을 재차 강조하고 싶

---

3) 이 에세이를 준비하기 위해서 *The Politics of Jesus*의 나의 오래된 복사물을 다시 읽고 있을 때, 나는 1975년도에 226쪽 note 9을 강조해 둔 것을 발견하면서 가슴이 두근거렸다: "일반적으로 신약성서의 pitis라는 말은 현대인을 위하여 믿음의 내용이나 믿음의 행위라는 쪽에 무게를 두면서 '믿음'으로 번역되지 않았어야 했다: '신실함'이 일반적으로 이 의미를 더 정확히 전달해 주고 있는 편이다. 비록 나의 박사학위 논문을 마무리하는 시기였기에 요더의 글에서 이런 제안을 마주했다는 사실을 잊었지만, 바울서신에서 pistis Iesou Christou의 의미를 연구하고자 하는 나의 결단을 싹트게 하는 씨앗의 역할을 했다는 것은 의심의 여지가 없다. R.B. Hays, *The Faith of Jesus Christ: An Investigation of the Narrative Substructure of Galatians 3:1-4:11* (Chico, Calif.: Scholars, 1983)을 보라.

다. 나는 예수의 정치학에서의 그의 설명이 받아들일 수 밖에 없는 설득력있는 것임을 발견했다. 왜냐하면 그것이 급진적인 개혁의 증인들에 의해 형성된 공동체의 삶을 통해 그리스도인의 삶에 대해 내가 배우고 있는 것과 일치했기 때문이다. 이런 공동체생활의 구체적인 경험이 없었다면 나는 요더의 주제가 나만의 떠오르는 신학적 인식 속에서 그런 깊은 울림을 발견해 냈을지 의구심이 생긴다.

위험들과 유혹들

하지만 동시에 나의 신학연구는 급진개혁주의 전통의 한계의 일부를 발견하기 시작했다. 종교개혁의 역사를 공부함에 따라 16세기의 아나뱁티스트들이 그러했듯이 유아세례에 대한 지속적인 변호를 한 루터와 칼뱅은 믿음에 의한 칭의의 논리에 있어서 이상하게도 모순되이 보인다는 것이었다.

나는 조지 린드벡교수에게 질문했다. 만약 우리가 믿음에 의해 구원을 받는다면 오직 신자만이 침례세례를 받아야 한다는 사실을 따르지 않는 것 아닙니까? 나의 질문에 대답하기 보다는 교수님은 나에게 그 문제에 대해 글을 써보라고 제안하셨다. 그리고 작년의 M.div논문에서 "루터와 칼뱅 그리고 아나뱁티스트 신학 속에서의 침례세례와 칭의의 관계"라는 긴 논문을 썼다. 그 논문의 주된 질문은 "유아세례가 오직 믿음이라는 칭의의 원리와 일관된 견지와 양립할 수 있는 것인가?"였다. 나는 주류 종교개혁자들의 글만 읽은 것이 아니라 콘라드 그레벨, 발타사르 후브마이어, 메노 사이먼스, 그리고 아나뱁티스트 전통의 신앙고백들도 읽었다.[4]

---

4) 그 과정에서 나는 요더가 16세기 아나뱁티스트에 대한 글을 쓰면서 학문적인 경력을 쌓기 시작했다는 것을 발견하고 기뻤다. e.g., J.H. Yoder *Taufertum und Reformation in der Schweiz, Bd. 1: Die Gesprache zwischen Taufern und Reformation, 1523-1538* (Karlsruhe: H. Schneider, 1962) and,

이러한 글들을 다루면서 나는 초기 아나뱁티스트들의 명확함과 용기에 감동받았고, 침례세례에 대한 그들의 이해가 실제로 신약성경의 가르침의 중요한 부분을 회복했다는 것을 인정했다.

그러나 동시에 나는 확고한 문자주의와 해석학적 미숙함이 보이는 몇몇 경우에 주춤하게 되었다. 예를 들면, 교회에서 노래를 부르는 것에 대한 그레벨의 반대이다. 명확한 메시지와 예시로 가르쳐지지 않은 어떤 것도 금지된 것으로 여겨야 마땅하다. "성경에 '이것을 하지 말라: 노래를 하지 말라'라고 쓰여 있듯이 말이다…. 우리는 우리의 생각을 따르면 안된다. 우리는 말씀에 어떤 말도 더해서도 안 되고, 어떤 것도 빼서도 안 된다."[5]

상상할 수도 없는 엄격함과 함께, 나는 아나뱁티스트 저자들이 현실을 이분화하는 것에 혼란스러움을 느꼈다. 신앙의 내면과 영적인 영역을 성례 행위의 외적이고 육체적인 영역에 나란히 두는 동시에, 영적인 영역을 선호하여 육체적인 영역을 폄하하는 부분에서 그러했다. 일부 아나뱁티스트들은 침례세례를 하나님의 은혜의 행동으로 이해하지 않고 단지 인간의 선서나 신앙의 고백 정도로만 본다. 이런 경향에 대항하여, 루터의 성례에 대한 견고한 이해는 굉장히 호소력이 있어 보인다. 왜냐하면 우리를 위한 pro nobis 하나님의 은혜의 행동이라는 점에 우선순위를 두고 있기 때문이다. 실제로 나는 루터에게 있어 유아세례는 오직 믿음 sola fide를 보호하기 위해 필요하다는 것을 보게 되었다. 왜냐하면 그것은 우리가 우리의 결정으로 구원을 받을 수 있는 것이 아님을 보여

Taufertum und Reformation im Gexprach: Dogmengeschichtliche Untersuchung der fruhen Gesprache zwischen Schweizerischen Taufern und Reformatoren (Zurich: Evz-Verlga, 1968). 나는 또한 처음으로 The Mennonite Quarterly Review를 알았고 Harold Bender, *The Anabaptist Vision*(Scottdale, Pa.: Herald Press, 1944)을 읽었다.

5) C. Grebel, letter to Thomas Muntzer, in G. H. WIlliams, ed., *Spiritual and Anabaptist Writers* (Louisville: Westminster/ John Knox, 1957), 75-6.

주는 것을 명백히 상징하기 때문이다. 아타뱁티스트 입장의 위험성은 믿음을 인간의 행위로 바꿀 수 있다는 점이며 그 행위를 하나님의 은혜를 받을 수 있는 전제조건으로 이해하게 되는 부분이다. 루터가 경고했듯이 여기에 우리로 하여금 행위에 의존하게 유혹하는 악마가Werkteufel 숨어있다.

이 악마는 하나님의 은혜를 무효화시키고 우리로 하여금 구원의 근거로서 주관적인 신앙의 경험을 끊임없이 확인하도록 몰아간다. 나는 신앙을 고백하는 믿는 자들의 침례세례는 침례세례의 중요성에 대한 신약의 해석을 가장 신실하게 반영해 주는 의식이라고 확신했고, 지금도 확신하고 있다. 그러나 언약으로서 침례세례를 주해한 칼뱅이 아나뱁티스트 저자들에게서 발견한 어떠한 것보다 이에 대한 이해를 위한 심오한 신학적 기틀을 제공했다는 것을 발견했다.

물론 이것은 나의 웨슬리안 전통이 보여주는 경향과 유사한 부분이지만, 하나님의 말씀을 듣고 순종하는 인간의 단순하고 문제될 것 없는 능력을 과신하는 아나뱁티스트들의 순진하고 낙관적인 인류에 대한 이해가 믿음을 행위로 바꾸는 위험성을 초래한다.

여기서 다시 나는 루터의 신학이야말로 인간의 진면목과 약함과 불순종의 어두운 문제를 일깨워주는데 필수적인 대안counterpoint이라는 것을 발견했다.

메타노이아 펠로십1970년대 후반 결국 실패하여 분해되어 버린 안의 공동체에 대한 경험을 생각해 볼 때 이 마지막 주제는 나에게 특별한 연관성이 있다. 최악의 순간에도, 우리는 우리가 급진적 그리스도인임을 매우 자랑스럽게 여겼다.주님, 우리는 모든 것을 버리고 당신을 따랐나이다 그리고 외부의 사람들을 끊임없이 판단하려고 했고, 공동체 안에서는 서로를 대하는 데 있어서 심하게 완벽주의자가 되었다. 물론 수년을 함께 하면서 우리는 서로에 대해 더 잘 알게 됨에 따라, 인간 자신의 죄성과 깨어짐의 실체를 뼈 속 깊이 절절히 깨닫게 되었다. 모든 기독교 공동체가 그러하듯이 우리의 도전은 거저받은 은혜의 복음과 변화된 삶 속에서 살아내야 하는 급진적인 삶의 요구 사이의 균형을 믿음 안에서 찾아 내는 일이었다. 그런 면에서 우리의 작은 공동체는 16세기 교회가 직면했던 어려움들을 그대로 되풀이하고 있었다.

핵심적인 통찰과 풀리지 않은 의문들

나는 급진개혁주의 신학과 그것을 구체화한 공동체에 큰 신세를 지고 있다. 이러한 공동체들이 어떠한 실패나 약점들을 가지고 있건 간에 그들은 나에게 언덕 위의 도시, 다가오는 하나님의 나라의 신호sign였다. 내가 신약의 도덕적 관점6)에 관해 판단하고 글을 쓰려고 노력함에 따라 나는 반복적으로 급진적 개혁주의 전통의 증언에 의해 배움을 얻으며 감동을 받았다. 비록 내 아내와 내가 공동체에서 산 것이 20년이 넘지만 급진적 개혁주의에 의해 영감받은 것으로 인해 나의 사고는 영구적으로 형성되었다. 나는 계속해서 그것의 신학적 함의를 깊이 생각해 본다. 무엇이 가장 중요한 핵심주제이며 통찰일까? 간단히 요약하자면 4가지로 정리할 수 있겠다.

1. 제자도에 대한 급진적인 부르심: 급진적 개혁주의 전통은 진정한 믿음은 필수적으로 예수의 가르침과 본를 따르는 삶에서 구체화된다는 것을 강조한다. 핵심은 매우 간단하고 중요해서 그것을 굳이 강조할 필요가 없지만 교회의 역사는 이런 진실을 반복적으로 우리가 되새겨야 할 절실한 필요를 보여준다. 기독교신학은 제자로 살아가는 성경의 부르심에 대해 수많은 합리화와 회피할 구실들을 제공해 왔다. 그러나 프란체스코회와 같은 다른 공동체와 더불어 아

---

6) 나의 책, 『신약의 윤리적 비전』(IVP)을 보라.

나뱁티스트들은 예수의 제자로 부르심을 받은 사람들이 십자가를 지고 그를 따라야 한다는 사실을 일깨워 주었다.

2. 공동체 생활의 중심성: 제자도의 삶은 외로운 개별적인 과제가 아니다. 예수를 따르도록 부름받는 것은 공동체 안으로 부름을 받는 것이다. 급진적 개혁주의 전통은 놀랍게도 이런 진리에 대한 좋은 예가 된다. 이것은 우리가 기독교 교리와 실천을 이해하도록 도와준다. 예를 들어 침례세례는 죄의 사함을 암시하는 단순한 의식이 아니다; 오히려, 그것은 하나님의 백성을 위한 종말론적인 공동체에로의 통합이다. 아나뱁티스트 전통 안에서 그리스도의 몸은 단순히 이론적인 교리가 아니라, 매일의 일상 속에서 서로 사랑하고 상호책임을 통한 공동체로 함께 살아가면서 경험되어지는 것이었다. 서로 훈계함과 훈련을 강조하는 아나뱁티스트의 특징은 교회에 대한 신약성경의 묘사에 아주 근접하다. 후기 기독교제국주의 상황 속에서 고결함을 가진 증인으로서 살아가야 한다면, 넓은 의미의 교회는 이 강조점을 반드시 회복해야 한다. 급진적인 개혁주의 공동체가 400년 이상의 긴 세월동안 얼마나 인내심을 가지고 증인으로 살아왔는지를 나머지 교회는 이제야 조금씩 깨닫기 시작하게 되었다: 교회ekklesia는 다른 형태의 정치를 구현하기 위하여 세상 밖으로 부름을 받은 아주 특별한 사람들이다.

3. 소유물을 공유하는 것: 다른 정치란 급진적 개혁주의의 경제적인 공유와 단순한 삶에서 가장 극적으로 표현된다. 이런 메시지가 현시대보다 더 절실하게 필요했던 때는 없었다. 기업적 자본주의에 의해 조종되고 대중 매체의 영향력의 물질주의적 무감각에 중독된 이 세상에서 아나뱁티스트 공동체의 반대되

는 증언은 다른 길, 즉 복음의 길의 모델로서 매우 중요하다

4. 평화로움와 평화 만들기: 비슷하게도 급진적 개혁주의의 폭력에 대한 포기선언은 우리 시대에 엄청난 중요성을 갖는다. 교회가 오랫동안 폭력과 담합한 점은 교회역사에서 가장 수치스러운 부분 중 하나이다. 공동체는 평화에 대한 가르침과 예수님의 본을 상기시킴으로, 아나뱁티스트 전통이 예수 그리스도의 주되심 아래에서 다가오는 하나님 나라의 신호sign로서 세상 속에서 우리의 진정한 부르심을 새롭게 해야 함을 깨닫게 돕는다. "내 거룩한 산 모든 곳에서 해 됨도 없고 상함도 없을 것이니 이는 물이 바다를 덮음 같이 여호와를 아는 지식이 세상에 충만할 것임이니라."[7]

의구심과 그에 대한 재고

급진적 개혁주의에 대한 나의 반응에 전체적인 그림을 그리기 위해서는 몇 개의 추가적인 중요한 관찰과 질문들을 고려하며 균형감을 갖추어야 한다. 나는 이미 1970년대에 과도한 성경의 문자주의와 지나친 인간에 대한 낙관주의에 대해 나의 우려를 표명했다. 이런 것들은 최악의 경우라 해야, 유사 펠라기우스학파의 구원론이나 이런 것과 관련되어 있는 외부인들을 향한 오만한 경멸로 이끌 수 있는 부분이다. 아나뱁티스트에 대해 상상할 수 없는 반복된 비판, "분파주의자"라는 말은 이런 부분으로 인해 그 적합성을 발견하게 된다. 내가 아나뱁티스트들이 남긴 신학적 의미를 계속하여 숙고해 감에 따라 두 개의 다른 쟁점들이 떠올랐다. 이 쟁점들은 급진적인 개혁주의자들과 주류 개신교 전통간의 지속적인 대화를 위해 중요한 부분이 될 것이라 믿는다.

---

7) 이사야 11:9

먼저, 우리가 신학적으로 구약을 어떻게 적절하게 인식해야 하는가? 하는 점이다. 급진적 전통은 구약의 가치를 평가 절하하는 경향이 있고/또는 신약이 구약의 자리를 대신하는 것으로 간주하는 경향이 있다. 아나뱁티스트들만 이런 실수를 하는 것은 아니다. 예를 든다면, 루터교 전통은 율법과 복음간의 논리에 대한 해석학적 비약은 훨씬 더 나쁘다. 그러나 이 문제는 우리 시대에 다시 고려되어야만 한다. 예수의 가르침과 행동은 그 시대의 유대주의와 하나님이 이스라엘을 다루어 오신 긴 역사 안에서 이해되어야만 정확한 것이다.

두 번째로, 아나뱁티스트 전통 안에서 나는 권위와 자유 사이의 해결되지 않은 긴장감을 본다. 이 긴장은 성경해석의 과정과 공동체 생활에 있어서 결정을 내려야 하는 구조 안에서 뚜렷이 드러난다. 예를 들어, 메타노이아 펠로쉽에서 우리가 성령의 인도하심을 받으며 공동체의 다수의 의견에 따라 결정을 내리고자 할 때 그러한 문제들을 직면한다. 급진적 개혁주의자들은 오랜 세기에 걸쳐 교회에서 발전된 전통으로서의 몸이 아닌, 성경이 말하는 대로 엄격하게 살아가는 신실한 사람들을 기억해 왔다고 주장했다. 그러나 누가 성경을 해석하는 방법에 대해 결정을 내리겠는가? 특별히 논쟁이 되고 있는 문제, 예를 들어 '성'에 관한 최근의 논쟁과 같은 문제를 해석하는 부분에 대해서 말이다. 각 개인이 결정할 자유가 있는가? 공동체의 삶에서 어떻게 일관성이 형성되며, 의미있는 훈련이 어떻게 이루어지겠는가? 반면, 공동체의 리더가 성경을 해석하는 과정에서 교회를 지도한다면, 공동체의 결정은 차후 성경읽기가 형성해 온 권위적인 전통을 그대로 고수하게 되는 것인가? 만약 그렇다면, 전통의 권위적인 역할을 항상 주장해 온 가톨릭교회와 어떻게 다를 수 있는가? 나는 교회 안에서 성경의 권위에 헌신해 온 신학자로서 나의 연구에서 이와같은 문제를 계속 직면해 왔다. 그리고 급진적 개혁주의가 대체로 이 문제에 대해 명확한 해결책을 제공해 주지는 않았다.

　이러한 문제들과 비판들은 급진적 개혁주의 신학에 대해 감사하는 마음이 있는 친구들로부터 왔을 때 수용되어야만 한다. 내가 이 전통을 주제넘게 가르친다고 말하기 보다는 이 전통으로부터 훨씬 더 많은 것을 배워 왔다고 생각한다. 나는 급진적 개혁주의 교회의 영감있고 도전적인 증인의 모습을 끊임없이 보아왔다. 그들의 증언의 힘은 다음 세기, 특히 후기 콘스타티니즘 세계 속에서 자리를 잃은 소수로서 새로운 상황을 접하게 되는 서구 기독교교회에게 더 강력한 것이 될 것이라고 기대한다.

12장. 아나뱁티즘과 소명에 대한 장애물

로드니 클랩

"너희는 마음에 그리스도를 주로 삼아 거룩하게 하고 너희 속에 소망을 관한 이유를 묻는 자에게는 대답할 것을 항상 준비하되 온유와 두려움으로 하라"고 베드로전서3:15는 우리를 권면하고 있다. 그에 대한 반응으로서 많은 소망이 내 안에 있음을 고백한다. 그 대부분의 소망은 아나뱁티스트 전통 덕분이다.

하지만 나는 아나뱁티즘에 의해서 어떻게 내가 도전을 받으며 생각이 형성되었는지를 설명할 정도로 그 소망의 이유에 대해 잘 준비되어 있는 것은 아니다. 나는 메노나이트가정이나, 형제들교회나 퀘이커 교도들의 교회에서 자라지 않았다. 대신 연합감리교회에서 자랐다. 지금도 성인으로서의 대부분의 삶을 아나뱁티스트로서가 아닌 성공회교인으로서 예배를 드린다. 적어도 겉으로 보기에는 내가 메노나 그의 제자들에게 영향을 받은 사람이 아닌 것처럼 보인다. 그러나 나의 글이나 다른 연구 속에서 나는 분명하고 명백하게 아나뱁티

로드니 클랩(Rodney Clapp)은 미시건의 그랜드 래피즈에서 브라조스 출판사(Brazos Press)의 공동설립자 겸 편집 감독으로 교회, 소비, 자본주의, 가정, 영성 등 다양한 주제를 소수의 관점에서 다루고 있다. 국내에 소개된 저서는 『사람을 위한 영성』(IVP),『구별된다는 기쁜 의미』(서로사랑)이 있다..

즘을 필력한다. 어디에서 그런 깊은 반향이 울려 나올까? 나의 신학과 제자도에 대한 아나뱁티즘의 심오한 영향을 어떻게 설명할 수 있을까?

이런 질문들은 불가피하게 소명, 하나님께서 어떻게 사람을 부르시고 어떻게 그들을 특별한 삶으로 이끄시는지에 대한 이야기로 끌고 간다. 우리는 종종 소명을 재능이나 은사와 같은 말로 이해한다. 그러나 나는 우리가 누구이며, 우리가 무엇이 되는가는 하나님이 우리에게 주신 재능에 관한 것이라고 생각할 뿐 아니라 하나님이 우리를 건져 주시기를 거절하신 한계나 부적절성과도 관계있다고 생각한다. 가끔 우리는 우리의 소명을 축복을 따를 때 보다 장애물을 만날 때 발견하곤 한다. 그러므로 내가 작가가 되고 출판인이 된 사실은 일학년 때 거의 낙제를 당할 뻔한 불명예스런 현실과 훨씬 관계가 깊다. 나는 읽기를 배우는 데 문제가 있었다. 어머니가 여름 내내 나의 문법과 어휘 실력을 올려놓겠다고 선생님께 사정하다시피 해서 나는 겨우 2학년에 올라갈 수 있었다. 그리하여 나는 그 해 여름 매일 몇 시간 가량을 셀 수 없이 많은 이야기책을 어머니와 함께 읽었다. 그 결과 다음 해 학기 초에 나는 읽는 법을 배웠을 뿐 아니라 책과 이야기를 매우 좋아하게 되었고 책과 사랑에 빠지다시피 되었다. 글을 못 읽는 나의 단점을 씻어내는 차원에 그치는 것이 아니라 더 나아가 책에 대한 나의 사랑이야기는 결국 나중에 내가 아나뱁티즘을 알게 해주었다. 그래서 나는 나중에 철학을 공부하여 나의 신학적 연구에 사용하게 되었지만 언제나 그것이 아드레날린을 만들어낼 정도로 추상적이고 형식적이지 않은 것이라는 것을 발견한다.

어지럽고 다양한 색깔을 가진 구체적인 세부 사항들, 예측 불허성, 설화만의 고집스런 특이함 등은 내가 보기에는 믿음과 삶에서 이해가 될 수 있는 더욱 흥미진진하고 유용한 것으로 보였다. 아나뱁티즘에서 나는 기독교 전통이 이스라엘과 예수 그리스도의 이야기에 단호히 집중하는 것과 철학적 고찰이라는 날개 위에 편승하기 보다는 역사의 모래흙같은 내용을 더 깊이 파헤치는 경향이 있다는 것을 발견했다.

회고해 보건대, 내가 아나뱁티즘에 관심을 가지도록 만든 상황적인 부르심이 적어도 한가지 더 있었다. 나는 오클라호마의 포르건에서 자랐다. 그곳은 소규모 농업과 석유생산을 하는 도시로 인구가 400명 가량의 마을이었다. 그곳에서 자라는 바람에 나는 두어가지 측면에서 보면 이방인이라는 정체성을 가지게 되었다. 책벌레에 공상가, 기계도 다룰 줄 모르는 기계치에다가 나는 실생활이나 상식에 능한 것도 아니었고 다른 농부들이나 석유 공장 기술자들의 아들들처럼 타고난 손재주가 있는 것도 아니었다. 그렇다고 내가 어린 시절에 고생을 한 것도 아니었다. 아니 오히려 그 반대였다. 그러니 어린 시절을 회상해보면 나는 어느 곳에서도 소속감을 느껴본 적이 없는 것 같다. 나는 항상 이방인처럼 느껴지곤 했다.

그러나 두 번째 요소는 나의 작은 마을을 나의 기원으로서 여기게 만든다. 내가 절대 이 마을 이외의 대부분의 세상과 나를 동일시 할 수 없었다.

내 대학시절 초반 즈음에 우리 마을사람들이 인정을 하든, 하지 않든간에, 미국의 시골 마을이 국가 표준규범과는 거리가 멀었고 미국 사회의 권력의 중심으로부터는 아예 동떨어져 있다는 사실에 충격을 받았다. 나는 베트남전 징병에 가기에는 너무 어려서 징병에 위협감을 느끼지 않았지만 마을에서는 나보다 불과 몇 살 더 많은 아이들이 그 전쟁에 징집되어 갔다. 그 조그만 마을에서 12명가량이 징집되어 동아시아의 작은 나라에서 싸웠는데 반이상은 돌아오지 못했고, 돌아 왔다 한들, 무엇엔가 홀린 듯했고 그 중에는 심한 정신적 충격을 받아 20대에 자살을 한 이들도 있었다. 그러한 불균형과 그들에게 아무것도 해줄 수 없는 정치적 무능함으로 인해 나는 나의 기원을 절대로 포기하지 않기로 마음먹으면서 나 자신을 이방인이라고 자처하게 되었다.

여러 가지 이유로, 머리 둘 곳이 없고 도시의 벽을 넘어 부랑자와 같은 죽음을 맞은 주님에 대한 최소한의 예의에서라도 아나뱁티스트 전통은 이방인의 형편을 이해한다. 최근에 들어서야, 감사하게도 획일적이지 않으면서도, 교회의 정체성이 나라와 결부되어야 한다는 생각을 하게 되었다. 그리고 교회는 세속적인 권세가 가진 틀에 박힌 관습의 구속력을 부여잡지 않은 채, 창의성과 은혜롭고 비폭력적인 힘을 계발하고 있다.

이야기와 나의 이방인 기질은 기독교적 믿음을 갖게 해주었으며, 후에는 아나뱁티스트적 사고를 하게 하는 소명에 영감을 주었다. 아나뱁티즘을 내가 처음 접한 것은 나의 대학 시절 초반 「순례자들」Sojourners이라는 잡지를 통해서였다. 물론 아나뱁티스트들의 영향 때문에 그 잡지는 확실히 돈을 벌어 행복해지자라는 '아메리칸 드림' 과는 거리가 먼 내용들만을 다루었다. 그리고 그 잡지는 우리가 살고 있는 세상을 읽고 해석하기 위해 성경의 다른 메시지와 더불어 복음에 대한 이야기를 집요하게 끄집어 냈다. 또한 그 잡지는 복음이 현재 머물고 있는 세상을 읽고 해석하도록 권면했다. 그 잡지의 몇 페이지 가량을 자주 장식한 한 작가는 특별히 성경이라는 렌즈를 통해 사물의 핵심을 꿰뚫어보는 능력이 있어서 나는 그에게 빠져 들 수 밖에 없었다. 그가 바로 존 요더다. 나는 곧 그가 몇 해전에 썼던 책, 『예수의 정치학』을 알게 되었고 나는 그 책을 곧바로 읽었다.

나는 그 책의 내용이 심오하게 성경적이라는 점과 그 특유의 깔끔하고 유쾌한 논증에 깊은 감명을 받았다. 그러나 그 당시의 나는 아직 매우 급진적이고 확신있게 국가의 정치를 교회의 정치에 종속시키는 기독교의 개념을 받아들이기가 어려웠다. 다시 말해 나는 위에서 언급한 짧은 자서전적인 생각이 의미하는 것처럼 이방인적인 기질이 처음부터 그렇게 많지는 않았다. 나는 또한 그가 어떤 특정 종파를 위해서가 아니라 세계교회를 위해 저술하고 있다는 그의 마음을 미처 궤뚫어 보지도 못했다.

내가 요더의 생각을 진지하게 받아들이려면 아마도 메노나이트 교회 하나쯤에는 다녀야 할 것처럼 보였는데 나는 그럴 준비가 되어 있지 않았다. 그런데 그게 잘된 일인지 아닌지는 잘 모르겠지만 하여튼 나는 그 후로 메노나이트 교회를 민족적 배경을 가진 교회로 보게 되었다.

그로부터 10년이 채 되기도 전에 1985년 요더의 두번째 책이 나와 나의 마음을 또 한번 사로잡았고 그 책을 읽은 후, 전에는 아나뱁티스트에 대해 닫혔던 나의 마음의 문이 활짝 열리게 되었다. 크리스찬 투데이의 편집인으로 일할 때, 도서 리뷰 데스크에 놓인 『평화로운 왕국』The Peaceable Kingdom이라는 책이 어느 날 나의 눈에 띄었다. 스탠리 하우어워스에 대해 들어본 적이 있는지라 나는 그 책을 집에 가져가서 읽었다. 『평화로운 왕국』은 지적 수준에 대한 일관성부분에서 내게 아직 명확하지 않은 부분이 있지만 내 신앙생활에서 아주 중요한 요소들을 통합하고 촉진시켜주는 역할을 했다. 그런 요소 중 하나가 하우어워스의 설화에 대한 강조였다. 이야기식의 설화는 나의 변덕스런 성향에 잘 들어맞을 뿐만 아니라 교회와 성경의 이야기를 만들어내는 믿음을 진지하게 만들었고 신학-철학적 배경을 깔고 왜 특정 설화는 절대로 버려져서는 안되는지를 보여주었다. 나는 이미 바르트를 통해서 거기에 대한 확신이 있었다. 하지만, 하우어워스의 주장은 바르트가 언급했듯이, 그 어떤 다른 것으로 대신할 수 없는 하나님의 말씀의 우월성에 대한 관심을 이해하는데 도움을 주었고 성경에 나오는 이야기들이 다가오는 포스터모던 시대의 인식론적인 논쟁에 더 자연스럽게 연관되었다는 면을 아주 명쾌하게 기술했다.

두번째로 내 신앙의 통합과 촉진의 요소가 된 것은 하우어워스가 보여준 교회의 예배생활에 대한 깊은 관심과 이해였다.

그 전 몇년간 그는 노틀담의 가톨릭 신자들과 살았고 성찬의식이 가진 힘에 마음이 움직였다. 그 4~5년전 성찬중심의 영성에 대한 이해로부터 결단하여 나는 성공회교인 되기로 마음을 확정하게 되었다. 나는 예배의식과 성만찬 가운데 있는 엄청난 풍요로움과 형식의 풍성함을 알게 되었고 "평화로운 왕국" 에서 이러한 경험에 대한 흥미로운 신학적 논리적 근거를 발견게 되었다. 그러나 이 책이 나에게 중요하게 된 세번째 요소는 내가 이 책에서 나를 이방인의 상태라고 부르는 것과 관련이 있다. 하우어워스는 교회는 현상태를 유지하는 일을 지지하거나 현상태를 유지하기 위해 축복하며 기름붓도록 부름받은 것이 아니라, 교회는 교회만의 유일무이한 과업을 선언하며 세상을 위하여 세상에 맞서라고 부름받았음을 확언했다.

세 번째 요소는 요더에 대해 다시 생각해보도록 만들었다. 하우어워스는 연합감리교인이었다. 지금도 그렇다. 아마 그때의 나는 요더에게서 좋은 믿음을 배우기 위한 목적으로 굳이 메노나이트 교회에 들어갈 이유는 없었다. 나는 '예수의 정치학'을 읽었을 뿐만 아니라 나중에 나온 그의 책 '제사장같은 왕국' 도 읽었다. 그리고 이번에는 그가 가톨릭교와 복음주의교회를 위해 에큐메니칼적으로 쓴 글에도 관심을 기울였다. 요더의 책을 시리즈로 읽은 것은 곧 문학적인 만남으로 이어져 다른 아나뱁티스트 사상가들 즉 제임스 맥클랜던, 놀만 클라우스, 낸시 머피, 톰 핑거, 존 드라이버 등을 접할 수 있었고, 어떤 행복한 경우는 친구관계로 맺어지게도 되었다. 이러한 영향은 베다니 신학교에서 신학 교육을 더 하겠다는 나의 결심에 중대한 영향을 미쳤고 그 베다니 신학교에서 데일 브라운은 아나뱁티스트 전통을 그 파란만장한 역사와 함께 힘있게 소개했다. 그곳에서 또한 로리 허쉬 메이어는 헌신된 평화주의자가 어거스틴으로부터 어떻게 배우고 어떻게 사랑을 할 수 있는지 보여주었다.

그 당시, 아나뱁티스트적 생각과 증언은 나의 소명의 핵심에 있었다. 나는 교회를 이스라엘의 역사와 예수 그리스도의 계시와 세상과 화해하시려는 십자가를 지신 희생 속에 드러난 하나님의 계시에 근거하여 세워진 유일한 공동체로서 세상을 위한 자신의 독특한 과업을 더욱 신실하게 이해할 수 있도록 돕는 작가 겸 편집자로 부르게 되었다.

아나뱁티스트 전통은 전형적으로 교회와 교회의 사역을 이러한 방식으로 이해하는 전통으로서 성경의 이야기에 충실하고 부랑자, 이방인, 잊혀진 자들에 대한 하나님의 긍휼하심에도 진실하게 반응한다. 결과적으로 아나뱁티스트 전통은 비폭력적으로 예배하며 선교한다. 그러기에 아나뱁티스트 전통은 서구 나머지교회와 함께 나눌 수 있는 엄청난 축적된 지혜가 있다. 교회는 지금 반드시 주변환경의 압력(교회의소명을위한하나님이주신?)을 통과하여 주변환경이 이미 적어도 잠재적인 기독교인이나 제국의 도움으로 이미 복음화된 사람들로 가득하다는 가정을 하지 말고 어떻게 하면 교회가 교회다워져야 하는지를 배워야 한다.

그러나 나는 아나뱁티스트 전통에 많은 신세를 졌고, 모든 교회가 가톨릭이든 복음주의교회이든 아나뱁티스트 전통으로부터 배워야 한다고 생각하는 만큼이나 여전히 성공회 교인으로 남아있다. 사실은 아나뱁티스트 전통은 성례와 성례신학을 다루어야만 한다. 나는 츠빙글리파의 세례에 대한 진의를 숙고하지 않은 채, 기념하는 정도 이해하는 방식과 그러한 성만찬식이 모두 너무도 개인주의적이고 주관적인 영성으로 진행되는 점을 염려한다. 예배가 단지 우리가 예수님과 그의 희생적 삶과 죽음에 대한 정신적 회상에 불과하다면 믿음_{최소한여기서}은 인간이 먼저 주도해 나가는 문제가 된다. 신학적으로 기념하는 정도의 성례의 집행은 하나님께서 우리가 여전히 길을 잃어 죄 가운데 헤매는 동안 이스라엘과 예수 그리스도를 통하여 인간에게 먼저 다가오신 하나님의 은혜에 역행하는 역할들을 한다. 현재의 아나뱁티스트들이 츠빙글리파라는 점에서 은혜스럽게 보이고 공동체 안에서 함께 하며 능력을 받은 모습이 그들의 신학과 세례와 성만찬의 의식에도 불구하고 일어나는 것에 대해 의구심을 품게 된다.

유사하게 나는 아나뱁티스트의 선교전략에 관해서도 로마 가톨릭, 영국 국교회, 루터교나 단호한 그들만의 예배 전통을 가진 다른 교단으로부터 배울게 있다고 생각한다. 나는 오직 한 가지 중요한 예를 말하겠다.

좋든 싫든 간에 우리가 사는 세상은 '말'의 시대에서 '이미지'의 시대로 옮겨가고 있다. 여러 이유로 최소한책만들어파는사람입장이아닌 나는 교회가 그들의 설교나 의견을 계속해서 책으로 만들어내면 좋겠다. 그러나 나는 눈에 보이는 이미지는 기독교인의 삶에서 소통과 행동의 문제에 더욱 중요한 것이 될 것이라고 생각한다.

예를 들어 연합예배 가운데에서 선포된말해지거나쓰여진 말씀 뿐만 아니라 성례를 통한 또는이미지화된 말씀 또한 중요시 여기는 그러한 전통들은 매체의 이미지에 익숙한 사람들에게 더욱 호소력 있으며 더 나은 소통의 통로가 될 것이다.

요약하자면 윤리학자 제럴드 슐라바흐가 이 시대의 소망을 이렇게 표현했다. 가톨릭은 더욱 아나뱁티스트적이 되어야 하고 아나뱁티스트는 더 가톨릭적이 되어야 하면, 주류 개신교는 더 아나뱁티스트적이며 가톨릭적이 될 때 바로 소망이 있는 것이다.[1] 이것이 아마도 21세기 서구 교회의 소명을 적절히 요약한 것일 것이다.

---

1) Rodney Clapp, "What Would Pope Stanley Say? An Interview with Stanley Hauerwas," *Books and Culture* (Nov.-Dec.,1998): 16-18; Schlabach quoted on p. 18을 보라.

13장. 하나님의 집을 공유하기:아나뱁티스트와 함께 성서 읽기를 배우다

마이클 G. 카트라이트

다양한 기독교 전통간의 에큐메니칼 운동에 오래기간 참여한 사람들은 다 알 듯이, 신학적 논쟁에서 다른 기독교 전통에 동의하지 않는 것과 한 개인이 다른 기독교 전통을 자신의 살과 피로 구체화시키는 것은 별개의 문제이다. 다른 기독교 전통을 통해 하나님께서 무엇이든 변형시킬 수 있는 능력이 있는 것을 알게 되면 그는 자신의 개념을 다시 정리해야 할 것이다. 그가 그리스도의 충만함에베소서 4:13KJV을 아직 보지 못했다는 겸손한 판단과 함께 말이다. '그리스도의 충만함'은 성령의 방향에 우리의 마음이 온전히 열려만 있다면 얼마든지 느낄 수 있는 것이다.

나는 어린 시절뿐 아니라 어른이 된 후에도 종종 아나뱁티스트 신학과 윤리 옹호자나 윤리 실천가들을 지난 35년에 걸쳐 만나왔다. 평범한 예배와 공부와 논쟁과 우정을 통하여 급진적 개혁파 전통에서 온 다양한 기독교 동지들을

마이클 카트라이트(Michael G. Cartwright)는 연합감리교 목사로 안수를 받았고, 인디애나폴리스 대학에서 철학과 종교 부교수이자 기독교적 소명을 위한 란츠 센터 책임자로 섬기고 있다. 저서로는 존 하워드 요더와 함께 *The Royal Priesthood: Essays Ecclesiological and Ecumenical* (Herald Press 1994), *The Jewish-Christian Schism* (Herald Press 2009)를 공저하였고, *Practices, Politics, and Performance: Toward a Communal Hermeneutic for Christian Ethics*를 남겼다.

알게 됨에 따라, 나의 '하나님의 집'oikon tou theou에 대한 개념을 재정립하게 되었다.

나는 미국 감리교의 신학 윤리학자로서 내 메노나이트 친구들을 18세기의 동펜실베니아 메노나이트들이 '감리교도라 불리는 사람들'에 대해 말했듯이 '대항하는 사람들'과 한패로 어울리는 위험을 감수하는 사람들이라고 놀리는 것을 좋아한다.

나는 메노 사이언스, 미카엘 자틀러, 필그램 마펙의 계승자들과 함께 연관되는 것이 득보다 실이 더 많은지 아닌지는 판단하지 못하겠다. 그러나 나는 기독교의 제자훈련을 위한 "은혜의 통로"에 대한 이야기가 필요한지에 대해 상당히 다른 의견을 가지고 있음에도 불구하고 많은 메노나이트들은 나에게 "은혜의 통로"가 되어왔고 앞으로도 계속 그럴 것이라고 확신한다. 사실 나는 단지 문자적으로 메노나이트 아이들과 함께 학교를 다녔을 뿐만 아니라 다양한 아나뱁티스트 친구들과 "하나님의 집"을 함께 공유하는 기회를 갖기도 했다. 비록 "감리교도라고 불리는 사람들"에 대한 나의 지속적인 헌신과 갈등을 제쳐놓고 이런 판단을 내릴 수는 없지만 나는 아나뱁티스트와의 교제권을 통해 성경을 더 잘 이해하는 사람이 되었다고 생각한다.

이런 점에서 아나뱁티스트로부터 배운 대부분의 내용은 존 하워드 요더의 신학적 공헌에 대한 나의 관심과 연관이 있다. 내가 요더의『왕같은 제사장:교회론과 에큐메니칼 운동에 관한 에세이』1994를 편집할 때 의식적으로 요더의 작품을 주류 개신교회와 가톨릭 독자들에게 보여주려고 노력했다. 몇 년전에, 나의 친구 제라드 슈라바흐는 주류 개신교 전통의 신학자로서 통찰력있게 관찰하면서 내가 이런 문제에 관하여 요더와 나의 다른 점도 함께 이 책에 담아야만 하지 않은가 조언했다. 그가 옳았다. 그 일을 하기 전까지는 나는 요더와 나의 상당히 다른 점을 파악도 하지 못하고 있었다.

나는 요더와 내가 성례를 이해하는데 있어서 매우 다르다는 것을 알았다. 나는 성만찬에서 예수님의 "실제적인 임재"를 믿는 신학에 훨씬 익숙하다. 나는 또한 세례를 교회에서 행하는 가장 우선시 되며 중요한 하나님의 일이며, 이것은 하나님께서 세례를 받는 자들에게 베푸시는 은혜의 심오한 선물이라고 생각한다. 대부분의 급진적 개혁주의 전통에서 그러하듯이 많은 메노나이트들과 이 부분에서 아주 다른 생각을 가지고 있다는 것을 깨달을 수 있다. 메노나이트사람들은 종종 내가 "주고 받는 상담"giving and receiving counsel의 회복에 헌신한다는 말과 유아세례를 확고하게 신뢰한다는 사실에 놀라움을 표시한다.[1] 나는 미국 문화 속에서 감리교인들이 이런 문제에 관해 훈련되지 않은 느슨한 태도를 갖고 있다고 알려져 있기에 그들의 그 불신을 이해한다. 그러나 나는 세례는 모든 그리스도인들에게 "평생 세례"의 이해 속에서 다루어져야 한다고 생각한다. 수련수도사들이 수도원질서에 들어가기 위해서는 수도사들의 수도복에 걸맞는 모자를 써야하듯이 우리도 세례안에 평생을 거해야 한다.[2] 요더는 동의하지 않겠지만, 나는 하나님의 자녀로서 세례와 성만찬과 같은 은혜의 통로를 통해서 우리의 신앙생활을 형성해 나가야 한다고 믿는다.

---

[1] 우리 네 자녀 모두 유아일 때 세례를 받았다. 여기서 나는 신자들의 교회에 관한 개념을 가지고 "그리스도의 법칙"이라는 커퍼런스를 하는 도안 고센 칼리지 식당에서 마린 제시커와 가졌던 너무나 즐거웠던 대화를 기억한다. 제시커는 내가 그랬듯이 교회의 훈련을 진지하게 생각하는 만큼 어떤 사람이 유아세례를 변호하는 것에 충격을 받았다고 말했다.

[2] 오랫동안 지속된 중세전통을 생각하면서 홀드리히 츠빙글리는 세례를 이제 막 초보자로 입문하는 수도사들의 제복들에 비유했다. William H. Willimon's discussion of Zwingli's image of the monk's cowl in *Remember Who Your Are: Baptism- A Model for the Christian Life* (Nashville: The Upper Room, 1980), 92.

미리암과 존과 함께 공부하면서 아나뱁티스트 증언을 발견하다

우리가 만나고 있는 이곳은 어디인가?

그냥 집, 흙으로 된 바닥.

사람들을 보호하는 벽과 지붕,

창으로 들어오는 빛 그리고 열린 문.

그러나 이것은 살아있는 몸이 된다.

우리가 여기 모일 때,

하나님이 가까이 계심을 깨닫는다.[3]

이상하게 들리겠지만, 가장 초기 아나뱁티스트를 만난 것은 35년전의 일요일 오후 아칸사스의 스톤 카운티의 하이웨이 9에 위치한 웨스트 리치우드rich-woods 커뮤니티 건물에서였다. 나의 아버지는 마운틴 뷰의 소재지인 그 곳 카운티에서 제일침례교회의 목사이셨다. 일주일에 두 번씩 아버지는 리치우드 커뮤니티 빌딩에서 열리는 침례교인들의 모임에서 설교하셨고 나는 아버지가 좀 더 작은 모임에서 설교하실 때에는 가끔 따라다녔다. 우연의 일치인지는 몰라도 좀 보수적인 지역 메노나이트 모임 또한 일요일 오후 바로 같은 건물에서 예배를 드렸다. 그 메노나이트들은 오후 2시까지 건물을 비웠다. 그 후 침례교인들이 그 건물을 1시간 가량 이용하며 거기에서 그들만의 강력한 영적 각성을 촉구하는 열정적인 설교를 나누었다.

---

3) "What Is This Place,"의 1절 찬송가 1장: *Hymnal: A Worship Book* (Scottdale, Pa.: Herald Press, 1992). 이 찬송의 본문, "Zomaar een dak boven wat hoffden,"은 후브 우스터휘스dp 의해 쓰여졌다(1968),그리고 데이비드 스미스dp 의해 번역되었다 (1970). 비록 로마 가톨릭에 의해 쓰여졌으나, 이 찬송은 심오한 아나뱁티스트적인 울림이 있다. 찬송가의 가장 첫 번째 곡으로서 이 중요한 위치는 현대 아나뱁티스들에게 얼마나 이것을 상기하는지에 대한 좋은 표시가 되고 있다.

그 당시의 나는 커뮤니티 건물을 함께 나누어 쓰는 것을 몰랐기 때문에 메노나이트들은 침례교회에서 건물을 임대해 쓰는 줄 알았다. 나는 아주 궁금해 했던 것도 기억난다: 어떻게 된 교회가 건물도 하나 없지? 내가 이미 꼬마들의 손동작으로 율동하며 부르는 노래를 배웠음에도 말이다. '여기에 교회가 있어요, 여기에 교회탑도 있어요, 문을 열어요, 사람들은 어디에 있을까요?' 이 노래의 효과는 아이들로 하여금 '교회'라는 것이 꼭 교회의 건물만을 의미하는 것이 아니라는 것을 깨닫게 해 주는 것이었을 것이다. 나는 또한 건물문제가 종종 남침례교의 논쟁의 화두였다는 것을 알았다. 1965년 즉 내가 8살이 될 즈음에, 나는 이미 건축과 증축문제로 갈라지는 몇 교회들이 주변에 있다는 것을 알고 있었다.

메노나이트 모임이 리치우드 커뮤니티 건물을 사용 중일때 나는 그 안에 들어가 본 기억이 없다. 또한, 그들이 어떠한 예배를 드리는지도 관심이 없었다. 그 건물이 나의 아버지가 설교하셨던 아칸사스주에 있던 다른 교회 건물들과 다른 점이 있는 것으로 보이지도 않았다. 그 건물은 그저 평범한 나무로 된 건물 본체에 나무로 만든 장의자와 목사님께 집에 갈 시간이 되었다는 것을 알려주는 커다란 시계가 벽에 걸려있을 뿐이었다. 그러나 내가 정말로 기억하는 것은 이 모임의 사람들은 어떻게 된 일인지 자동차를 타고 오는 이들이 별로 없었다는 것이다. 물론 자동차가 몇 대 있기는 했는데 당시 내 눈에는 교회 전체를 통틀어 차가 1대뿐인 것으로 보였다.

나의 초등학교 친구였던 존 매이스트의 아버지는 메노나이트 교회의 목사이셨다. 존과 나는 메노나이트들의 모임이 끝나고 다음 순서로 침례교인들이 건물로 들어올 때쯤 서로 인사를 하곤 했다. 존의 아버지는 예배가 끝나면 그의 낡은 스테이션 웨건에 교인들을 집에 데려다주기 위해 7~8명을 태우곤 하셨다. 가끔 사람들을 다 태우지 못해 먼저 탄 사람들을 다 내려주고 난 후 다시 돌아오셔서 기다렸던 사람들을 태우시고 집에까지 가시곤 했다. 그런 모습이 매우 이상했었다.

'미국 사람들은 다들 차 1대씩은 가지고 있지 않나?'

메노나이트들은 이러한 점에서 매우 특이하게 보였다.

신앙공동체의 다양성보다는 술 소비량[4]이 많기로 더 유명한 마을, 마운틴 뷰는 대부분 침례교회와 감리교회 그리고 막 존재감을 알리기 시작한 오순절 교회들로 구성되어 있었다.

마운틴 뷰에 가톨릭 교회가 있었다면 그 교회는 성례 신학을 다룬 그 어떤 내용보다도 교인들의 '머리에 물을 적시는 정도'의 의식 때문에 더 유명했을 것이다. 당시 나의 눈에 세상은 침례교와 '기타 등등'으로 이루어진 것처럼 보였다.

감리교인들은 침례교가 우세한 지역에서는 침례교의 가장 강력한 라이벌로 보였다. 나는 모든 이들이 가톨릭 신도들만큼이나 감리교인들이 술을 마신다는 것을 알고 있다고 믿으며 자랐다. 비록 어떤 감리교인들은 '거룩하여' 절대로 술을 마시지 않기로 맹세하기도 한다고 들은 적이 있었지만 말이다. 나는 감리교인들이 잘 이해가 안 갔지만 "신자들의 세례같은 것을 행하는 메노나이트들이 내 삶에 관계될 것이라고 생각하는 것은 더더욱 힘들었다. 그러나 내가 몰랐건 이해를 잘 못 했건 간에, 침례교인들은 이러한 부류의 기독인들과는 어울리지 않고 물론 그들도 우리를 상대하지 않았다.

나는 남침례교인들이 로마서 12:1-2에 따라 변화된 삶의 중요성을 강조하

---

4) 스톤 카운티는 공식적으로는 "메마른" 곳이다. 하지만 주류밀조로 잘 알려진 곳이었다.

는 것을 아주 잘 안다. 개개인의 순수한 윤리들 즉 우리가 배웠던 "술 마시지 말라, 껌씹지 말고 영화보러 가지 말며 춤도 추지 말고 간음과 우상숭배하지 말고 여자와 음란한 행위를 하지 말라" 등등 개인의 순결을 강조하는 윤리를 반복하여 강조했다. 그러나 아칸사스주의 작은 언덕위의 남침례교인들은 소박하고 단순한 삶, 상호협동, 평화주의 같은 반문화적인 노선에 대해서는 분명하게 선을 그었다. 기독교의 불순응Christian non-conformity에는 한계가 있었기에 그렇게 보였다. 단 2명의 아프리칸-아메리칸이 사는 작은 마을에 인종적 통합은 큰 문제가 전혀 되지 않았다.

나는 마운틴 뷰 초등 학교에 2명의 보수파 메노나이트 아이들과 함께 다녔다. 미리암 밀러, 존 매이스트 그리고 나는 모리슨 선생님의 수업에서 읽는 법을 같이 배웠다. 같은 반의 다른 학생들은 존과 미리암을 '다르다'고 생각했다. 그들은 나머지 아이들에 비해 많이 튀었다. 물론 그들이 입고 있던 옷도 튀어 보이기도 했다. 미리암이 입은 드레스는 우리 교실의 다른 여자애들 것보다 더 길었다.

존의 티셔츠는 다른 남자아이들이 입는 것보다 좀 더 어둑칙칙한 색깔이었다. 그러나 아마도 그들이 쉬는 시간에 했던 남다른 행동으로 말마암아 더욱 그렇게 보였던 것 같다. 아직 그들은 각자의 메노나이트 교회에서 세례 받은 교인은 아니었지만, 미리암과 존은 벌써부터 평온함과 겸손한 태도를 보였다.

우리 셋은 명백한 공통점이 있었다. 미리암과 나는 책을 읽는 것을 좋아했다. 비록 우리의 관심분야가 다르기는 했지만 말이다. 또한 존과 나는 둘 다 '목사'의 아들이어서 나는 존에게 일종의 유대감 같은 것을 느꼈다. 나는 미리암과 존과 함께 성경에 대해 이야기를 나누어본 기억이 없다. 미리암과 얼마나 많은 성경 구절을 암송해야만 하는지에 대해 이야기한 것이 성경에 관해 우리가 나눈 대화의 전부였다. 우리는 둘 다 성경을 스스로 읽기 시작한 것이 그저 자랑스러울 뿐이었다. 비록 특히 구약에서 여러 가지 단어나 말의 뜻을 알지 못해 애를 먹었기는 하지만 말이다.

　나는 과거의 일을 기억하며 향수에 젖는 것의 위험을 인지함에도 불구하고 [5] 내가 미리암과 존을 만난 것은 메노나이트와의 첫 만남이었을 뿐만 아니라, 기독교인의 삶에 분명히 다른 방식이 있다는 것을 처음 인지한 만남이기도 하며, 제자도에 대한 나의 이해에 긍정적인 도전을 준 만남이였다. 운동장에서 미리암, 존, 내가 다른 아이들과 놀 때, 우리는 가끔 다른 아이들하고는 하지 않는 그러한 내용의 대화를 나누곤 했다.

　내가 존 요더의 에세이 『만약 당신이라면?』대장간역간을 읽기 훨씬 오래 전에, 미리암이 내게 던진 질문을 기억한다. 동급생과 싸우는 것이 내가 할 수 있는 유일한 방법은 아니라는 취지로 미리암이 나에게 완곡하지만 단호하게 하였던 질문이다. "너라면 어떻게 하겠니?" 아마도 미리암이나 나나 이런 것을 '형제애에서 나온 훈계'조라고 생각해 본 적은 없다. 그러나 나는 미리암이 에베소서 4:32에 나오듯이 '서로 친절하고 다정하고 하나님께서 그리스도를 위해 너희들을 용서 하신 것처럼 용서하라'와 같은 사도적 명령에 순종하며 살아야 한다고 나에게 추궁하고 있다는 것을 느꼈다. 사실 위 구절은 내가 처음으로 암송했던 성경구절들 중에 하나이기도 하다.

　나는 쉬는 시간에 존이 나도 끼어 들려 했던 싸움을 왜 애써 피하려고만 하는 것일까 하고 궁금해 하던 기억이 난다. 존은 내가 도저히 그런 식으로는 살아 갈 수 없는, '목사님의 아들' 처럼 행동하려 하는 것 같았다.

---

5) 재건과 정체성확립을 위한 복잡한 기억에 대한 아주 이해하기 쉬운 토론을 위하여, 존 코트레의 아주 멋진 책, White Gloves: *How We Construct Ourselves Through Memory* (New York: Norton, 1996) 을 보라.

실제로 그 시절 가장 생생한 기억은 운동장에서 뛰어노는 아이들이나 교실에 계신 선생님의 모습이 아니라 내가 그 당시 읽고 있던 책이었다. 내 가족이 마운틴 뷰로 이사하기 직전 나는 자랑스럽게도 『존 F. 케네디와 PT-109』라는 책을 완독했다. 이것은 우리가 살던 시골에 1965년 여름 이동 도서관 차량이 왔을 때 거기 있던 그리 많지 않은 책들 가운데에서 내가 스스로 골라서 읽은 첫 번째 책이었다. 우리가 그 해 9월 마운틴 뷰로 이사갔을 때 나는 재빨리 읍내 광장의 법원 2층에 있던 스톤 카운티 도서관에 갔다. 내가 그 방대한 양의 책을 접하고 놀라서 어리둥절하던 기억이 아직도 난다. 도서관 구석에는 아이들을 위한 위인전 한 질이 3개의 선반에 나누어 꽂혀져 있었다. 그 해 나는 거기에 있던 '미국의 유명 인사들' 이라는 위인전 시리즈를 다 읽었다. 한참 후에야 나는 이렇게 판에 박힌 내용의 총 192페이지에 걸쳐 애국적인 주제들로 이루어진 전기문 형식의 이야기들이 나를 전형적인 미국시민으로 자라게 한 반면, 앞으로 될 수 있는 그리스도의 제자의 길을 얼마나 망쳐 놓았는지 뒤늦게 깨달았다.

회고해 보건대, 우리 가족이 아칸사스의 마운틴 뷰에서 생활한 2년은 그 당시 느꼈던 것보다 실제로는 더욱 중요한 일들이 많이 일어났다고 생각한다. 이 기간에 나의 평생 습관이 된 여러 분야의 책 읽는 습관이 형성되었고 이 습관은 그러한 '배움에 대한 사랑과 하나님에 대한 열정'이라는 두 가지의 쌍둥이 감정을 내 안에 형성하였다.

크리스마스 선물로 겉은 가죽이고 예수께서 하신 말씀은 모두 붉은 글자로 처리된 나만의 성경을 부모님으로부터 받았는데, 일요일 '침례교인 훈련 연합 활동' 에서 '성경의 검'Bible Sword Drill 대회와 같은 주일 저녁에 열리는 침례교 훈련

활동에서 그 성경을 활용하기 시작했다. 평화로운 목적으로 성경을 사용하는 법을 배우기 전까지 나는 성경을 세상에서 영적 싸움을 하는데 필요한 무기라고 배웠다.

그 직전에 나는 RA즉 그리스도를 위한 왕의 대사Royal Ambassadors for Christ에 가입하여 그리스도의 제자로서 험준한 산을 오르기 시작했다. 정복을 위해 평범한 사람이 믿음의 정식 기사가 되려면 지나야 하는 과정으로서 말이다. 이런 모든 것들은 좋은 시민이 되는 것과 부합하는 일이었다.

그 오래전에 나는 콘스탄티니즘의 개신교와 가톨릭의 전통을 배웠고 그리스도의 제자됨과 미국 시민으로서의 삶이 마치 장갑과 손처럼 착 달라붙어있는 세상에 살고 있었다.

그 당시 그리스도를 위한 '왕의 대사' 라는 비유에서 그리스도의 제자도가 가진 부유한 이미지를 느낄 수 있었다.고린도전서 5:17-20 이것은 오늘날까지 변화와 회복과 더 훌륭한 이해를 가져오는 시도로서 신앙와 학문 두 영역의 경계를 넘나드는 학자겸 목회자가 되고자 하는 마음을 형성해 주었다.

1967년 나는 마침내 구원을 받았다. 5~6개월간 확신 가운데 산 후에야 말이다. 사실 나는 주일학교 3학년 학생 중 그리스도 앞에 믿음을 맨 나중에 고백한 학생이 되었고 이것은 목사의 아들이라는 측면에서 사람들을 좀 당황하게 하는 사건이었다! 1967년 4월 23일에 나는 마운틴 뷰에 있는 제일침례교회에서 나의 아버지에 의해 침례를 받았다. 그 후에 나는 성만찬에도 참석할 수 있었다. 잘게 부순 크래커와 무슨 웰치스 주스같이 생긴 것이 작은 잔에 담긴 채로 알루미늄 쟁반 위에 올려져 처음으로 내 앞으로 왔다. 그 당시 나는 성만찬이 세상에 대하여 교회가 사명을 감당하기 위해 교회의 정체성을 이해하는 데 있어서 뿐 아니라 목회자로 나를 이해하는데 얼마나 중요한지 전혀 알지 못했다.

또한, 이 때 즈음해서 미국문화에 살고 있는 우리를 둘러싼 많은 사회적 긴장 가운데에서 예수 그리스도의 제자가 되는 것이 무엇을 의미하는지에 대해 알아내기 위해 처음으로 씨름하기 시작했던 시기라고 생각한다. 그러나 실제로는 나에게 정말 다른 일련의 사건들이 일어나고 1년이 지나서야 어떠한 중대한 방식으로 나의 영적인 전통에 대해 질문을 하기 시작했고, 나의 가족과 국가의 혼란 속에서, 미국 기독교의 위선의 깊은 영향에 대해 자각하기 시작했다. 특히 인종 차별에 관한 문제에 관하여.

그러나 1960년대 중반의 나는, 나중에 예수 그리스도의 복음에 신실하기 위해 대응해야 하는 잠재적 질문들을 조금씩 알아가는 정도였다.

그때나 지금이나 나는 똑부러지게 말하지 못하지만, 어떤 면에서 이상해 보이는 메노나이트들이 하는 신앙의 증언이 그리스도에 대한 나의 미숙한 증언보다 훨씬 일관성있고 신실하다는 것을 불편한 마음으로 깨달았다. 나는 감리교인과 침례교인들이 유아세례와 신자들의 세례에 대한 이견 때문에 나뉘어져 서로 불편해 하는 것을 알았지만, 왜 메노나이트들이나 침례교인들까지 서로 불편하게 여기는지 궁금해 했다. 침례에 관한 서로간의 같은 의견을 가지고 있는데도 왜 불편하게 지내는지 이해가 되지 않았다. 8살짜리 꼬마였던 나의 생각으로는 메노나이트들은 '제3의 것'으로 보였다. 즉 내가 경험했던 개신교도 아니고, 당시 어머니쪽 식구들이 가톨릭이었지만, 내가 좀 무시했던 바로 그 가톨릭도 아닌, '제3의 것'이라고 생각했다.[6]

---

6) 나는 나중에 Walter Klassen의 책, *Neither Protestant Nor Catholic*(Waterloo: Conrad Press, 1973)을 읽고 그 인식이 사실인지 아닌지 알아 보겠다.

우리가 살던 남부 아칸사스의 작은 마을에 있는 인종차별폐지제도를 실행하는 공립학교에 나를 보내지 않기 위한 가족의 생각이 우리가 마운틴 뷰로 이사하게 된 이유 중의 하나가 되었다는 사실을 알고 이런 모든 환경은 내게 아주 거북스럽게 느껴졌다. 이런 민감하고 뻔뻔스런 방식으로 나의 유년시절 남침례교회는 나에게 예수 그리스도를 위하여 백인들에게 '왕의 대사'가 되라는 의식을 심어놓았다. 동시에 존과 미리암과의 만남은 나에게 우리가 살고 있는 마을 안에서 어떻게 저런 모습으로 살아가고 있을까 하는 의구심을 불러 일으켰다.

교회를 오가는 메노나이트들을 관찰한 결과, 그들이 일관성있는 성실한 사람이라는 것을 보았다. 확신컨대, 수 년에 걸친 메노나이트들과의 만남은 그들 나름대로의 방식으로 말다툼을 하고 그들만의 방식으로 인종끼리의 경쟁과 배타성이 있고, 그들 안에서 전쟁을 하는 사람들도 있다는 것을 보여주었으나, 나는 그리스도의 왕의 대사에 대한 급진적인 이해를 가진 아나뱁티스트 교회를 매우 높이 평가한다. 그들 소유의 건물이 있든지 없든지 그들에게 교통수단이 있든지 없든지 그것은 그리 중요하지가 않다.

나의 10대는 더많은 혼란으로 가득차 있었다. 나는 15세가 되는 여름에 아버지께서 개척하셨던 미션교회의 건물을 짓는데 시간을 다 보냈다. 그러나 나는 그 교회가 결국은 중앙난방과 에어컨을 달 것이냐 하는 문제로 서로 갈라지는 것을 보았다. 그 결과, 아버지는 목회를 그만 두셨고 그로 인해 우리 가족은 파산하고 부모님은 이혼하셨다. 고등학교의 2학년 때 아버지는 정신 분열증을 앓고 계시다는 것을 알았다. 나는 우리 가족에게 계속 일어나는 문제 속에서 1970년대의 사회적 문제에 더욱 자기 비판적인 방법으로 연루되게 되었다. 나는 인종차별주의를 더욱 실감하며 마침내 나와 같은 유럽계 미국인이 아닌 모든 이들에게 그리스도를 위한 '왕의 대사'_{하나님의대사}가 되는데 헌신했다. 18세쯤에 반항기를 거친 후 나는 그리스도께로 재헌신을 했고 재세례를 받았으며 그리스도의 제자로서의 새 여정에 다시 입문하게 되었다.

존 하워드 요더와 함께 성경과 역사 읽기를 배우다.

말씀은 멀리서 오고

별들은 떨어진다

불꽃은 씨처럼 우리에게 뿌려졌다.

과거에서 보내진

하나님을 위한

이름들, 환상, 계시 그리고

기사들은

지금 우리가 필요로 하는 것들이다.

우리는 하나님께서 은혜로 주신

구원을 말씀을

기억하고 말한다.[7]

하나님이 주신 구원의 말씀을 재발견하다.

'가까이 그리고 멀리'란 두 단어가 지난 35년간의 내 인생을 만들어왔다. 나는 가끔 내가 하는 일을 묘사하려고 나는 나 자신을 말쟁이|wordsmith라고 불렀다. 나는 변화를 기대하면서 말을 다루고 있다. 말에 대한 나의 사랑은 성경을

---

7) "What Is This Place."의 2절

읽는 것과는 확연히 구분되는 일지만 결코 이 둘을 분리시킬 수는 없다. 나는 시편의 싯구를 좋아한다. 그것이 내가 조용히 휴가를 보내곤 하는, 성 매인래드의 알치애비Archabbey의 수도승들에 의해 불려진 것이건, 아니면 내가 가르치고 있는 영적 훈련을 위한 학문적인 신학교에서 불려진 것이든 상관하지 않는다.

이른 아침에 시편 63장을 읽는 것보다 나 자신을 하나님께 더 잘 드릴 수 있는 방법은 없다. 교회에서 성만찬의식의 집례자로 섬길 수 있는 것만큼 더 큰 특권은 내게 없다. 우리를 구원하신 하나님의 은혜에 대한 반응으로 신실한 사람과 함께 하나님을 찬양하는 것처럼 좋은 것도 없다.

나는 인쇄된 지면 위의 시나 말의 유희들도 좋아한다. 소설을 읽는 것보다 펜글씨 쓰기가 나의 유일한 취미인 것도 우연만은 아닐 것이다. 대학 시절 나는 나의 책에 대한 욕구를 채워줄 수 있는 많은 기회를 가졌다. 나는 종종 학부 과정의 교과서를 제외하고도 주당 5~6권의 책을 읽어치웠다. 또한 나는 안수받은 목회자로서 하나님을 섬기도록 부름을 받았다는 확신도 커져갔다. 동시에 나는 문학, 신학, 윤리학을 공부하고자 하는 열망이 있었다. 학교와 교회 두 곳에서 사는 법을 배우면서 나의 소명의 여정은 배움을 사랑하는 것과 하나님에 대한 열정을 통합하는 과정에서 형성되었다.

내 어린 시절의 남침례교회가 가진 근본주의적이며 인종차별적인 시각의 제한에 더 이상 갇혀 있을 수 없어서 나는 연합감리교회로 길을 바꾸었다. 몇몇 좋은 친구들과 대학교 안의 교목님과 목사님의 친절한 이해 속에서, 그리고 존 웨슬리의 신학적 글들을 접하면서 그렇게 결정할 수 있었다. 감리교인들을 선교를 위해 하나님의 사람들에게 주시는 능력으로 모든 기회가 "일반적인" 은혜를 경험할 수 있는, 특별히 성만찬의 성례와 같은 수단이 되게 하라는 조언을 하였다. 더불어 책임감을 훈련하는데 있어서는 "사랑 안에서 진리를 말하는" 연습과 결합하는 것을 추구한 웨슬리가 옳았다고 나는 처음부터 확신했다. 또한 찰스 웨슬리의 찬송가가 성경의 언어로 가득차 있는 것을 발견했다. 오순절을 위한 웨슬리의 찬송가 중 한 구절인, "오랫동안 떨어져 있던 그 짝을 서로 통합하라. 그 짝은 바로 지식과 경건이리니"라는 가사는 학자이자 목사였던 나 자신의 소명의식을 바라보는데 큰 도움이 되었다.

물론 이러한 지식과 경건을 통합하는 것을 배우는 것은 평생의 고민거리였고 그 이유는 그것이 학교에만 던지는 도전이 아니라 교회에서도 빠지기 쉬운 함정이기 때문이다.

1979년 나는 듀크신학교에서 신대원과정을 시작했다. 거기서 나는 학교 시스템이 가능하게 해 준 '배움에 대한 사랑과 동시에 하나님에 대한 열정'을 추구하는 것을 계속 맛보게 되었다. 그 직전에 나는 J. 데니 위버가 쓴 박사논문을 읽었는데 그 논문에는 성경 해석에 대한 개신교도들의 얽히고 설킨 논쟁의 역사를 다룬 것이었다. 나는 곧 위버가 내가 이미 연구하고 싶어하던 분야의 광맥을 캐내고 있다는 것을 발견했다. 비록 이 메노나이트 신학자가 던진 질문들은 나의 질문들과는 달랐지만 말이다. 나는 위버에게 학자로서의 지적인 친근감을 느꼈다. 나는 건설적인 신학의 과제가 조심스러운 역사적인 재고와 통합되기를 원했기 때문이다. 듀크 신학교에서 그 당시 진정한 박학다식의 모범을 보여주면서, 나에게 학자로서의 길과 교회에서 목회자로서의 길을 아우르는 소명을 분별하도록 하는 교수 한명을 만났던 것이다.

회고해 보건대, 나의 갈등많던 교회관에 대한 배경과 그리스도의 제자로서 나를 형성해 온 사상적인 갈등으로 인해, 내가 기독교 윤리에 관한 성경사용의 "문제점"을 신대원 공부의 주제로 정한 것은 당연한 일인 것 같다. 다른 사건에서 내가 이미 언급했듯이, 존 요더의 "예수의 정치학"이 주류 개신교 신학자들에게 끼친 영향에 대한 이야기는 아직도 회자되는 역사이다. 하나님의 먼저 보여주신 사랑에 대한 반응으로 너무나 열심히 파헤친 지난 세대의 복음주의적 자원이 벌써 고갈되었기에 "주류" 개신교의 전통은 무너지기 직전에 도달했다. 이런 상황에서 존 요더의 책은 새로운 시대의 신학자들에게 "하나님께서 값없이 주신 구원의 언어 '를 회복하고 보강하는데 그 도움을 주는 안내선이 될 것이다.

하나님나라의 서기관이 되어 지혜로운 선택을 배우다.

1980년 듀크 디비너티 학교의 신학생으로서 듀람에 있는 서점에서 일을 하다가 요더의 '예수의 정치학'을 발견하게 되었다. 얼마나 이 책이 강력하게 내 마음에 울렸는지, 또한 '학자 겸 목회자'로서의 훈련에 대한 질문으로서 얼마나 강력한 역할을 했는지 말할 수가 없을 정도이다. 교수님 중 한 분에게 예수의 생애와 사역에 대한 요더의 해석을 설명한 학자들을 혹시 아느냐고 물어본 기억이 난다. 또다시 나는 내가 배워 온 것보다 더 배워야 한다는 것을 깨달았다. 요더는 성경 해석의 현대적 패러다임에 의문점을 가지도록 도왔고 그 결과로서 요더는 나에게 로완 윌리암스의 놀랄 만한 글귀를 떠오르게 하는 '의심에 대한 의심'을 연습할 첫 번 째 기회를 주었다. 요더의 책 '예수의 정치학 '에서 성경을 반지성적으로 읽는다거나, 모든 것을 다 아는 듯 교만한 태도의 현대주의에 빠지지 않으면서 레싱이 말한 역사의 '넓고도 보기 흉한 도랑'을 다룰 수 있는 가능성을 발견했다.

요더는 마태복음 13:52에 기술된 것처럼 '기억의 대행자들'의 역할을 설명했다. '하나님의 나라를 위해 훈련받은 서기관율법학자은 보물들이 있는 자기 곳간에서 새 것과 낡은 것을 잘 구별하여 알고 있어서 꺼낼 줄 아는 집주인집사과 같다.' 이 은유에 대한 요더의 이해에서 서기관이란 그 자신의 생각대로 말하지 않고 공동체의 종이자 공동체적 기억의 종으로서 말하는 사람이다. 그가 가져온 '보물들'이 고대의 것이건 최근의 것이건 그들은 곳간에 익숙한 사람이며 언제 무엇을 꺼내와야 하는지를 아는 사람이다.[8] 나는 자주 요더가 이러한 역할을 하는 인물들을 깎아 내리게 말하는 것을 보고 의아해했다. 요더는 곳간에 대해 '잘 알고 있는 사람'이 무엇을 뜻하는지 거의 말한 적이 없다. 만일 내가 요더의 책을 제대로 읽은 거라면 언제 무엇을 가져와야 할지 아는 것은 성령님의 활동을 통하여 적절한 시간에 교회에게 필요한 하나님이 주신 지혜를 가르키는 정도의 사도적 개념의 "실제적인 지혜"를 계발하는 기술을 의미하는 것은 아니다. "집사의 지혜로운 선택의 능력"에 대한 이미지는 '성경을 해석하는 보통사람들평신도'을 일으키고자 하는 요더의 핵심개념에 놓여 있는 가치이다.

'보통사람들(평신도)의 성경 해석학'을 배우다

신대원생으로서 요더의 글을 읽으면 읽을수록, 내가 아나뱁티스트 전통에 점점 깊이 빠져드는 것을 알게 되었다. 듀크 대학교 신학교의 지하도서관 내 자리에서 "세상에 사는 사람들"A People in the World이라는 그의 에세이를 읽은 날은 어떻게 개신교도들이 성경을 다시 새롭게 접할 지에 대한 나의 생각을 정립하도록 성경해석학적 통찰력을 얻은 날이다.

---

8) ohn Howard Yoder, *The Preistly Kingdom: Social Ethics as Gospel* (Notre Dame: University of Notre Dame, 1984),30.

하나님께서 하신 일은 사람들을 부르신 것이다…. 이때, 교회는 신문이나 전화 회사가 위탁받은 고객의 메시지를 전달하는 것처럼 화해의 메시지를 전달하는 데에 그치지 않는다. 또한 교회는 동창회가 학교의 소산이거나 극장안의 군중들이 영화에 대한 평판의 결과물이 아닌 것처럼 단순히 메시지의 결과물도 아니다. 남녀 모두를 새로운 형태의 온전한 사회로 부르신 것 자체가 하나님의 일이시다. 그것은 역사에 어떠한 의미를 심어준다. 그 역사의 의미로부터 개인적 변화(개개인들이 이러한 의미로 불리어 진다.)와 선교에 대한 방법이 나온다.[9]

요더가 항상 주장했던 내용은 에베소서 3:10에 대한 주의깊은 이해 그 이상도 이하도 아니었다. 그것은 나로 하여금 이상한 긴장 속에서 지탱하고 있던 나만의 웨슬리안의 유산을 집중도록 이끌어 주었다. 이 구절은 이 "새로운 형태의 온전한 사회"를 구현할 그리스도인을 만드는 것이 의미하는 바에 대해 더 깊이 생각하도록 했다. 어쨌든 위 문장은 이러한 '새로운 형태의 온전한 사회'를 구현할 수 있는 그리스도인을 만들어가는 것이 무엇인지에 관해 더 깊이 고찰하도록 만들었다. 이 에세이에서 요더가 내가 만족하리 만큼 언급한 사안은 아니며 더 높은 교육을 위한 출판되지 않는 글 속에서 충분히 언급한 사안이라고도 생각하지 않는다.

의심할 바 없이 내가 듀크 대학의 졸업반에서 1985-88에 스탠리 하우어워스와 함께 공부한 사실은 요더의 '공동체적 성경 해석학'에 대한 나의 관심에 일종의 '지적인 보호막'를 제공해 주었고 나는 계속 요더의 책을 읽어야 겠다고

---

9) John Howard Yoder, *The Royal Priesthood: Essays Ecclesiological and Ecumenical* (Grand Rapids: Eerdmans, 1994), 74.

생각했다.

그 당시 요더의 책은 기독교 윤리를 위한 '교회적 성경 해석학'[10]을 재정립할 수 있게 도와주는 몇 안 되는 도구 중의 하나였다. 윌리암 클라센의 모범적이고 역사적인 학문의 도움이 있었다면[11] 나는 아나뱁티스트 전통에 있는 '공동체의 성경 해석학'의 역사에 대해 좀 더 배울 수 있었을 것이다. 특히 내 생각에는 아직 정당하게 인정받지 못하고 있는 아나뱁티스트 신학과 윤리에 공헌한 필 마펙의 글을 중심으로 그렇게 하고 싶다. 요더의 책을 읽지 않았다면 아마도 나는 자틀러, 마펙, 후브마이어 등등의 책도 읽지 않았을 것이다. 그리고 그리스도인의 윤리에서 성경을 규범적으로 사용하기 위해 내가 만들기 원했던 사례를 이렇게 논쟁하는지에 대해 지금처럼 많은 것을 발견하지 못했을 것이다.

포도나무 가지를 치면서 '다시 시작하는 법'을 배우다

나는 또한 기독교 전통이 형성된 중요성을 진지하게 받아들이며 '원래 모습을 회복하는' 방식으로 그리스도인의 전통을 다루는 것의 중요성을 요더로부터 배웠다.

다음은 요더의 책의 일부이다.

---

10) "공동체의 해석학"에 대한 질문이 메노나이트 학자이자 교회리더인 로렌스 버크홀더와 윌리암 클라센과 같은 사람들에 의해 다양한 방식으로 제기되어 왔지만 요더만이 "교회적인 해석학"을 준비하는 내게 개념적인 자료들을 지식적으로 제공해 주는 유일한 아나뱁티스트 신학자였다.

11) William Klassen, *Convenant and Community: The Life, Writings, and Hermeneutics of Pilgram Marpeck* (Grand Rapids: Eerdmans, 1968). 필그램 마펙의 1차 자료들은 William Klassen과 Walter Klaassen이 번역하고 편집한 *The Writings of Pilgram Marpeck* (Scottdale, Pa.: Herald Press, 1978)에 수집되어 있다.

나무 또는 가족의 족보가 그냥 내버려 두어도 스스로 커나가는 것과는 다르게 어떠한 전통이 건전하게 성장하기 위해서는 마치 포도나무를 기르는 것처럼 정성스럽게 돌보아야 한다. 즉 끊임없이 그 전통의 성장에 대한 인위적인 손길이 들어가야 한다는 것이다. 인간의 손길은 전통이라는 포도나무에게는 가지치기를, 뿌리에게는 새로운 기회를 의미한다. 기원에로의 재건에 대한 호소는 원시주의를 말하는 것도 아니고 본래의 순수함을 다시 찾겠다는 노력을 의미하는 것도 아니고, 그것은 '다시 시작하는(Loop back)' 것이다. 중간 과정을 수정하기 위해 어깨너머로 보는 것이며 과거에는 보이지 않던 무엇인가를 재발견하는 것이다. 오직 새로운 질문이나 도전만이 우리로 하여금 우리의 과거가 말하는 바를 알 수 있게 한다. 포도나무 재배자의 이미지를 조금 더 살려, 가지치기에 관해 좀 더 자세히 이야기해보자. 가지치기는 포도나무에 절대로 해롭지 않다. 그러나 뿌리에서부터 과일에 이르는 수액의 통로를 따라 과실과 시간의 손실을 줄이기 위해, 그리고 포도를 더 쉽게 따기 위해, 땅 가까이에 있는 가지를 쳐서 새로운 성장을 도모하는 방법이다. 'ecclecia reformata semper reformanda'(개혁된 교회는 항상 개혁해야 한다.)는 실제로는 본질에 있어서 성경에 의해 증언되고 기준이 된 초기 전통에 대한 영구적인 효용성에 대한 이야기가 아니다. 오히려 더욱 신실하라고 격려하고 또 신앙의 변절을 비난하는 호소의 예로 기능하는 성경이 담고있는 내용 이상의 차원을 포함하는 것이다. 윤리에 관한 가장 중요한 성경의 적용법은 우리가 추론할 수 있는 내용만을 실천하면서 살라는 데 있지 않다. 그것은 오히려 우리가 교사와 선지자들의 조화로운 재능 덕분에 우리가 성경이 말하는 대로 실천하지 못함을 깨닫게 해주는 것이며 그로 인해 만든 우리의 삶의 불일치가 우리를 새롭게 만들 수 있다는 것을 말해 주는 것이다.[12]

그렇다면 요더에게 있어서 전통이 가지는 '권위'란 하나님의 은혜로 주시는 구원의 언어가 하나님과의 대화에 권위를 부여해 준다는 자각을 가진 채 "계속 이어지는 대화" 가운데 성경을 읽을 때만이 존재하는 것이다.

요더는 이러한 문제에 있어서 매우 정확한 편이긴 하지만 이러한 성경을 함께 읽는 공동체에 참여할 사람들을 형성하고 유지하는 데 있어서 지적인 논증이외의 다른 요소들도 많은 역할을 한다는 사실을 염두에 두지 않고 있는 듯 하다. 이런 점에서 요더보다는 내가 성례나 혹은 그리스도인을 교육하거나 변질시키는 소위 "물질문화"라 불리는 삶의 전영역의 역할을 연구하는 것에 훨씬 더 많은 관심을 가지고 있다. 그 그리스도인이 이스라엘이나 초기 기독공동체와 함께 이어진 현대 그리스도인의 교회이든 아니면 교단이든간에.

물론 이러한 주장이 요더가 성례에 대한 토론을 재정립하는 데 무관심하다는 말이 아니다. 반대로 그는 잘 이해되어진 성례가 구현시킬 수 있는 문화 및 사회 조직이 변화하고 유지되는 과정social process을 설명하는데 큰 공헌을 했다. 그러나 아직까지는 요더의 '문화 및 사회 조직이 변화하고 유지되는 과정으로서의 성례'에 관한 가장 유망한 논문은 츠빙글리파의 학구적이며 복잡한 주장에 가깝다. '성례주의자'와 이성적인 츠빙글리파의 유형[13]과는 확실히 구분되는 요더의 성례의 현실주의에 관한 형식론typology은 요더가 여전히 츠빙글리파의 의식과 분리되어 있지 않다는 것을 분명히 밝히지 않으면 오해될 소지가 다

---

12) Yoder, *The Priestly Kingdom*, 69-70.
13) *Ibid.*, 365-6.

분히 있다. 극단적으로 이성적인 츠빙글리파와 성례주의자 사이에서 중간 입장을 취하려는 요더의 노력은 조금 편향적으로, 더 나아가 우리에게 어떠한 확신을 심어줄 만큼의 설득력은 없다.

이런 특징의 역사적 배경을 아는 것은 내가 이 문제를 해결하는 데 도움을 주지는 않는다. 요더의 에세이, '세상 속의 사람들'에서 요더는 신정정치, 영성주의, 신자들의 교회의 선택이라는 3개의 각을 이루고 있는 삼각구조의 표현을 빌려 "고전적인 선택"이라고 간주하는 것을 논했다. 한 꼭지점에 요더는 미카엘 자틀러와 필그램 마펙에 의해 제일 잘 드러난 본래적인 기독교의 재건이라는 개혁의 원리를 논리적인 결론으로 실행하길 추구한 아나뱁티즘의 신자들의 교회비전을 두었다. 카스파 슈벵크펠드와 같은 영성주의자와 훌더리히 츠빙글리와 같은 신정정치의 인본주의자들은 나머지 두 꼭지점을 각각 차지했다. 요더가 언급했듯이, 츠빙글리는 마태복음 15:13의 본문을 근거로 하여 요하네스 페이버에 반박하는 자신의 주장을 호소한다. "하늘에 계신 아버지께서 심지 않으신 모든 식물은 모두 뿌리채 뽑힐 것이다." 같은 본문을 츠빙글리를 반박하기 위하여 아나뱁티스트들도 사용했다.[14]

아나뱁티스트의 성경해석이 오직 성경sola scriptura이라는 믿음에 의해 지배당한다는 느낌을 정리하려는 시도로, 요더는 이해를 돕는 용도의 자세한 각주에다 이 특별한 입장에 대한 확장된 논의를 달아 주었다. "아나뱁티스트들은 퀘이커교도들이 그리스도께서 오늘 그의 백성을 가르치신다는 개념과 유사한" 내면의 소리"에 대한 강조와 더불어 성경을 중요시 여긴다. 그렇기에 이 문제

---

14) Ibid., 69-70.

는 그리스도의 권위 대 인간의 권위에 대한 것이지, 성경의 그리스도 대 현재의 그리스도에 대한 것은 아니다."[15] 나는 "내면의 소리"라는 츠빙글리파의 이 개념을 요더의 글에서 밝힌 부분을 아직 찾지 못했고, 또한 요더가 더욱 미묘한 차이가 있는 그에 대한 평가를 어디에 적어 두었는지를 모른다. 그렇다면 요더가 우리에게 남긴 것은 하나님의 말씀과 신앙의 공동체로서의 교회에 대한 공시적인synchronic 이해를 급진적으로 한다는 것이다. 요약하면, 요더는 하나님의 성령이 인간의 역사 중 어느 시기라도 하나님의 말씀이 읽혀지고 선포되어지는 공동체를 세우신다는 것을 믿는다. 하지만 요더의 전통에 관한 개념은 단순히 통시적인diachronic 연속성을 인정한 것은 아니다.

요더의 에세이와 그의 차기작, '교회, 그 몸의 정치 Body Politics' 두 권 모두 공동체에 대한 사회적 차원의 훌륭한 해석을 제공하는 반면, 나는 이런 설명이 여전히 츠빙글리파의 개념 안에 갇혀 있다는 것을 발견한다. 즉, 이런 활동에 있어 구별되는 신비감이 없다는 것이다. 요더는 교회를 세우기 위하여 시공간에서 일어나는 인간의 묵상을 통하여서 하나님께서 일하실 수 있다는 것을 단순히 인지하려는 의지가 없거나 인지할 수 없다. 츠빙글리처럼 요더에게 있어 "인간의 전통"은 확실히 신실하지 않은 전통이며, 반드시 제거되어야 하는 것이다. 반대로, 요더는 하나님의 명령을 간직하는 사람들이 되기 위한 "원래의 전통original tradition"은 성경 속에서 발견되어지는 것으로 이해했다.[16] 어떤 사람은 요더와 함께 "진짜 임재"가 가난한 사람을 먹일 때 뿐만 아니라 성만찬에서도 일어나며, 다른 사람을 환대할 때 뿐 아니라 세례에서도 일어난다고 단언할 수

---

15) Ibid., 69 n. 4.
16) 츠빙글리의 견해에 대한 요더의 이해의 요약을 위해, *The Priestly Kingdom*, 69를 보라.

있다.[17] 동시에 어떤 사람은 특별히 그리스도인들이 배고픈 사람을 먹이며 호의를 베풀 때 뿐 아니라 낯선 이를 집에 들일 때 그리스도의 "진짜 임재"를 모든 그리스도인이 볼 수 있다는 것을 배우기 위해 교회가 성만찬과 같은 은혜의 특별한 수단에 의해 형성되어야 한다는 것을 인정할 필요가 없다고 느낀다.

"문화 및 사회 조직이 변화하고 유지되는 과정으로서의 성례"에 대한 요더의 생각은 나의 신학적 윤리학을 심오하게 만들어 주었다. 예를 들어, 나는 요더의 글에서 배운 것들의 덕분으로 신앙의 주류 개신교 공동체에서 "세족식"과 같은 의식을 회복하자고 주장해 왔다. 그러나 이런 의식의 중요성을 설명하는데 있어서, 나는 교회를 위한 심오한 "성례"를 말하는 클레어보의 성 버나드에게 훨씬 동의하는 쪽이다.[18] 반면 요더는 "나의 형제와 자매의 필요를 위해 나의 자유를 복종[19]시키기 위한 인간에 대한 근원적인 이해 안에서 예배로서의 성례의 중요성을 말한다. 클레어보의 성 버나드처럼 나는 세족식은 예배에 능력을 부여하면서도 우리로 하여금 용서를 경험하게 하는 시공간에서—어떤 것을 의미한다. 이런 의미의 복잡함을 단순히 "인간의 전통"으로 간주하는 것은 불필요하며 도움이 되지 못한다. 왜냐하면 이런 의식은 관계와 사랑을 위한 우리의 무능력으로 인해 상처받은 마음 한 가운데서 변화의 놀라운 기회를 만들어 주기 때문이다. [20]

---

17) John Howard Yoder, *Body Politics: Five Practices of the Christian Community Before the Watching World* (Scottdale, Pa.: Herald Press, 2001), 27. 『교회 그 몸의 정치』(대장간 역간)
18) 성 버나드는 "발은 영원의 염원과 소망을 나타낸다…. 발을 씻은 성례"는 모든 우리의 매일 저지르는 죄에 관한 용서를 의미한다. --St. Bernard, "Sermon for Holy Thursday,"Jean Vanier, *The Scandal of Service: Jesus Washes Our Feet* (Toronto: Novalis/ Continuum, 1998), 40.
19) Yoder, *The Royal Preisthood*, 13.
20) 세족식의 중요성에 대한 나의 생각은 Jean Vanier의 글과 사역에 의해 형성되었다. 특별히 Vanier의 *The Scandal of Service*, 38-41을 보라.

요더의 교회학에서 예배의 역할을 다시 생각하다.

이런 문제들은 요더가 어떻게 예배의 역할을 이해하는지에 대한 질문으로 이어진다. 기독교 교육에서 예배의 도구적인 측면에 대한 설명은 내가 보기에는 훨씬 더 많은 것을 암시하는 "찬미하는 공동체"에 대한 다른 토론과 함께 요더의 글 전체에 흐르고 있다. 교회에 대한 요더의 공시적인Synchronic 분석은 이런 '성례 형식'의 사회과정을 펼치기 위한 관점에서 8가지 특별한 기능 혹은 "집주notae"에 집중하는 "교회를 나타내는 개략적인 요약"[21]을 제공하게 했다. 예를 들어, 위에 인용된 "보통사람들의 성경해석"에세이에서, 요더는 자신이 주장하는 것 뿐 아니라 배제하는 것도 포함시키는 종교의례와 윤리 사이의 멋진 설명을 하고 있다.

> 신약성경의 문서에서도, 급진적인 개신교의 문서에서도 "성직 (Priesthood)"의 기능이나 "예배"라 불리는 구체적인 활동을 명확하게 설명한 글은 없다. 흩어진 유대주의의 중심에 있던 회당의 기능은 거룩한 말씀을 읽는 서기관적 기능이 있었다. 우리가 "예배"라고 부르는 것은 성직자들의 임무로 놓기에는 어려운 것이다. 성만찬에서 떡을 떼는 성스런 기억과 하나님의 임재와 언약의 회복에 대한 기쁨의 환호는 초대교회와 급진적인 개신교들이 모두 정기적으로 행하는 것 중의 하나였다. 그러나 그들은 이런 것을 위한 특별한 성직자에 대한 필요를 느끼지 않았다. 선교사를 파송한다든가, 기근을 위한 구제 헌금을 모은다든가 하는 실제적인 도덕적 이유보다는 "교회"로서 그들을 세우는 식의

---

21) *The Royal Priesthood*, 13에 소개된 나의 편집적인 소개글을 보라.

행동에 가까왔다.[22)]

요더의 신약성경에 대한 평가가 옳든 그르든 간에, 나는 예배가 그리스도인의 정체성과 공동체를 구성하는 본질은 아니라는 주장에 의문을 제기한다. 그러나 내가 이런 방향으로 주장을 펼치기 전에 나는 요더가 다른 방향에서 관점을 잡고 예배를 이해했다는 점을 주의깊게 살펴야 한다.

예를 들어, 요더의 대부분의 글은 도덕적, 신학적 취지에서 연설하기 위한 연구과제와 외부에서부터 온 초청의 결과라는 것을 알아야 한다. 요더가 기독교의 영적 훈련에 대한 의문을 제기한 적이 거의 없다. 단지 교회와 연관된 더 수준높은 교육을 위해 수련회 차원의 연설을 할 때 영적훈련에 대해 언급했다. 만약 이런 연설들이 출간되었다면 따로 개별적으로 출간되는 것이 아니라 그가 헌신해 온 다른 주제들과 함께 연결되어 더 큰 출간물이 되어서 세상에 나왔을 것이다.

다소 이해불가한 예외가 "진정한 북쪽으로의 회귀Back to True North"의 결론부분이다. 여기에 서술에 대한 왜곡이 없었다면, 요더는 평화교회의 비전인 "진정한 모습"이 집중하는 것을 "다수와의 대화"에 기록된 내용과 결부된 결과로서 간단히 피력했다. 요더는 "내부에서부터 나오는 설명이 예배와 섬김의식, 화해 및 창의성, 내려놓는 초연함, 빛의 능력, 가슴으로 느끼는 종교, 변화에 대한 소망, 예수 그리스도의 인격에 대해 더 잘 이야기할 수 있다"[23)]고 말한다.

---

22) *The Priestly Kingdom*, 31-2.
23) *Ibid*, 101. 나는 St. Thomas대학의 Gerald Schlabach에게 진심으로 감사드린다. 그 덕분에 나는 이 단락에 관심을 갖게 되었다.

『왕같은 제사장』The Priestly Kingdom에서 나온 이 본문은 관심을 끌게 하는 내용이지만 궁극적으로 요더가 출판물이나 비출판물이나 어디에서도 그 설명을 명확히 하지 않은 어려운 부분이기도 하다. 사실 요더는 "은혜의 통로"[24]로서 예배와 성례의 본질적인 중요성에 대한 말을 사용하는 것을 피했다. 요더는 항상 예배의 정치적 중요성에만 강조점을 두었다. 그가 예리하게 말한 한가지 경우를 보면, "예배는 사회와 역사의 대안적인 구조의 공동체의 결과물이라고 말했다."[25] 요더의 말에 동의하고 싶은 마음이 있음에도 불구하고 나는 요더가 기술한 정치적 목적의 수단은 하나님께서 공동체로 모이게 하기 위해 주신 성례와 다른 일반적인 은혜의 수단의 본질적인 기능적 역할에 놓여 있다고 믿는다. 요더는 예배와 성례를 교회의 콘스탄티주의적 적응을 정당화하기 위한 기능에 사용되었다고 믿기 때문에, 그리고 종종 그것들은 아나뱁티스트와 과거와 현재를 진압하고 불법화하기 위한 무기로 개신교와 가톨릭 학자들에게 의해 사용된 문제제기의 틀을 형성해 왔기 때문에 그러한 관념적인 행동을 늘 신뢰하지 않았다.

상황 속에서 사회과정으로 성례를 이해하는 요더의 생각을 살핀 후라 할지라도, 마치 오직 유일하게 하나님의 은혜를 통해서만 인간이 갖게 된 능력이 지성이며, 서로에게 함께 존재하는 유일한 방식은 말을 통해서라고 말하는 것처럼 요더의 성례에 대한 설명이 이상하게도 나에게는 단지 좁은 식견으로 들

---

24) "예배의식 자체가 목적이지 않은" 명확한 상황 속에서 요더가 공헌한 바가 있는 해석적인 프로젝트 안에서 "은혜의 통로"라는 구절의 사용을 그가 구체적으로 반대했다는 기록은 없다. 예를 들어, Ross Bender's *The People of God: A Mennonite Interpretation of the Free Church Tradition* (Scottdale, Pa.: Herald Press, 1971), 143에 토의된 기독교예배의식을 안내하는 8가지 방식을 밀라드 린드가 제안한 글을 보라.
25) *The Priestly Kingdom*, 43.

렸다.[26] 물론 말이 서로 공존케 하는 유일한 방식이라는 내용은 중요사안이 아니다. 하지만 하나님의 은혜를 통해서만 얻을 수 있는 인간의 유일한 능력이 지성이라는 믿음은 사회적 과정으로 성례를 이해하는 요더의 다양한 글 속에 명백하게 선포된 강조점이다. 반대로 나는 교회의 형성과 해체와 개혁이 성례에 참여하는 인간이 가진 전 영역의 분별력과 능력이 성례를 행하는 의식 속에서 항상 발생한다고 믿는다. 이런 면에서, 가끔 나는 요더가 읽기 자체가 사람들에 의해 시작된 사회적 관습이며 또 하나님의 집에서 뿐만 아니라 학교나 도서관 혹은 요더가 내가 함께 공유하는 큰 사랑과 애정의 공간들에 의해 형성된 사회적 관습이라는 것을 잊은 것은 아닌지 의심스럽다.

나의 학습과 교수의 모든 시간이 지난 후에도 교육이 실제로 일어나는, 그런 드문 순간에 학생들의 삶을 변화시키는 말의 능력을 보고 깜짝 놀란다. 나는 믿음의 공동체 속에서 하나님의 말씀이 읽혀지고 선포되어지는 순간에도 계속 놀라고 있다. 실제로 그런 하나님의 말씀이 거의 드문 시절처럼 보이는 이런 시간에 사무엘의 이야기에 깊이 감사하는 마음을 갖는다. 하나님은 사무엘에게 "그것을 듣는 자마다 두 귀가 울리리라삼상3:11"라고 말씀하시며 그런 능력있는 방식으로 말씀을 세우시겠다고 약속하셨다. 인간의 역사의 한계 속에서 "하나님께서 은혜로 주시는 구원의 말씀"에 대한 그의 백성의 감각적인 기쁨을 표현한 얼마나 멋진 은유인가!! 우리에게 다가오는 하나님의 말씀은 우리로 하여금 우리의 다른 감각을 무시하게 하지 않으며 단지 지성에만 의존하게 하시지도 않으신다.

---

26) *Concern* No. 16 (November 1968)에 있는 요더가 쓴 "On the Meaning of Christmas"와 "Marginalia□ The Case Against Christmas"는 요더의 정교한 츠빙글리에 대한 가장 눈에 띄는 비평의 예를 보여준다. 그러나 이것이 발견된 유일한 예는 아닌 것이 분명하다.

이 속에 "사회과정으로서의 성례"에 대한 요더의 신아나뱁티즘적인 개념과 성례주의의 전통위에 있는 우리 사이의 중요한 다른 점이 있는 것이다. 요더에게 있어서 세상을 보는 사람들 앞에서 구현되는 의식과는 무관하게, 하나님의 말씀은 단지 "내면의 말씀"으로 신앙을 고백하는 믿음의 공동체에게 경험되어지는 것이다. 반면 존 웨슬리와 존 캘빈 그리고 그 밖의 로마 가톨릭의 전통 안에 있는 사람들처럼 개신교도들에게 하나님의 말씀은 설교와 같이 들을 수 있는 형식으로 우리에게 다가오며 성만찬과 같이 성례 속에서 볼 수 있는 것으로 다가온다고 믿게 된다.

불안정한 통합 한 가운데 있는 신학적 윤리학자의 소명

그리하여 우리는 빵을
그의 식탁에 올려놓고
서로 떼어 나눈다
그것은
하나님이 살아계시다는 표시다
여기 이 세상에서 죽고 사는
우리는 서로의
빵이고 포도주이다

이곳은 우리가
하나님의 정의와
하나님의 평화를

더욱 많이 만들어가기 위해

필요한 것을

받아들이는 곳이다[27]

　현대 기독교의 가장 이상한 점 중 하나는 교단의 역사와 지리적 위치에 기초한 중요한 것이라고 생각되는 것과 실제로 기독교인이라는 사람들의 모임에서 일어나는 일들의 "불연결성"이 교회에서 종종 발견하게 된다는 사실이다. 이런 이론과 실제 사이의 분열이 신학적 윤리학자들이 관심을 갖고 보는 현상이다. 단지 도덕적인 삶을 기술하는 단어에 대한 우리의 차별적인 사용이 기독교인이라는 사람들의 모임에서 일어나는 많은 일들을 정당하게 다루지 못한다는 이유뿐만 아니라 그들의 의도와 정확함이 무엇이든지 간에 우리가 사용하는 말이 우리가 예측할 수 없는 영향을 가져오기 때문이기도 하다. 이것이 내가 현대 아나뱁티스트와 현대 감리교 신학을 불안정한 통합을 형성한다고 간주하는 이유이다.

"신자들"의 교회를 통하여 감리교를 회복하다.

　비록 도날드 던바우와 프랭크린 리텔이 이 주제를 좀 더 직접적으로 말했지만, 요더의 글은 나로 하여금 감리교를 '신자들의 교회'라고 간주할 수도 있는 혹은 할 수도 없는 운동으로 이해하는 감각을 갖도록 해주었다.[28] 내가 다

---

27) "What Is This Place."의 3절

28) Donald F. Durnbaugh, *The Believers' Church: The History and Character of Radical Protestantism* (Scottdale, Pa.:Herald Press, 1968; rpt, 1985), 130-45. 또한 Franklin Littell's Classic Study, *The Free Church: The Significance of the Left Wing of the Reformation for Modern American Protestantism* (Boston: Starr King Press, 1957)을 보라.

른 곳에도 썼듯이, 감리교의 '창시자' 존 웨슬리가 주장한 교회의 비전처럼 미국 감리교의 교회론은 "아나뱁티스트와 영국국교회의 교회론의 불안정한 융합이다.[29] "적어도 이 불안정함의 일부는 교회 훈련의 건전한 실천과 지극히 중요한 성례신학의 통합을 위한 "대담한" 시도로서 묘사될 수 있다. 가장 좋은 상태에서 감리교인들은 우리의 "보편적인 교회"의 거룩함 안에서 복음주의적인 질서를 유지하면서 우리의 "에큐메니칼적인 소명"을 실천한다.[30] 상태가 가장 좋지 않을 때에는 감리교인들은 잘 훈련되지 않은 신학적, 도덕적 언어를 사용하기 위하여 의도적으로 세상에 대한 무시를 표현할 뿐만 아니라 콘스탄틴적인 승리주의의 최악의 실수를 저지를 때도 있다. 감리교인들은 "세상에 성경적인 거룩함을 퍼뜨리기 위해" 사도적인 사명을 완수하는데 있어서 "기독교인으로서"의 평이하고 단순한 삶을 실천하기 보다는 세상에 대해 애매한 태도와 순응의 기술을 발휘하는 것을 더 선호해 왔다.

요더의 글은 나로 하여금 웨슬리의 "불안정한 통합"의 중요성을 이해하는데 도움을 주었다. 그러나 은혜의 통로로서 성례의 중요성에 대한 나의 이해는 나로 하여금 메노나이트-아나뱁티스트의 전통을 불안정한 통합으로 어떻게 간주해야 하는지 보게 해 주었다. "사회과정"으로서의 성례에 대한 요더의 에

---

29) Albert Outler는 *The Works of John Wesley* (Nashville: Abingdon Press, 1986), 46에 수록된 John Wesley의 설교 "Of the Church" (1785), *Sermon74*에 관하여 서두 글에 자신의 의견을 피력했다. Outler에 의하면, "웨슬리에게 있어서 교회의 본질은 보이는 기관 안에서 발견되는 것이 아니며, 어떤 보이지 않는 많은 선택받은 자들에게서 발견되는 것도 아니었다." Outler는 이 똑같은 설교를 감리교의 "가장 성숙한 교회적 성찰"로 간주했다. 내가 동의하는 바이다. 또한 역사적이며 에큐메니칼적인 "불안한" 웨슬리의 통합의 중요성은 마땅히 받아야 할 집중을 받지 못하고 있었다는 사실에도 outler의 판단에 동의하는 바이다.

30) 이런 에큐메니칼 소명에 대한 명쾌한 토론을 위하여 에세이 "Ecclesial Location and Ecumenical Vocation" in Geoffrey Wainwright, *The Ecumenical Moment: Crisis and Opportunity for the Church* (Grand Rapids: Eerdmans, 1983), 196-9을 보라.

큐메니칼적인 신아나뱁티스트 신학의 장점이 무엇이든지 간에 사회적 윤리로서 복음을 구현하는 전형적인 메노나이트와 감리교 교회에서는 일어나는 모든 일을 설명하지는 못한다. 요더의 함께 모인 공동체에 대한 강조는 그것 자체로 제자훈련이나 공동체 훈련을 제공해 준다. 요더는 교회가 이루어졌을 때 어떤 모습이어야 하는지를 설명할 수 있다. 그러나 시간이 지남에 따라 어떻게 되어 가는지를 일부러 기술하지는 않는다. 그러므로 어떻게 공동체적 제자도를 만들어 가며 어떻게 신실한 제자를 훈련하는지에 대한 질문의 측면에서 그의 통합은 불안정하다는 것이다.

나는 1960년대 교단으로서 메노나이트 교회 안에서 일어난 동요를 회고하는 요더의 글을 보고 흥미를 느꼈다. 요더는 내부의 논쟁을 작은 문화, 즉 작은 기독교제국에 대한 "국교화 된" 종교적인 표현으로, 아니면 단지 "성인신자들만의 교회"인지에 대한 논쟁으로 명확하게 인지했다.[31] 요더는 은혜의 수단을 사용하여 초신자들을 평생 훈련시킴으로 유지되는 비국교화된 교회의 가능성을 상상도 할 수 없었다. 이것이 요더의 의해 제외된 제3의 방법에 대한 연합 감리교회의 입장이다. 명백하게 요더는 세례, 성만찬 그 외의 의식인 성례에 근거한 신자들의 훈련된 모임을 상상할 수 없었다. 그리고 요더가 생각한 대로

---

31) 요더가 고센 칼리지 메노나이트 교회의 문서관리자 Dennis Stoesz에게 보낸 편지를 보라. 요더는 그에게 "Christian Education: Doctrinal Orientation,"이라는 다른 논문의 문맥을 설명했다. 그것은 그가 1950년대 말 "고등학교를 설립하기 위한 교회행정부의 네트워크를 연결하여 메노나이트 신앙에 헌신한, 대부분의 젊은이들의 부모들이 자녀를 일반 공립학교에 보내지 않도록 하는 것이 가능하고 바람직한가에 대한 토론의 상황 속에서 준비된 것이었다." 요더의 편지에서 설명했듯이, "Concern이라는 소책자시리즈의 내용이 되길 바랬던 대화의 시작에 대한 관점을 준비하는 논문이었다. 반응이 약속되었지만 실제로는 교회고등학교운동을 전개하던 활동적인 사람에게서도, 다른 관점을 가진 사람들에게서도 답은 오지 않았다. 이 문제는 다시 거론되지 않았고, 그것에 대한 질문도 사그러졌다. 왜냐하면 우리가 좋아하든 안 하든 간에 교회가 세운 고등학교는 소수의 특권으로 남을 것이라는 순전히 재정적인 이유가 분명해졌기 때문이다."

형성된 성례는 교회와 학문 안에서 실행될 때 신학적 윤리학의 적합한 과제가 되었던 것이다.

신학적 윤리학자의 소명

1980년도 중반 듀크 대학에서 대학원학생으로 나는 "신학자의 소명"이라는 주제로 토론하는 "프로세미나학부학생이참여할수있는세미나"에 참여하였다. 대학원 학생들은 다양한 신학자들의 글을 발표했다. 발표된 어떤 신학자들의 글은 신학자로서, 교회성도로서의 긴밀한 관계를 잘 보여주는 것이였고 어떤 신학자들의 것은 그들의 신학적 노력과 소명이 특별히 도움이 될만한 연결성을 갖고 있다고 보기 어려운 것이였다. 나는 그 세미나에서 우리가 요더의 글을 읽었는지 기억할 수는 없지만 아마도 다른 어떤 신학자보다 요더가 신학적 윤리학자로서의 소명에 대해 생각하도록 가장 많이 나를 자극한 사람이다.

요더의 인생 마지막 10년동안 아주 여러번 신학적 윤리학자의 소명에 대한 자신의 생각을 잘 설명했다. 그것을 가장 정확하게 기술한 글 중의 하나가 그의 듀크대학에서 1988년에 기독교윤리 사회에 주강사로 연설할 때에 나타난다. 1970년대에 학문적 길드 안에서 나타난 "예배의식과 윤리"에 대한 토론에서 "하나님을 섬기고 세상을 통치하기 위하여"라는 주제의 강연이 있었다.[32] 그 강연은 요한계시록 5:7-10에 있는 네 동물의 찬양으로 시작하고 요한계시록 5:13-14에 나오는 모든 피조물의 찬양으로 마무리되었다. 요더는 기독교인과 기독 윤리학자들이 영광의 찬양을 부르듯이 역사를 보아야만 한다는 6가지

---

32) John Howard Yoder, "To Serve Our God and Rule the World," originally published in *The Annual of the Society of Christian Ethics*, 1988, republished in *The Royal Priesthood: Essays Ecclesiological and Ecumenical* (Grand Rapids: Eerdmans, 1994), 128-40.

측면의 감각을 설명했다. 공간은 나로 하여금 그 정교하고 주의깊게 미묘한 차이를 드러낸 느낌을 전달하는데 있어 한계를 주는 것이 아쉽다. 요더는 "찬양하는 공동체"를 인간역사의 종말론적인 배경 속에 존재하는 것으로 묘사한다. 그러나 나는 "찬양하는 공동체 속에서 도덕적 분별력의 대리인"으로서의 역할을 묘사하는 요더의 복잡한 은유를 설명하고 싶다.

요더는 기독교윤리사회의 그의 동료들에게 예리하게 설명했다.

> 도덕적 분별력의 대리인은 신학자이거나 주교이거나 여론조사원이 아니라, 그리스도 전체 몸의 연합으로 분별되는 성령님이시다.
>
> 그 몸의 활력의 근원, 생명피는 언어이다. 인간의 피의 운송능력이 항원에 의해 위협받을 때, B형의 림프구가 그 특별한 침략자에게 맞는 항체를 생산해 낸다. 그 림프구의 역할은 독립적인 공로를 세울 수 없다. 몸이 건강할 때는 림프구의 기능은 필요하지 않다. 항원의 침략이 있기 전까지 비록 병이 다 나았어도 항체의 움직임이 시스템 안에 머물러 있지만 항체는 필요하지 않게 된다. 우리의 학문적 길드의 소명은 언어의 오용이나 분별하는 공동체를 위한 논리의 오용에 대항하여 깨어있어야 하는 것이다. 우리는 심판관도 아니고 시험관도 아니고, 주교도 아니며 교리문답교수자도 아니며, 복음전도자도 아니고 대회의장도 아니다. 우리는 몸이 건강할 수 있도록 언어의 흐름에 대한 면역체계인 것이다.[33]

"몸의 면역체계"로서의 신학적 윤리학자들의 소명에 대한 은유를 말한 직

---

33) *Ibid.*, 139

후, 요더는 같은 이야기를 말하려고 두 가지의 추가적인 이미지를 사용했다. 첫 번째 이미지는 "다음 문제에 맞는 답을 발견하기 위해 가득 찬 보고에서 선별작업을 하는 공동체 기억의 대행인"[34]으로 혹은 왕국의 서기관의 이미지였다. 면역체계의 이미지와 같은 "지혜로운 선택"의 활동은 어떤 의미에서든 혁신이나 기교로서의 행동으로 간주되는 것이 아니라, 복음에 신실하게 반응하고자 하는 관심에 대한 새로운 지침이나 교정으로 보아야 할 것이다. 두 번째 이미지는 말씀의 전달자의 이미지 혹은 "한 세계로부터 그밖의 다른 곳에서 고통받아온, 기념되어온, 고백되어 온 말씀을 또 다른 세계로 전달하는 에큐메니칼 주자"[35]의 이미지이다. 이것은 명백하게 "그리스도를 위한 왕의 대사"의 역할이다. 그들이 보내진 문화 가운데 자신들이 전달한 메시지는 믿음의 공동체 안에서 구현되어야만 하는 화해사역과 분리될 수 없는 것이라는 사실을 잘 알고 있다.

내가 요더가 말한 신학자로서의 소명에 대한 기술과 이미지들을 생각할 때마다, 특별히 학문적인 문화가 신학적 윤리학자들을 만들어 가고 있는 점을 생각해 볼 때 신학자들의 교육을 위하여 사용한 것이 아닌 요더의 이미지에 대해 어느 정도 고민하게 된다. 적어도 어떤 시간대의, 어떤 아나뱁티스트들은 모든 것 위에 충만하신 성령님을 의식하면서 매일을 삶을 살아가는 깊은 성례적인 감각을 가지고 있었음에 틀림없다. 매일의 일상에서부터 다른 사람의 발을 씻어 주는 평이하고 간단한 행동을 보여주는 겸손한 봉사에 이르기까지. 그리고 나는 다양한 아나뱁티스트의 전통에 있던 그리스도인들에게 의해 구현된 내어

---

34) Ibid., 139-40.
35) Ibid., 140.

맡기는 삶의 풍성함을 인지하였다.[36]

하지만, 아나뱁티스트적인 성례주의 이해에 대한 업데이트되고 다소 세계적인 설명을 하려고 했던 요더의 시도가, 성례가 은혜의 통로 역할을 감당한다고 믿는 확고한 신념이 없는 현대 메노나이트 교회에 의해 궁극적으로 유지될 수 있을지에 대해 나는 의문을 제기한다. "죽음과 삶이 공존하는" 그들의 삶 속에서 공동체가 "서로에게 빵이 되고 포도주가 된다면" 그들은 이런 "살아있는 증거"를 해석할 필요가 있게 될 것이다. 아나뱁티스트들은 실제 하나님의 임재에 대한 개념을 가진 성례주의 신학이 없음에도 불구하고 "이곳은 어디인가"라는 찬양에서 공동체를 묘사하기 위해 성례의 이미지를 사용한다는 것은 내게 참 의아한 부분이다. 지금 이 시점에서 연합 감리 교회의 전통을 가진 신학적 윤리학자로서 나는 이 문제에 관한 한 "이것 이거나 저것either/or"이 아니라 "둘 다 모두both/and"를 가져야 가능한 일이라는 것을 확실시 하고 싶다.

내가 가지치기의 지속적인 필요에 대한 요더의 견해에 동의하는 만큼, 또한 영적 교육의 필요성을 믿는다. 이것은 시간이 걸리는 일이며 혼합주의의 영향의 오용이나 가능성에 영속적으로 취약한 부분이다. 그러나 스테판 포올이 확신에 차서 주장했듯이, "물리적인 행위에 관해 잘못을 하지 않으려는 '기독교적' 기대는 이런 행위가 단순히 개인적인 관심이 되고 사적인 선택이 되는 것을 거부하는 것과 연관이 있다. 이런 물리적인 사안들은 전체로서 공동체의 사안이 되기 위해 공동체의 삶을 형성하고 양육하고 유지할 때 일어날 수 있는

---

36) Nortre Dame 대학에서 Gerald Schlabach와 대화 중에 예배학 학자 Mark Searle가 "아미쉬와 시토수 사회가 메노나이트나 가톨릭과 함께 하는 공통점보다 서로 간에 굉장히 많은 유사점을 가지고 있다고 말했다.

일이다."[37] 포올에 따르면 성만찬이나 세족식이나 상호부조와 같은 기독교의 의식에 참여하는 행위는 목회자만큼이나 학문을 하는 사람들이 성경에 "헌신할 때engage" 큰 변화를 가져올 수 있다라고 말한다.

이것은 틀림없이 많은 아나뱁티스트 교회에서 발생하는 것이다. 실제로 성례에 대한 츠빙글리 신학의 다양한 형식에 의존하는 경향이 있는 요더와 다른 아나뱁티스트 신학자들은 신실한 생활을 위하여 그들의 어린이들과 성인들을 실제로 교육하는 메노나이트 신앙공동체의 방법을 고려하지는 못했다. 모두 4 파트로 나누어 부르는 "이곳은 어디인가"와 같은 찬양을 부를 때 나타나는 공동체의 영성처럼 어떤 의식은 희미하다. 순교자의 거울에 열거된 내용이나 주기적으로 전쟁의 기운이 감도는 곳에서, 혹은 그렇지 않은 곳에서 "적극적인 평화의 증인"으로 산 사람들의 이야기에서 16-17세기의 순교이야기를 들려주는 것과 같은 의식은 조금 더 명백하다.

실제로 "지혜로운 선택"을 통하여 성경을 읽고, "다시 시작하기loop back"로 역사를 읽는 바로 그 의식은 세족식과 성만찬과 같은 성례 속에서 발견되는 회상과 긴밀히 연결된- 기억하기와의 연관 속에서 형성되는 것이다. 위의 본문에서 지적했듯이 요더는 기독교 신학 윤리학자들이 몸인 교회와 독립적으로 움직여야 한다고 믿지 않았다. 그러나 현대 연합감리교회와 메노나이트 교회의 "불안정한 통합"에서 알 수 있듯이, 실제로 모든 신학 윤리학자들은 그들 스스로 자신을 몸인 교회의 주요역할에 위치하게 하는 것을 아주 어려워 할 것이다.

---

37) Stephen Fowl, *Engaging Scripture: A Model for Theological Interpretation* (Oxford: Blackwell, 1998), 175.

언어에 대한 요더의 개념을 다시 생각하다

요더와 나는 가끔 "어떻게 성경을 읽는가"에 그가 반응하는 것에 대해 논쟁을 했다. 요더는 성경해석 이론 자체를 거의 사용하지 않았다. 그는 "성경적인 현실주의"[38]로서 성경을 해석하는 나름의 방식을 더 선호했다. 나는 요더 자신이 인식하는 것보다 좀 더 성경해석학적인 이론적 차원이 있을 것이라고 믿었다. 나는 아나뱁티스트적 성경해석학의 적용을 위한 특별한 교회적 활동이 있다고 주장했다. 이 문제에 대해 10년 이상 서신왕래를 했음에도 요더는 설득되지 않았고 나도 뜻을 굽히지 않았다. 지속된 이 중요한 논쟁은 우리가 서 있는 전통을 다루고 있으며 우리가 각자의 글에 끊임없이 연관되어 온 그 이상의 모든 것을 담고 있다.

1997년 가을에, 몰트만 기념논문집에 요더가 최근에 쓴 일련의 논평에 대해 내가 제기한 사안들을 이메일을 교환하며 대화를 이어갔다. 거기서 언어의 파괴력에 대한 야고보서 3:1절에 나타난 경고의 중요성을 다루는 주석에서, 요더는 "언어 그 자체는 용어를 정의하며 서로에게 언어유희로 사용되는데 지나치게 몰두할 때 위협적인 것이 된다"[39]라고 썼다. 시간과 문화를 초월하여 "많은 나라들을" 위해 복음을 번역하는데 그토록 헌신한 다수의 언어에 능통한 존 하

---

38) 나는 그의 에세이문집 "성경에 의해 어떻게 읽힐 것인가"의 원고를 읽어달라는 부탁을 받았다. 나는 요더가 현대 신학의 중요한 토론에 함께 하지 않았고 "성경적인 현실주의"를 정확하게 설명하지 않았기에 출판하지 않는게 낫겠다고 조언했다. 그 결과로 이 에세이문집은 Wipf & Stock 출판사를 통해서 우리 손에 닿게 되었다. 요더는 나의 학위논문과 그 후속 에세이에 나타난 해석학의 이론에 대한 나의 관심이 그가 "감리교주의"라고 종종 묘사하는 것의 초기 형식이었다고 생각했다.

39) John H. Yoder, "Is There Such a Thing as Being Ready for Another Millennium?" in *The Future of Theology: Essays in Honor of Jurgen Moltmann*, Volf, Krieg, and Kershary, eds. (Grand Rapids: Eerdmans, 1996), 68.

워드 요더가 이런 이상한 말을 하는 것에 나는 당황했던 것을 기억한다. 그러나 내가 이 문제에 대해 더 깊이 생각해 본 결과 요더의 이 말은 요더가 아나뱁티스트 성경해석학에 관해 쓴 다른 모든 글들과 실질적으로 완전히 일치한다는 생각이 들었다. 그것은 성례에 대한 요더의 수정된 "츠빙글리파"의 이해 뿐 아니라 직접적인 "내면의 말씀"에 대한 아나뱁티스트의 강조에 대한 요더의 나름의 생각을 반영했다.

우연찮게, 이런 의견에 대한 문맥은 경건주의에 대한 영국과 유럽의 형식 및 존 웨슬리와 감리교회의 의식에 대한 "온건한 개혁"의 한계에 대한 요더의 공정한 그러나 명확한 비평이다.[40] 요더는 "전혀 새로운 성육신으로 콘스탄틴적 정신은 이 비판을 인정하며 협조한다. 고로, 십자가를 지는 삶과 섬기는 삶, 이교도적인 삶을 정리하는 것보다는 사회.경제적인 풍요로움과 연관된 소망을 갱신해 나갔다"[41]라고 말한다. 이런 위험에 대항하며 요더는 "신학의 과제는 언어적 비평, 대상의 적합성의 평가를 거친 설교나 강연 훈련, 유산으로 내려온 것의 일부를 배제하거나 통제하려고 하는 정의유희에 대한 거부에 소명이 있음에 틀림없다"[42]라고 주장했다.

요더의 일생을 통해 이 문제에 대해 매우 일관성이 있었다. 예를 들어, 그의 1968년 에세이 "크리스마스의 의미에 대하여"에서 그는 미국 기독교인들에

---

40) 나의 판단으로는, 요더는 경건의 내적 모순의 문제가 아니라면 대부분에 일에 항상 간섭하였다, 그것이 감리교회의 생각이든, 메노나이트의 생각이든 간에.

41) Yoder, "Is There Such a Thing as Being Ready for Another Millennium?" 67.

42) Ibid., 68. "학문적인 신학자"의 역할과 "군주적인 목회자"의 역할에 대한 그의 주장의 연결을 분명히 하고자 할 때는 부연하는 주석을 달았다. 분명히, 요더는 여기서 그가 쓰고자 하는 내용을 The Fullness of Christ (1986)『그리스도의 충만함』(대장간 역간)에 기록한 내용과 사도 바울의 "우주적 사역의 비전"에 대한 다른 에세이와의 연계되는 일관성으로 보았다.

의해 치러지는 크리스마스의 혼합주의적 경향에 대해 경고했다: "복음서에 있 듯이 성육신의 진정한 의미를 위해서 우리는 요람 뒤에 있는 십자가를 반드시 보아야 한다. 왜냐하면 미국식의 향락적인 크리스마스 문화는 가지치기 하듯 이 과감하게 쳐내야 한다는 것이 요더의 논리이다. 성육신은 미국식 크리스마 스와는 더 이상 관계가 없었던 것이다.[43] "가지치기 은유"에 대한 언급은 결코 우연한 것이 아니다. 이것은 "다시 시작하기"를 함으로써 역사와 전통을 제대 로 읽는 것을 통해 요더가 후에 기술할 법한 또 다른 예가 되는 것이다. 이 에 세이와 요더의 후기 작품의 중요한 차이점은 여기에서 요더가 조금 더 신랄했 다는 점이다.[44]

내가 이 에세이를 처음 읽었을 때, 나는 존과 그의 가족들이 어떻게 크리스 마스를 보냈을지 궁금해 졌다. 그러나 요더에게 그 질문을 하지는 않았다. 혼 합주의 패턴에 주의를 요하면서 저자는 독자들을 기독교 제자도를 위해 더 풍 요롭게 메시아의 탄생을 축하하는 방식으로 이끌었을지도 모른다. 그러나 그 에세이에 그렇게 하지는 않았고 기독교 교육의 사안도 언급하지 않았다. 또 수 년간 미출간된 다른 흩어져 있는 글에서도 발견되지 않았다. 그 때조차, 요더 는 "제자도"에 의해 가능할 수 있는 "섬김의 철학"과 결합된 "교육의 복음선포 적인 철학"이라고 부르는 것을 전형적으로 강조했다.[45]

여기서 또한, 요더는 일관성이 있었다. 그의 마지막 책, "하나님나라를 위

---

43) John H. Yoder, "On the Meaning of Christmas," *Concern*, 16 (Nov. 1968): 18-19.

44) 이 부분은 신랄한 시 "Nasty Noel,"와 함께 기재되었다. 이 시는 요더가 "Henderson Nylrod,"라는 필 명으로 쓴 시로 크리스마스에 선물을 주는 문화를 풍자한 것이다.

45) John H. Yoder, "A Syllabus of Issues Facing the Church College," 메노나이트 교육부에서 개최한 워 크샵에 앞서 3개의 메노나이트 대학에서 했던 연설 (April 1964): 18, 20-1.

해서"For the Nation에서 요더는 세계에 흩어진 사람들 가운데 망명자로 디아스포라galuth의 소명을 가지고 살아가는 믿음의 공동체의 역할을 끊임없이 제공한다. 망명생활 중인 공동체에 대한 예레미야의 비전은 유대인의 회당가운데서 보여진다. 요더는 회당의 출현을 "종교 역사에서 가장 중요한 사회적 혁신"이 되는 사건으로 간주했으며, 교회에 대한 요더의 이해는 회당의 '문화'와 명백히 관련이 있다.[46] 거기에는 설교자도 없고 계급도 없고 태초의 이들에게만 밝혀져서 그 후 말로만 전해내려오는 신비한 설화 같은 것도 없다. 오직 성서 한 권과 '전세계에 널리 퍼진 하나님 백성의 지역 조직'을 위한 최소한의 숫자의 가족만을 필요로 한다.[47] 유사하게, 하나님 백성으로서의 교회가 할 일은 '도시의 평화를 추구하는 것'예레미야29:7이다. 그들에게는 그들 공동체의 사회적 형성 자체가 복음의 선포이다.

그러나 결국에는 나는 하나님 나라의 '샬롬'에 대한 요더의 개념이 생생하게 사회적임에도 불구하고 화해가 '사회적 과정요더는 예배를 사회적 절차라고 했다' 이외의 다른 것에 의해서는 중재되지 않는 한 다소 지적인 것으로 남아있게 된다는 것을 발견했다. 요더의 글은 우리가 이 땅에서 만들어낸 혼란으로부터 새로운 것을 창조하실 만큼 충분한 양의 물을 만드실 때 일어나는 것들에 대해서는 판단하지는 않는다. 나는 요더의 망명 공동체 관념을 받아들이지만 하나님께서 생명을 만드실 때 제자들이 형성될 수 있고 그러한 제자들의 공동체가 형성된 것을 통해 서로의 발을 씻어주는 의식과 에큐메니칼운동같은 평범한 은총을 통해 영양분이 주어질 때에만 그런 공동체가 존재하고 더 나아가 번창할 수 있

---

46) John Howard Yoder, *For the Nations: Essays Public and Evangelical* (Grand Rapids: Eerdmans, 1997), 71.
47) *Ibid.*, 72.

다고 본다. 요더의 '사회적 과정으로서의 예배'라는 개념이 엄밀히 말하면 츠빙글리적이지만 요더의 예배에 관한 주장이 정교하게 츠빙글리주의적 방법과 급진적인 방법이 통합되어 있다는 사실을 무시하는 것도 실수를 범하는 것이다.

탈교단시대(Post-Denominational Era)의 "은혜의 통로"로서 아나뱁티즘을 재정의하다.

요더와 많은 다른 아나뱁티스트들의 성경해석과 성례에 대한 나의 부분적인 불일치에도 불구하고 나는 수년에 걸친 메노나이트친구들과의 다양한 우정으로 은혜를 입은 것에 대해 하나님께 감사한다. 나는 내 인생에서 이 우정을 진정한 "은혜의 통로"라고 믿는다. 나의 영혼을 살찌우는 "거룩한 대화"들을 나눌 수 있는 기회가 있었고 나의 영혼을 일으켜 세우고 그리스도의 제자의 길을 제대로 걷게 해 주었기 때문이다. 내가 아나뱁티스트 전통에서는 다소 생소하게 보일 수 있는 이런 초교파적인 관계를 소중하게 여기는 것은 역설이다. 다시 말하면, 내가 연합감리교인들과 함께 성만찬을 나눌 때마다 느끼는 신비스런 방식으로 하나님의 임재를 이들과의 만남에서 발견해 왔다는 것이다.

그럼에도 불구하고, 메노나이트와 감리교는 세간살이부분에서 동의하지 않는 가운데서도 "집을 함께 공유하는" 법을 끊임없이 찾아왔다. 감리교와 메노나이트의 공통점 중의 하나는 우리가 아주 좋을 때에는 모두 노래를 부르는 것을 아주 좋아하는 사람들이라는 점이다. 나는 특히 네 파트로 나누어 부르는 아카펠라 하모니와 공동체가 함께 "이곳은 어디인가"와 같은 찬양을 힘차게 부를 때 느낄 수 있는 조화를 이루는 소리를 아주 좋아한다. 우리가 얼마나 다른지 관계없이 우리가 구별되어진 사람들ekklesia로서 하나님의 부르심에 반응하려고 한다는 의미에서 우리가 집을 공유하는 것이다. 내가 연합감리교회에서 적극적으로 활동하고 섬기면서도 가끔씩 메노나이트 친구들과 함께 예배를 드리는 것은 내 삶에 큰 축복이 되어왔다. 나는 또한 현대 메노나이트들이 감리교인들을 화나게 하는 똑같은 문제로 어려움을 겪어온 것을 알고 있다. 우리는 여전히 성경을 읽는 것을 함께 배우고 있으며 최선을 다해 하나님나라를 좀 더 분명하게 보기 위해 서로서로를 돕고 있으며 그렇게 함으로 그리스도를 신실하게 따르고 있다.

4년전에 인디애나폴리스에 있는 샬롬메노나이트교회는 전에 임마누엘 연합감리교회가 쓰던 건물을 인수하게 되었다. 샬롬 메노나이트 교회 사람들은 여전히 1960년대풍의 분할된 강단과 콘솔오르간, 둥근 아치형 지붕과 스테인드 유리로 된 창문처럼 감리교 예배 전용으로 설계된 이 현대식 건물을 어떻게 고쳐서 써야 할 지 고민 중이다. 나에게 이러한 근대의 메노나이트들이 교회 물품의 재정열에 관련된 많은 문제들에 관해 일하는 것을 보면 신기하기도 하고 가끔 재미있기도 하다. 현재 분할된 강단과 성가대석은 창고외에는 다른 용도로는 쓰이지 않는다. 오르간은 작동이 되는데도 메노나이트 예배의 성격상 필요하지 않아서 사용하지 않는다. 대부분의 시간 동안 이들은 그냥 아카펠라를 부른다. 4년후 이들은 여전히 그 사안에 대한 결론 즉 그 공간을 어떻게 활요할 것인지에 대한 결정을 내리지 못하고 있었다. 아마 그들은 스테인드 유리창은 그대로 쓸 것이다. 물론 만일 애시당초 그들이 건물을 지었더라면 스테인드 유리 같은 것은 넣지도 않았을 것이다. 모인 이들 중 대략 4분의 1가량은 메노나이트의 배경이 전혀 없는 사람들인데 그 중에는 은퇴한 연합감리교회 목사와 그의 아내도 포함되 있다. 그들은 샬롬 교회에 나와 섬기고 리더쉽도 나눈다.

샬롬 교회의 이 이야기는 감리교인와 메노나이트들에게 있어 그야말로 교회의 집을 공유한다는 것을 보여주는 아주 적절한 비유이다. 이 교회의 상황은 또한 어떻게 다양한 교단의 그리스도인들인이 탈교단시대에 살고 있는지 보여줄 뿐만 아니라 더 넓은 세상에서 서로 교차하는 문화 가운데에서도 살고 있다는 것을 보여준다.

문화와 공간으로서의 교회를 다시 생각하다

요더의 현대 신학과 윤리에 대한 가장 중요한 공헌 중 하나는 H.리쳐드 니버『그리스도와 문화』라는 책에 전개된 '문화'의 단일한 개념에 주의를 기울이도록 요구한 것이다. 니버의 예표론은 아나뱁티스트 신학을 '문화에 대항역행하는 그리스도'라고 표현하여 아나뱁티스트 신학의 위신을 실추시켰다. 요더는 니버의 예표론의 잘못 이용된 부분이나 여러가지 과장된 점을 지적했다.[48] 지난 10년간 점점 더 많은 개신교 신학자들은 교회학과 윤리학에서 사용되던 문화라는 범주를 다시 생각함으로 요더의 반론을 확장하고 더 선명하게 새로운 논점을 제공해 주었다.

필기네슨이 최근에 설명했듯이, "대부분의 사람들은 한번에 다양한 문화 한가운데서 살고 있다":

> 왜냐하면 문화의 경계는 정확하게 선을 그을 수가 없는 것이기 때문에 종종 우리 자신이 매우 다른 신념과 관행과 조직과 이야기 속에 있는 사

---

48) John Howard Yoder, "How H. Richard Niebuhr Reasoned: A Critique of Christ and Culture," in *Authentic Transformation: A New Vision of Christ and Culture*, Glen H. Stassen, D. M. Yeager and John Howard Yoder, eds. (Nashville: Abingdon, 1996), 31-89.

람들 사이에서 살고 있는 것을 발견한다. 그러나 우리는 그들 사이에서 똑같이 마음 편히 살고 있지는 않다. 이것은 대개의 경우 '기대'의 문제로 되돌아간다. 내가 가장 편안하게 여기는 문화는 보통 나에게 기대되고 내가 다른 이들에게서 기대할 수 있는 것을 가장 잘 이해할 수 있는 것이다. 이것은 많은 대학생들이 학문 세계라는 안전 구역을 벗어나 이른바 현실 세계로 나아가는 것을 두려워하는 이유 중 하나이기도 하다.[49]

키네슨이 지적한 것처럼 '학문적인 문화만이 사람들을 틀에 짜 넣으려고 하는 것은 아니다. 왜냐하면 모든 문화들은 어느 정도 다들 그런 성향이 있기 때문에 우리가 문화라는 틀에 갇혔는가 하는 문제는 절대 간단하지가 않다.[50] 더 중요한 것은 우리가 만든 그 교회라는 이미지안에서 교회 자체는, 자칫하면 우리의 삶에 혼란스럽고 관계없는 일들을 정리해 놓은 언어와 다른 표시들의 집합체, 즉 '중요한 체계"라는 점에서 하나의 문화로 간주할 수 있다고 로드니 클랩은 주장했다. 이런 점에서 문화는 '공식적이고 의식적 믿음'을 포함한다.… 뿐만 아니라 느낌, 태도, 가정 혹은 추측에다가 의식, 풍속, 관례도 문화에 포함된다.[51]

나는 로드니 클랩과 키네슨 등의 공헌이 아나뱁티스트 신학과 윤리학을 좀더 잘 이해하는 새로운 환경을 제공한다고 생각하고 싶다. 어느 정도는 요더의

---

49) Philip Kenneson, *Life on the Vine: Cultivating the Fruit of the Spirit in Christian Community* (Downers Grove, Ill.: InterVarsity, 1999), 25.
50) Ibid.
51) Rodney Clapp, *A Peculiar People: The Church as Culture in a Post-Modern Society* (Downers Grove, Ill.: InterVarsity, 1996), 173-4.

이론은 조금 효과적이지 못한 면이 있다. 만일 그가 아나뱁티스트 신학자로서 메노나이트 믿음 공동체를 독특한 '문화'로 논했다면 그는 교회 분파 논쟁의 낡은 관념적 함정에 빠져 있었을 것이다. 역설적으로 여러 다양한 전통간의 벽을 허물기 위해 20세기 신학과 윤리학 분야에 있어 많은 일을 해왔던 신학자중 한 사람으로서 요더는 다른 이들이 교회의 개념에 관해 정의를 내릴 때마다 하나님 집의 손님 위치에 늘 자신을 두었다.

그러나 요더의 책을 자세히 읽어본 사람들이 모든 것을 너무 잘 알기에 그는 교회라는 단어를 '믿는 자들이 공유해야 하는 충실'[52]을 설명하기 위해서 사용했다. 그래서 우리가 하나님을 언어유희로 길들이는 일이 없도록 하라고 동료 신학 윤리학자들에게 명심하도록 했다. 그리고 그런 의미에서 요더의 교회관으로부터 나오는 에큐메니칼적인 영향에서 벗어나는 것은 불가능하다고 말했던 것이다. 왜냐하면 요더는 그리스도인들은 뭔가 소중한 것, 즉 하나님의 집the oikon tou theou을 공유한다고 믿었기에 '형제같은 진심어린 충고는 에큐메니칼적인 대화에 함께 하기 위한 논리적인 필요조건이라는 확신'[53]에서 신학을 계속 전개해 나갔다. 나는 그러한 충고는 회개와 공동체 재건 뿐 아니라 훨씬 더 근본적으로 하나님의 집을 다시 모으는 데 있어서의 '은혜의 통로'가 될 수 있다고 생각하고 싶다. 그러한 다시 모으는 행위는 종말론적 소망이지만 만일 요더가 옳다면 그것은 종말때 뿐만 아니라 인간의 역사가 계속되고 있는 현재에도 일어나야 한다.

따라서 우리는 기독교 전통 안에서 계속 일어나는 논쟁을 해나가는 동시에

---

52) Yoder, "How H. Richard Niebuhr Reasons," *Authentic Transformation*, 281, n. 101.
53) Michael G. Cartwright, "Radical Reform, Radical Catholicity: John Howard Yoder's Vision of the Faithful Church," *The Royal Preisthood*, 1.

교단과 전통을 초월하여 서로를 더 알아가기 위해 끊임없이 "경계를 넘는" 일을 해야 한다. 샬롬메노나이트 교회에서 내가 예배를 함께 드릴 수 있었던 것은 정말 특권이었다. 어떤 경우에 나는 심지어 그 신실한 사람들에게 설교까지 했다. 또한 '이곳은 어디인가' 찬송가를 그들이 부르도록 한 사람으로도 잘 알려져 있다. 그 찬송가는 그것을 부르는 이들의 영혼을 일깨워 주었을 것이다. 비록 그 찬송가 가사는 성전의 바닥, 벽, 창문 등에 대한 기억의 중요성을 부인하는 것처럼 들리기는 하지만 말이다.

그 찬송가의 가사의 모순점이 나온 김에 내가 말하고자 하는 바는 아나뱁티스트 신앙심 안에 있는 명백한 모순에 관심을 가지라는 것이 아니라, 그것은 아나뱁티스트들이 언어와 성례에 관해 츠빙글리주의자처럼 배웠음을 내가 잘 알고 있음에도 불구하고 그들이 이러한 상황을 어떻게 다른 전통의 그리스도인들과 나누어야 할 것인가 하는 방식을 제안하려는 것이다

묵상의 다양한 형태 가운데 어떤 것은 보이는 것으로, 어떤 것은 말하는 것으로 어떤 것은 다른 감각을 통해 행하여 진다. 아나뱁티스트 회중들은 서로를 단단히 묶어주는 다양한 연결들을 의식하면서 그들을 타자 즉 그리스도인과 비그리스도인으로부터 따로 분리할 뿐 아니라 시간과 공간 속에서 함께 모이기도 한다. 예를 들어 민족의식, 전해져 내려오는 찬송가, 순교자에 대한 기억 등이 있다. 이러한 다양한 기억과 소망은 그들의 모든 특징들이 교회를 '세상 위의 방주 안에 있는 보물'로 구체화하는 회중들의 삶이라는 현실에서 서로 교류한다.

우스테리우이스의 위대한 찬송에서 나온 "장소"란 사람들이 모인 공동체를 뜻한다. 시간을 초월해 긴 세월에 걸쳐 존재하는 건물도 위대한 전통도 아닌

것이다.[54] 그러나 이것은 엄밀히 말하면 큰 문제이다. 하나님께서 하나님의 시간에 모이게 한 교회는 시간과 문화를 넘어서 존재한다고 생각한다. 우리에게 전해진 전통에는 또 전수된다. 그리고 성례를 믿든지 믿지 않든지 그리스도인들은 개종되기도 했지만 형성되기도 한다. 메노나이트 회중들은 전통이 전달되어지고, 의식을 통해 만들어진 삶을 인식하지 않는다는 점에서 아나뱁티스트 신학과 윤리학은 그 안의 맹점을 드러내 보여준다.

우리 시대 기독교 교회학의 논리적 난점 중의 하나는 성례에 관한 가장 본질적인 신학을 가진 어떤 기독교 전통들이 성례적 경건함의 의식을 약하게 만들었다는 것이다. 다른 회중들은 그들이 예배을 위해 모일 때 그들이 하고 있는 일에 대한 신학적 중요성을 스스로 설명할 만족스런 방법이 없다는 것이다. 그럼에도 불구하고 교회 바깥사람들이 볼 때는 마치 모든 방법들이 내적이며 영적인 은혜가 밖으로 나타나는 눈에 보이는 현상이 된 것처럼, 그러한 회중들이 하는 일이 성령충만한 것으로 보일 수도 있다. 스탠리 하우어워스가 즐겨 말하던 것처럼 연합감리교 회중이 유아들을 세례하려면 그들은 아나뱁티스트 전통과 연계된 제자 훈련을 더욱 발전시켜야 한다. 비슷하게 나도 메노나이트들은 "서로를 위한 빵과 포도주"로서 "삶과 죽음"을 꾸준히 감당하기 위해서 성만찬이 필요하다고 믿는다.

후기: 하나님의 집에서 대를 이어 성경을 읽다.

나는 올 봄에, 한때 아버지가 교회 목사로 계셨고 내가 예수 그리스도의 제

---

54) 요더는 정직하게 교회에 대한 급진적인 공시적 교회에 대한 이해를 얻었다. Mark Nation이 최근에 주장했듯이 요더의 초교파적교회연합에 관한 그의 접근은 좋은 말로 하면 "네오-아나뱁티스트"라고 할 수 있다. Nation의 Ph. D학위논문 "The Ecumenical Patience and Vocation of John Howard Yoder: A Study in Theological Ethics" (Fuller Seminary, 2000)을 보라.

자로서 성장하기 시작했고 또 글 읽는 법을 배웠던 오자르크스의 공동체를 방문하려고 아칸사스로 돌아갔다. 그리고 나는 마운틴 뷰에서 하루를 보냈다. 그곳에서 나는 미리엄 밀러 즉 나의 35년전 소꿉친구를 만났다. 존과 미리엄 둘다 지금은 스톤 카운티에 산다. 실제로 그들은 지난 몇 년간 여러 곳을 이사를 다니며 살았다. 존의 가족들은 우리 가족이 다른 곳으로 이사가버린 1967년 거의 같은 시기에 오레건 주로 이사를 갔다. 그러나 10년전 존은 스톤카운티로 돌아왔다. 미리암은 마운틴 뷰로 돌아오기 전 사우스 캐롤라이나와 버지니아에서 얼마간 교사생활을 했다.

리치우드의 도시 공동체에 있는 침례교와 메노나이트 교회는 지금은 각자의 건물을 가지고 있고 메노나이트는 더 이상 예전처럼 침례교나 감리교인들보다 차량 보유수가 적거나 하지는 않다. 미리암은 스톤 카운티 도서관에서 일하는데 거기에서 그녀는 아이들이 독서의 경이로움을 발견하는 것을 돕는 것으로 그녀의 책에 대한 애정을 표현한다. 우리가 다녔던 3학년 교실을 포함한 오래된 석재 건물은 더 이상 공립학교가 아니다. 그 건물은 오순절교회로 바뀌었다. 한때는 여학생들에게 가정 경제를 가르치던 건물이 이제는 성모 마리아 가톨릭 교회가 되었다. 언젠가는 자신들의 예배당을 지을 수 있을 거라는 희망을 가지고 현재 기금을 모으고 있는 작은 교구이다.

나는 다시 아칸사스에 돌아가 살 것 같지는 않다. 그러나 나는 내 인생에 있어서 긍정적이든 부정적이든, 부흥회가 끝난 뒤에 현관에서 이루어지는 대화나 예배 속에서 발견되는 '실패한 운동의 종교'의 흔적이 있는 읍내나 시골 교회가 내 인생을 형성해 온 것은 아니란 것쯤은 짐작할 정도로 견문이 트여 있다. 사실 '그리스도를 위한 왕의 대사' 그룹의 기원은 미국 남북대전 후 남침례교가 각 주 간의 전쟁으로 인한 정치적인 패배로부터 도덕적 문화를 만들려던 노력에서 시작되었다.

그런 것들은 우리의 정체성을 형성하는 은유들이다. 인간은 우상 숭배 목적으로 그런 은유를 찾는데 하나님은 여전히 우리의 영혼을 다시 만드실 수 있다. 성령의 능력으로 변화되도록 우리를 부르는 복음에 책임있는 행동하는 법을 돕는 다른 고군분투하는 제자들과 "함께 교감하면서" 말씀을 읽는 것이 무엇인지를 배울 때 그런 하나님의 만져주심이 있다.

내 저서 중에 종종 교회학 그리고 민족간의 화해, 그리스도인의 형식적인 의례 안에서 성경을 잘 읽는 것이 의미하는 바에 관한 글들이 있다. 그런데 그 글들 중에 내가 교파의 경계를 가끔 넘어갈 때 이상한 방법을 들어 나에게 사랑스러운 장난을 쳐주는 메노나이트 친구들이 나에게 있는 것이 얼마나 축복인지 모르겠다. 이러한 친구 중에는 요더의 딸인 마사와 마사의 남편 로드 마우스트 그리고 그들 부부의 네 명의 아이들이 있다. 그들은 현재 인디애나 폴리스에 살고 있다. 가끔 마우스트 가족은 시내의 연합감리교회에서 한밤중까지 하는 예배에 나타난다. 그 교회에서 내 아내는 목회자 중의 한명이다. 그리고 4명의 카트라이트의 후손들은 샬롬 메노나이트 교회에서 가끔 예배를 드리는 것으로 알려져 있는데 그 교회는 존 요더의 손자 손녀들이 예수 그리스도의 충실한 제자들이 되는 것이 무엇인지에 관해 배우고 있는 곳이다.

지난 크리스마스때 카트라이트 가족들은 로드와 마사 그리고 그들의 아이들과 함께 크리스마스 캐롤을 불렀다. 우리는 낡은 빨간색 메노나이트 찬송가 책을 사용했다. 물론 우리는 아카펠라로 불렀다. 로드와 마사는 2개조로 나누어진 4명의 아이들이 시끄럽게 집안을 뛰어다니며 노는 동안 우리가 메노나이트 찬송을 배우는 것을 참을성 있게 견뎌주었다. 그의 가족들이 돌아가고 나서 내 자녀들과 요더의 손자들은 내가 자라던 종교 공동체보다 훨씬 덜 분리된 세상에서 성경을 읽는 법을 배우는 특권을 가지고 있다는 생각이 들었다. 나는 제이미 카트라이트의 세대와 루스 마우스트가 장차 맞이하게 될 제자 훈련의 기회와 도전은 어떤 것인지 아직은 잘 상상이 안 된다. 그들이 거할 '믿음의 성전'은 의심의 여지 없이 그들만의 동시대의 다양한 문화에서 사는 가운데 나오는 복잡한 문제들을 만들어 낼 것이다.

내 생각에 제이미와 루스의 세대는 포도나무 가지치기에 대한 관심 속에서 '다시 시작하기'loop back를 하지 않고는 그러한 문제들을 해결하지 못할 것이다. 나는 가지치기나 '다시 시작하기'와 같은 일들은 우리 시대의 하나님의 언약을 읽고 듣는 습관을 기를 때에만 가능할 거라 믿는다. 최근에 제이미는 8살이 되었다. 내가 처음 존과 미리암을 만났던 것이 8살 때이다. 제이미는 이미 8살때 신학적 질문을 하기 시작했다. 그 중 어떤 것은 그의 어머니와 감리교 목사,그의 아버지,그리고 신학 윤리학자들을 놀라게 하기도 했다. 가장 최근에 제이미는 주일 학교에서 돌아와 우리에게 일련의 질문들을 했다.

"아빠 예수님은 정말로 유대인이었나요?"

"그래 사실이란다 제이미."

그의 어머니와 나는 참을성있게 대답했다.

"음 예수님은 자기가 메시아라는 것을 믿었나요? 왜냐하면 만일 그가 정말 유대인이었고 그런데 유대인도 예수님이 그리스도인 것을 믿지 않았는데 그러면 어떻게 예수님은 그 자신이 그리스도라는 것을 믿은 거죠?"

우리의 예비 사도 제이미는 그의 목사−선생님−부모님에게 이런 질문 공세

를 했다. 존 요더였더라면 아마도 이런 대화를 즐겼을 거라 생각한다.[55]

　제이미는 감리교인만 그리스도인이라고 주장할 수 없다는 것을 이미 안다. 그의 가장 친한 친구 조니는 몇 집 건너서 사는 가톨릭 가정의 아이다. 조니와 제이미는 같은 반이다. 조니는 최근에 그의 첫 성만찬을 축하했는데 그런 것은 제이미가 풀기에는 시간이 걸리는 의문을 발생시킬 것이다.

　조니와 제이미와 루스는 미리암과 나와 존이 35년전 살던 곳과는 다른 환경에서 성경 읽는 법을 배울 것이다. 그러나 나는 언젠가는 그들이 하나님 성전의 구성원으로서 서로의 빵과 포도주가 되는 것이 얼마나 큰 특권이고 동시에 놀라운 책임이기도 한지 깨달았으면 한다. 나는 그들이 그 가운데에 말씀과 성례를 통해 가능하게 된 하나님의 샬롬의 기쁨과 환희를 맛보기를 기도한다.

---

55) 요더는 "The Jewish- Christian Schism Revisited" (Elkhart, Ind.: Shalom Desktop packet, 1996)이라는 논문집 시리즈를 썼다. 그는 오늘날 그리스도인들이 논쟁해야만 하는 문제들의 일부는 우리의 전통이 초기 기독교역사의 2세기 동안 발생했던 일들이 우리를 평가하도록 해야 한다고 믿었다. 요더는 현대 그리스도인들은 과장되고 잘못 이해되는 있는 특징들의 한 가운데서 홀로 남겨진 우리의 신앙을 회복하는 다시 시작하기가 필요하다고 생각했다.

참고문헌

Allison, Dale C. and W. D. Davies. *A Critical and Exegetical Commentary on the Gospel According to Saint Matthew.* Edinburgh: T & T Clark, 1988.

Armour, Rollin S. *Anabaptist Baptism: A Representative Study.* Scottdale, Pa.: Herald Press, 1966.

Bainton, Roland H. *Christian Attitudes to War and Peace.* Nashville: Abingdon, 1961.

Balke, William, *Calvin and the Anabaptist Radicals.* William Heymen, trans. Grand Rapids: Eerdmans, 1981..

Barton, J., ed. *Cambridge Companion to Biblical Interpretatio.* Cambridge: Cambridge University, 1998.

Bender, Harold. *The Anabaptist Vision.* Scottdale, Pa.: Herald Press, 1944.

Bender, Ross. *The People of God: A Mennonite Interpretation of the Free Church Tradition.* Scottdale, Pa.: Herald Press, 1971.

Bonino, José Míguez. *Doing Theology in a Revolutionary Situation.* Minneapolis: Fortress, 1975.

Clapp, Rodney. *A Peculiar People: The Church Culture in a Post-Modern Society.* Downers Grove, 3.: InterVarsity, 1996.

Costas, Orlando E. *Liberating News.* Grand Rapids: Eerdmans, 1989.

Durnbaugh, Donald F. *The Believers' Church: The History and Character of Radical Protestantism.* Scottdale, Pa.: Herald Press, 1985. 『신자들의 교회』 (대장간)

Dyrness, William A., ed. *Emerging Voices in Global Christian Theology.* Grand Rapids: Zondervan, 1994.

Englehardt, H. Tristam Jr., ed. *Christian Epistemology in the Third Millennium.* Forthcoming.

Escobar, Samuel and John Driver. *Christian Mission and Social Transformation.* Scottdale, Pa.: Herald Press, 1978.

Fiddes, P., ed. *Reflections on the Waters: Understanding God and the World Through the Baptism of Believers.* Oxford: Regent's Park College, 1996.

Fowl, Stephen. *Engaging Scripture: A Model for Theological Interpretation.* Oxford: Blackwell, 1998.

Friesen, Duane. *Artists, Citizens, Philosophers: Seeking the Peace of the City: An Anabaptist Theology of Culture*. Scottdale, Pa.: Herald Press, 2000.

Griffiths, Brian, ed. *Is Revolution Change?* Downers Grove, 3.: InterVarsity, 1972.

Grundmann, Walter. *Das Evangelium nach Matthäus*. Berlin: Evangelische Verlagsanstalt, 1968.

Gorringe, Tim. *The Sign of Love: Reflections on the Eucharist*. London: SPCK, 1997.

Haas, Craig and Steve Nolt. *The Mennonite Starter Kit: A Handy Guide for the Mennonite*. Intercourse, Pa.: Good Books, 1993.

Hauerwas, Stanley. *In Good Company: The Church as Polis*. Notre Dame: University of Notre Dame, 1995.

___. *The Peaceable Kingdom: A Primer in Christian Ethics*. Notre Dame: University of Notre Dame, 1983.

___. *Unleashing the Scripture: Freeing the Bible from Captivity to America*. Nashville: Abingdon, 1993.

___. *Vision and Virtue: Essays in Christian Ethical Reflection*. Fides, 1974.

___. Chris Huebner, Harry Huebner, and Mark Nation, eds. *The Wisdom of the Cross: Essays in Honor of John Howard Yoder*. Grand Rapids: Eerdmans, 1999.

Hays, Richard. *The Moral Vision of the New Testament: A Contemporary Introduction to New Testament Ethics*. San Francisco: Harper San Franciso, 1996. 『신약의 윤리적 비전』 (IVP)

___. and Luke Timothy Johnson. *The Faith of Jesus Christ: An Investigation of the Narrative Substructure of Galatians 3:1-4:11*, 2nd ed. Grand Rapids: Eerdmans, 2001.

Hoeksema, Herman. *The Protestant Reformed Churches in America: Their Origin, Early History, and Doctrine*. Grand Rapids: First Protestant Reformed Church, 1936.

Jackson, Dave and Neta. *Glimpses of Glory: Thirty Years of Community. The Story of Reba Place Fellowship*. Elgin, 3.: Brethren Press, 1987.

___. *Living Together in a World Falling Apart*. Carol Stream, 3.: Creation House, 1974.

Juhnke, James and Dale Schrag, eds. *An Anabaptist Vision for the New Millennium: A Search for Identity*. Kitchener, Ont.: Pandora Press, 2000.

Kenneson Philip. *Life on the Vine: Cultivating the Fruit of the Spirit Press 1999 Community*. Downers Grove, 3.: InterVarsity Press, 1999.

Klassen, A. J., *Consultation on Anabaptist Mennonite Theology*. Elkhart, Ind.: Council of Mennonite Studies, 1970.

Klassen, Walter. *Anabaptism: Neither Protestant nor Catholic*. Waterloo: Conrad Press, 1973.

___. *The Writings of Pilgram Marpeck*. Scottdale, Pa.: Herald Press, 1978.

___. and William Klassen, eds. *Classics of the Radical Reformation*. Scottdale, Pa.: Herald

Press, 1978.

Klassen, William. *Covenant and Community: The Life, Writings, and Hermeneutics of Pilgram Marpeck.* Grand Rapids: Eerdmans, 1968.

___, ed. *The New Way of Jesus, Essays Presented to Howard Charles,* Newton, Kan.: Faith & Life Press, 1980.

Kotre, John. *White Gloves: How We Construct Ourselves Through Memory.* New York: W.W. Norton, 1996.

Kreider, Alan. *The Change of Conversion and the Origin of Christendom.* Harrisburg, Pa.: Trinity Press, 1999.

___. *Worship and Evangelism in Pre-Christendom.* Cambridge: Grove Books, 1995.

___ and Stuart Murray. *Coming Home: Stories of Anabaptists in Britain and Ireland.* Kitchener, Ont.: Pandora Press, 2000.

Kuyper, Abraham. *Lectures on Calvinism.* Grand Rapids: Eerdmans, 1943.

Littell, Franklin. *The Free Church: The Significance of the Left Wing of the Reformation for Modern American Protestantism.* Boston: Starr King Press, 1957.

___. *The Origins of Sectarian Protestantism.* New York: Macmillan, 1964.

Luz, Ulrich. *Matthew 1-7: A Continental Commentary.* Minneapolis: Fortress, 1989.

___. *The Theology and Gospel of Matthew.* Cambridge: Cambridge University, 1993.

MacIntrye, Alasdair. *After Virtue,* 2nd ed. (Notre Dame: University of Notre Dame, 1984).

___. *Three Rival Versions of Moral Enquiry: Encyclopaedia, Genealogy, and Tradition.* Notre Dame: University of Notre Dame, 1990.

___. *Whose Justice? Which Rationality?* Notre Dame: University of Notre Dame, 1988.

Maidin, U. O. *The Celtic Monk: Rules and Writings of Early Irish Monks.* Listercian, 1996.

Marshall, Christopher. *Christ and Crime: Biblical Foundations for a Christian Perspective on Justice, Crime, and Punishment.* Grand Rapids: Eerdmans, forthcoming.

___. *Faith as a Theme in Mark's Narrative.* Cambridge: Cambridge University, 1989.

___. *Kingdom Come: The Kingdom of God in the Teaching of Jesus.* Auckland: Impetus Publications, 1993.

Matheson, Peter. *The Imaginative World of the Reformation.* Edinburgh: T & T Clark, 2000.

McClendon, James Wm. Jr. *Systematic Theology, Vol 1: Ethics.* Nashville: Abingdon, 1986.

___. *Systematic Theology, Vol. 2: Doctrine.* Nashville: Abingdon, 1994.

___. *Systematic Theology, Vol. 3: Witness.* Nashville: Abingdon, 2000.

___ and Axel Stuer eds. *Is God God?* Nashville: Abingdon, 1981.

___, Curtis Freeman, and Rosalee Velloso eds. *Baptist Roots: A Reader in the Theology of a Christian People.* Valley Forge, Pa.: Judson, 1999.

___ and James Smith. *Convictions: Defusing Religious Relativism.* Nashville: Abingdon, 1994.

Moltmann, Jürgen. *Jesus Christ for Today's World.* London: SCM, 1994.

Mouw, Richard J. *Politics and the Biblical Drama.* Grand Rapids: Eerdmans, 1996.

Murphy, Nancey. *Anglo-American Postmodernity: Philosophical Perspectives on Science, Religion, and Ethics.* Boulder, Colo.: Westview Press, 1997.

___. *Reconciling Theology and Science: A Radical Reformation Perspective.* Kitchener, Ont.: Pandora Press, 1997.

___, Brad Kallenberg, and Mark Nation, eds. *Virtues and Practices in the Christian Tradition: Christian Ethics After McIntyre.* Harrisburg, Pa.: Trinity Press, 1997.

___ and George F. R. Ellis. *On the Moral Nature of the Universe: Theology, Cosmology and Ethics.* Minneapolis: Fortress, 1996.

___, Robert J. Russell, and C. J. Isham, eds. *Quantum Cosmology and the Laws of Nature: Scientific Perspectives on Divine Action.* Vatican City State: Vatican Observatory, 1993.

___, William S. Brown, and Newton Malony, eds. *Whatever Happened to the Soul?: Scientific and Theological Portraits of Human Nature.* Minneapolis: Fortress, 1998.

Murray, Stuart. *Beyond Tithing.* Carlisle: Paternoster Press, 2000.

___, *Biblical Interpretation in the Anabaptist Tradition.* Kitchener, Ont.: Pandora Press, 2000. 『아나뱁티스트 성서해석학』 (대장간)

___. *Church Planting: Laying Foundations.* Scottdale, Pa.: Herald Press, 2001.

___. *Explaining Church Discipline.* Tonbridge: Sovereign Word, 1995.

___ and Anne Wilkinson-Hayes. *Hope for the Margins.* Cambridge: Grove Books, 2000.

Padilla, C. René. *Mission Between the Time.* Grand Rapids: Eerdmans, 1985. 『복음에 대한 새로운 이해』 (대장간)

___, ed. *The New Face of Evangelicalism.* Downers Grove, 3.: InterVarsity, 1876.

___, ed. *El Reino de Dios y América Latina.* El Paso: Casa Bautistade Publicaciones, 1975.

Parsonage, Robert Rue, ed. *Church-Related Higher Education.* Valley Forge, Pa.: Judson Press, 1978.

Phillips, D. Z. and Timothy Tessin, eds. *Religion and Hume's Legacy,* New York: St. Martin's Press, 1999.

Rowland, Christopher. *The Cambridge Companion to Liberation Theology.* Cambridge: Cambridge University, 1999.

___. *Radical Christianity.* Oxford: Polity Press, 1988.

Roth, John D., ed. *Refocusing Vision: Shaping Anabaptist Character in the 21st Century.* Goshen, Ind.: Mennonite Historical Society, 1995.

Schaff, Phillip, ed. *The Creeds of Christendom, with a History and Critical Notes.* Grand Rapids: Baker Books, 1996.

Schrotenboer, Paul, ed. *Catholicity and Secession: A Dilemma?* J. H. Kok, 1992.

Shenk, Wilbert, ed. *The Challenge of Church Growth. A Symposium.* Elkhart, Ind.: Institute of Mennonite Studies, 1973.

___. *Exploring Church Growth*. Grand Rapids: Eerdmans, 1983.

Shuman, Joel. *The Body of Compassion: Ethics, Medicine, and the Church*. Boulder, Colo.: Westview Press, 1999.

Snyder, C. Arnold. *The Life of Michael Sattler*. Scottdale, Pa.: Herald Press, 1984.

___ and Linda A. Hecht. *Profiles of Anabaptist Women: Sixteenth Century Reforming Pioneers*. Waterloo: Winifred Laurier University, 1996.

Stassen, Glen H. *Just Peacemaking: Transforming Initiatives for Justice Peace*. Louisville: Westminster/John Knox, 1992.

___, John Howard Yoder, and D.M. Yeager. *Authentic Transformation: A New Vision of Christ and Culture*. Nashville: Abingdon, 1996.

Stott, John, ed. Making *Christ Known: Historic Mission Documents from the Lusanne Movement*. Grand Rapids: Eerdmans, 1996.

Rasiah Sugirtharajah. *Voices from the Margins*. London: SPCK, 1991.

Swartley, Willard, ed. *Essays on Biblical Interpretation*. Elkhart, Ind.: Institute of Mennonite Studies, 1984.

Toulmin, Stephen. *Cosmopolis: The Hidden Agenda of Modernity*, Chicago: University of Chicago, 1992.

van Braght, Theileman J. *Martyrs Mirror*. Scottdale, Pa.: Herald Press, 1950.

Vanier, Jean. *The Scandal of Service: Jesus Washes Our Feet*. Toronto: Novalis / Continuum, 1998.

Verduin, Leonard. *Honor Your Mother: Christian Reformed Church Roots in the 1834 Separation*. Grand Rapids: CRC Publications, 1988.

Volf, Krieg and Kershary, eds. *The Future of Theology: Essays in Honor of Jürgen Moltmann*. Grand Rapids: Eerdmans, 1996.

Volf, Miroslav. *Exclusion and Embrace: A Theological Exploration of Identity, Otherness, and Reconciliation*. Nashville: Abingdon, 1996.

___, ed. *A Passion for God's Reign: Theology, Christian Learning, and the Christian Self*. Grand Rapids: Eerdmans, 1998.

Wainwright, Geoffrey. *The Ecumenical Moment: Crisis and Opportunity for the Church*. Grand Rapids: Eerdmans, 1983.

Walker, Williston. *A History of the Christian Church*. New York: Scribner, 1985.

Walls, Andrew. *The Missionary Movement in Christian History*. Maryknoll, New York: Orbis, 1996.

West, G. *The Academy of the Poor: Towards a Dialogical Reading of the Bible*. Sheffield, England: Sheffield Academic Press, 1999.

Williams, G. H., ed. *Spiritual and Anabaptist Writers*. Louisville: Westminster/John Knox, 1957.

Windass, S. *Christianity versus Violence: A Social and Historical Study of War and Christi-*

anity. London: S&W 1964

Yoder, John Howard. *As You Go. The Old Mission in a New Day.* Scottdale, Pa.: Herald Press, 1961.

___. *Body Politics: Five Practices of Christian Community Before the Watching World.* Scottdale, Pa.: Herald Press, 2001. 『교회, 그 몸의 정치』 (대장간)

___. *For the Nations: Essays Evangelical and Public.* Grand Rapids: Eerdmans, 1997.

___. *He Came Preaching Peace.* Eugene, Ore.: Wipf and Stock Publishers, 1998. 『선포된 평화』 (대장간)

___. *The Peaceable Kingdom: A Primer in Christian Ethics.* Notre Dame: University of Notre Dame, 1983.

___. *The Politics of Jesus:* Vicit Agnus Noster. Grand Rapid: Eerdmans, 1972. 『예수의 정치학』 (IVP)

___. *The Priestly Kingdom: Social Ethics as Gospel.* Notre Dame: University of Notre Dame, 1984.

___. *The Royal Priesthood: Essay Ecclesiological and Ecumenical.* Grand Rapids: Eerdmans, 1994.